UTB 3746

Eine Arbeitsgemeinschaft der Verlage

Böhlau Verlag · Wien · Köln ·Weimar
Verlag Barbara Budrich · Opladen · Toronto
facultas.wuv · Wien
Wilhelm Fink · Paderborn
A. Francke Verlag · Tübingen
Haupt Verlag · Bern
Verlag Julius Klinkhardt · Bad Heilbrunn
Mohr Siebeck · Tübingen
Nomos Verlagsgesellschaft · Baden-Baden
Ernst Reinhardt Verlag · München · Basel
Ferdinand Schöningh · Paderborn
Eugen Ulmer Verlag · Stuttgart
UVK Verlagsgesellschaft · Konstanz, mit UVK/Lucius · München
Vandenhoeck & Ruprecht · Göttingen · Bristol
vdf Hochschulverlag AG an der ETH Zürich

Frank Fechner
Johannes Arnhold
Michael Brodführer

Sportrecht

Mohr Siebeck

Frank Fechner, geboren 1958; Dr. iur.; Professor für Öffentliches Recht, insbesondere öffentlich-rechtliches Wirtschaftsrecht und Medienrecht an der TU Ilmenau.

Johannes Arnhold, geboren 1982; Rechtsanwalt und Wissenschaftlicher Mitarbeiter im Fachbereich Öffentliches Recht an der TU Ilmenau sowie Lehrbeauftragter für Sportrecht an der Hochschule Fresenius Hamburg.

Michael Brodführer, geboren 1979; Dr. iur.; Rechtsanwalt und Lehrbeauftragter für Sportrecht an der Friedrich-Schiller-Universität Jena.

ISBN 978-3-8252-3746-2 (UTB 3746)

Die Deutsche Nationalbibliothek verzeichnet diese Publikation in der Deutschen Nationalbibliographie; detaillierte bibliographische Daten sind im Internet über *http://dnb.dnb.de* abrufbar.

Das Buch wurde von Gulde-Druck in Tübingen gesetzt, auf alterungsbeständiges Werkdruckpapier gedruckt und gebunden.

Vorwort

Das Sportrecht verbreitet sich als Lehrfach mehr und mehr an den unterschiedlichsten Bildungseinrichtungen. Den Studierenden stehen bisher wenige sowohl umfassende als auch kompakte Lehrbücher zur Verfügung. Diese Lücke soll durch das vorliegende Buch geschlossen werden. Es wendet sich sowohl an Studierende der Rechtswissenschaft als auch an Nichtjuristen in sozialwissenschaftlichen oder sportwissenschaftlichen Studiengängen, die sich mit rechtlichen Aspekten des Sports zu befassen haben. Den am Sport beteiligten Akteuren soll das Buch zur Information dienen.

Die einzelnen Themengebiete des Sports werden als Teile eines komplexen Systems dargestellt. Ausgehend von den Grundlagen des Sports werden spezielle Themengebiete wie Haftungsrecht, Sportarbeitsrecht und Medienrecht einer genauen Analyse unterzogen. Abschließend werden die Organisationsstrukturen einzelner Sportverbände aufgezeigt. Damit wird es dem Leser ermöglicht, sich ein umfassendes Bild vom Sportrecht zu machen, um die in Prüfungen und in der Praxis auftauchenden sportrechtlichen Fragen kompetent beantworten zu können. Das Lehrbuch wird ergänzt durch die Vorschriftensammlung »Sportrecht«, die von Fechner/Arnhold 2012 herausgegeben wurde.

Ilmenau, im Dezember 2013

Frank Fechner
Johannes Arnhold
Michael Brodführer

Inhaltsübersicht

Inhaltsverzeichnis

Literatur zum Sportrecht

Die folgenden Literaturangaben beziehen sich auf umfassendere Darstellungen des Sportrechts. Vertiefende Literatur findet sich am Ende der jeweiligen Kapitel. Die zitierte Literatur ist dem Literaturverzeichnis zu entnehmen.

Lehrbücher

Nolte, Martin: Sport und Recht – Ein Lehrbuch zum internationalen, europäischen und deutschen Sportrecht, 2004.

Nolte, Martin/ Horst, Johannes: Handbuch Sportrecht, 2008.

Textsammlung

Fechner, Frank/ Arnhold, Johannes: Sportrecht. Vorschriftensammlung, 2012.

Praxishandbücher

Adolphsen, Jens/ Nolte, Martin/ Lehner, Michael/ Gerlinger, Michael (Hrsg.): Sportrecht in der Praxis, 2012.

Fritzweiler, Jochen/ Pfister, Bernhard /Summerer, Thomas: Praxishandbuch Sportrecht, 2. Auflage 2007.

Hass, Ulrich/ Martens, Dirk-Reiner: Sportrecht – Eine Einführung in die Praxis, 2. Auflage 2012.

Stopper, Martin/ Lentze, Gregor (Hrsg.) Handbuch Fußball-Recht, 2012.

Zeitschriften

Sport und Recht (SpuRt)
Causa Sport
Sponsors
Sciamus – Sport und Management

Ausgewählte Internetadressen

Lediglich hingewiesen werden soll auf ausgewählte Internetadressen, über die ausführliche Informationen zum Medienrecht bezogen werden können. Zu empfehlen sind die Internetauftritte der jeweils beteiligten Organisationen (z. B. Landesmedienanstalten, Rundfunkanstalten, Interessenverbände etc.), sowie eine Reihe von Informationsdiensten im Internet, die sich durch Suchmaschinen leicht erschließen lassen.

a) Gesetzestexte

http://www.gesetze-im-internet.de (Bundesjustizministerium)
http://www.bundesgesetzblatt.de
http://www.jurathek.de

b) Urteile

http://www.curia.europa.eu/de/index.htm (Europäischer Gerichtshof)
http://www.bverfg.de (Bundesverfassungsgericht)
http://www.bundegerichtshof.de (Bundesgerichtshof)
http://www.bverwg.de (Bundesverwaltungsgericht)
http://www.tas-cas.org/ (Internationaler Sportgerichtshof CAS)

c) Sportrecht

http://www.wada-ama.org (WADA)
http://www.nada-bonn.de (NADA)
http://ec.europa.eu/sport/index_de.htm (Europäische Kommission – Abteilung Sport)
http://www.bmi.bund.de/DE/Themen/Sport/sport_node.html (BMI Sport)
http://www.bundestag.de/bundestag/ausschuesse17/a05/index.jsp (Sportausschuss Deutscher Bundestag)
http://www.bisp.de/cln_319/DE/Home/homepage__node.html?__nnn=true (Bundesinstitut für Sportwissenschaft)
http://www.sportministerkonferenz.de/ (SMK)
http://sportrecht-dav.de/links (Arbeitsgemeinschaft Sportrecht des DAV)
http://www.sportslaw.org/ (Sports Lawyer Association (SLA))
http://sportrecht.org (Infoseite zum Sportrecht)
http://www.plattform-sportrecht.de (Institut für deutsches und internationales Sportrecht)
http://www.lto.de/rechtsgebiete/sportrecht/ (Juristische Beiträge zum Sportrecht)
http://www.blog-sportrecht.de (Blog zum Sportrecht)

Abkürzungsverzeichnis

A. F. T. S. C.	Vereinigung der Schießsportverbände der EG
ADK DSB/NOK	Anti-Dopingkommission des Deutschen Sportbunds und Nationalen Olympischen Komitees
AEAO	Anwendungserlass zur Abgabenordnung
AEUV	Vertrag über die Arbeitsweise der Europäischen Union
AG	Aktiengesellschaft
AIBA	Association Internationale de Boxe Amateure
AMG	Arzneimittelgesetz
AO	Abgabenordnung
ArbGG	Arbeitsgerichtsgesetz
ArbZG	Arbeitszeitgesetz
ATP	Allgemeiner Testpool
AVMD-Richtlinie	Richtlinie über audiovisuelle Mediendienste
BAG	Bundesarbeitsgericht
BDR	Bund Deutscher Radfahrer e.V.
BetrVG	Betriebsverfassungsgesetz
BFH	Bundesfinanzhof
BGB	Bürgerliches Gesetzbuch
BImSchV	Bundesimmissionsschutzverordnung
BKA-Gesetz	Bundeskriminalamt-Gesetze
BMI	Bundesministerium des Inneren
BtMG	Betäubungsmittelgesetz
BurlG	Bundesurlaubsgesetz
CAS	Court of Arbitration for Sport
CEV	Europäischer Volleyball-Verband
CISM	Conseil International du Sport Militaire
DatenVO des Bundes	Datenverordnung des Bundes
DBB	Deutscher Basketball Bund e.V.
DBV	Deutscher Boxsport-Verband
DEB	Deutscher Eishockey-Bund e.V.
DFB	Deutscher Fußball-Bund
DFL	Deutsche Fußballliga
DGV	Deutscher Golf Verband e.V.
DIS	Deutsche Institution für Schiedsgerichtsbarkeit
DLV	Deutscher Leichtathletikverband
DOSB	Deutscher Olympischer Sportbund
DRB	Deutscher Ringer-Bund
DRV	Deutscher Ruderverband e.V.

DSB	Deutscher Sportbund
DSB	Deutscher Schützenbund e.V.
DSV	Deutscher Schwimm-Verband e.V.
DSV	Deutscher Segler-Verband e.V.
DSV	Deutscher Skiverband
DTB	Deutscher Turner-Bund e.V.
DTTB	Deutscher Tischtennis-Bund e.V.
DVV	Deutscher Volleyball-Verband e.V.
e.V.	Eingetragener Verein
EAA	European Athletic Association
EFZG	Entgeltfortzahlungsgesetz
EGA	European Golf Association
EHF	Europäische Handball Förderation
EMAU	Europäische Bogen-Union
EMRK	Europäische Menschenrechtskonvention
EPO	Erythropoetin
ESK	Europäische Schützenkonförderation
EStG	Einkommenssteuergesetz
ETTU	European Table Tennis Union
EUBC	European Boxing Confederation
FEI	Fédération Équestre Internationale
FIBA	Fédération Internationale de Basketball
FIFA	Fédération Internationale de Football Association
FIG	Fédération Internationale de Gymnastique
FIH	International Hockey Federation
FILA	Fédération Internationale des Luttes Associées
FINA	Fédération Internationale de Natation Amateur
FIS	Fédération Internationale de Ski
FISA	Fédération Internationale des Sociétés d'Aviron
FITA	Fédération Internationale de Tir A l'Arc
FIVB	Internationaler Volleyball-Verband
FN	Fédération Équestre Nationale
GG	Grundgesetz
GmbH	Gesellschaft mit begrenzter Haftung
GmbH&Co.KG	Gesellschaft mit beschränkter Haftung & Compagnie Kommanditgesellschaft
GRC	Charta der Grundrechte der Europäischen Union
HGB	Handelsgesetzbuch
IAAF	International Association of Athletics Federations
IAU	Internationale Armbrustschützen-Union
IBU	International Biathlon Union
IHF	International Ice Hockey Federation
IOC	International Olympic Committee
ISAF	International Sailing Federation
ISSF	International Shooting Sport Federation

IST	International Standards for Testing
ITF	International Tennis Federation
ITTF	International Table Tennis Federation
JArbSchG	Jugendarbeitsschutzgesetz
KGaA	Kommanditgesellschaft auf Aktien
KSchG	Kündigungsschutzgesetz
KStG	Körperschaftssteuergesetz
KUG	Kunsturhebergesetz
LEN	Ligue Européenne de Natation
MarkenG	Markengesetz
MLAIC	Muzzle Loaders Association International Committee
NADA	Nationale Anti-Doping-Agentur
NOK	Nationales Olympisches Komitee
NTP	Nationaler Testpool
OCh	Olympische Charta
OlympSchG	Gesetz zum Schutz des olympischen Emblems und der olympischen Bezeichnung
RTP	Registered Testpool
RuVO-DFG	Rechts- und Verfahrensordnung des DFB
StaG	Staatsangehörigkeitsgesetz
StGB	Strafgesetzbuch
StPO	Strafprozessordnung
TMG	Telemediengesetz
TVG	Tarifvertragsgesetz
TzBfG	Teilzeit- und Befristungsgesetz
UCI	Union Cycliste Internationale
UEC	Union Européenne de Cyclisme
UEFA	Union of European Football Associations
UEG	Union Européenne de Gymnastique
UNESCO	United Nations Educational, Scientific and Cultural Organization
UrhG	Urhebergesetz
VTabakG	Vorläufiges Tabakgesetz
WADA	World Anti-Doping Agency
ZIS	Zentrale Informationsstelle Sporteinsätze
ZPO	Zivilprozessordnung

Hinweise zur Benutzung des Buchs

Das vorliegende Lehrbuch ermöglicht einen Überblick über die wichtigsten rechtlichen Aspekte des Sports. Die Gliederung ergibt sich aus den unterschiedlichen Bezügen des Sportrechts.

In einem Grundlagenkapitel werden zunächst die am Sportbetrieb beteiligten Akteure und die sie verbindenden Rechtsbeziehungen dargestellt. Diese Rechtsbeziehungen werden in den nachfolgenden Kapiteln aufgegriffen und bilden die Grundlage für die juristische Beurteilung. Eine Übersicht über die Rechtsgrundlagen soll eine erste Orientierung über die Verankerung des Sportrechts in den verschiedensten Rechtsgebieten geben. Bevor die Einzelheiten des Sportrechts dargestellt werden können, muss zunächst das Verhältnis von Staat und Sport bestimmt werden. Inwieweit darf der Staat den Sport für sich instrumentalisieren? Welches sind seine Interessen und wie sind diese gegenüber den Interessen der einzelnen Athleten sowie der Vereine und Verbände abzugrenzen? In diesem Zusammenhang erfährt insbesondere die staatliche Förderung des Sports eine genauere Darstellung.

Im Hauptteil werden zunächst die Organisationsstruktur des Sports analysiert und die rechtlichen Voraussetzungen des Vereins- und Verbandrechts beleuchtet. Hierzu zählt auch der Rechtsschutz gegen Vereins- und Verbandsentscheidungen. In den nachfolgenden Kapiteln werden besonders wichtige sportrechtsrelevante Themen aufgegriffen, insbesondere die Haftung im Sport, strafbare Handlungen im Sport und Doping. Arbeitsrecht und auch das Medienrecht werden dargestellt, soweit diese sportrechtliche Besonderheiten aufweisen. Letzteres hat für die Vermarktung des Sports eine wichtige Funktion.

Im abschließenden Kapitel werden die Organisationsstrukturen einzelner Bundessportfachverbände aufgezeigt, um die unterschiedlichen Strukturen in den verschiedenen Sportarten augenscheinlich zu machen. Deutlich wird dabei die Pluralität der Verbandsstrukturen, so dass letztlich nicht von einem einheitlichen Vereins- und Verbandsrecht die Rede sein kann, wie dies der außenstehende Betrachter vermuten könnte.

Dem Charakter eines Lehrbuchs entsprechend, stehen im Zentrum die anerkannten Gegebenheiten des Rechts, wie sie sich aufgrund der gesetzlichen Vorgaben, durch die wissenschaftliche Interpretation und die gerichtliche Ausgestaltung herausgebildet haben. Auf Streitfragen von größerer Bedeutung wird hingewiesen, ebenso auf Möglichkeiten zukünftiger Entwicklung, wobei beides nicht von den anerkannten Leitlinien ablenken soll. Die Literatur ist innerhalb der Kapitel nach Jahreszahlen geordnet.

Die wichtigsten sportrechtlichen Normen finden sich in der Vorschriftensammlung »Sportrecht«. Auf die jeweiligen Gesetze wird durch → V hingewiesen, Verweise innerhalb des Lehrbuchs erfolgen durch → auf Kapitel (kursiv) und Randnummer.

Möge das Buch Studierenden zum Erfolg verhelfen und auch Praktikern von Nutzen sein!

Einleitung

Sportrecht ist kein klassisches Rechtsgebiet, vielmehr handelt es sich um eine Querschnittsmaterie, die sowohl zivilrechtliche als auch öffentlichrechtliche einschließlich strafrechtlicher Aspekte aufweist. Aus diesem Grund müssen Rechtsgrundlagen aus den unterschiedlichsten Gesetzen herangezogen werden, um sportrechtliche Fälle lösen zu können. Zusätzlich zu staatlich gesetzten Normen sind die von den jeweiligen Sportverbänden erlassenen Vereins- und Verbandsregelungen zu beachten.

In die traditionelle Systematik der Rechtswissenschaft lässt sich das Sportrecht nicht einordnen. Dies ergibt daraus, dass es ein durch die Praxis geprägtes Rechtsgebiet ist, welches auf die Fragen des gesellschaftlichen Subsystems Sport mit juristischen Antworten und Steuerungsmechanismen reagiert. Im Zentrum der Betrachtungen stehen dabei die Rechtsbeziehungen der einzelnen Akteure im Sport. Das Sportrecht dient dem Ausgleich ihrer widerstreitenden Interessen. Verbindliche Regeln bilden den Ausgangspunkt für jeden sportlichen Leistungsvergleich. Ihre Verbindlichkeit und Durchsetzbarkeit liegt im Interesse der beteiligten Akteure. Insofern kommt dem Recht fundamentale Bedeutung auch im Sport zu.

Das Sportrecht gewinnt wegen der wachsenden Professionalisierung im Zusammenhang mit kommerziellen sportlichen Aktivitäten zunehmend an Bedeutung. Der professionelle Sport ist in den vergangenen Jahren zu einem wichtigen ökonomischen Faktor geworden. Diese besondere wirtschaftliche Bedeutung erklärt den erhöhten Bedarf an Steuerung, Begutachtung und Klärung sportrechtlicher Probleme und Auseinandersetzungen. So weist das Sportrecht von Haftungsfragen über strafrechtliche bis hin zu steuerrechtlichen Fragestellungen ein breites Spektrum von Anwendungsbereichen auf. Letztlich umfasst das Sportrecht alle Rechtsfragen, Normen und Rechtsanwendungen, die mit dem Sport in Zusammenhang stehen.

In kaum einem anderen Rechtsgebiet finden sich ähnliche Strukturen wie im Sportrecht. Am ehesten ist der Freiraum des Sports innerhalb der staatlichen Rechtsordnung mit der Stellung der Kirchen und Religionsgemeinschaften vergleichbar.

Das vielfältige Organisationsrecht führt zu Unterschieden hinsichtlich der Bezeichnung, des Aufbaus und der Funktion der Organe, was auch Bedeutung für den Rechtsschutz haben kann. Die Pluralität und die Eigenständigkeit des Vereins- und Verbandsrechts gegenüber dem staatlichen Recht machen den besonderen Charakter des Sportrechts aus. Das Verständnis dieser Besonderheiten des Sports ist der Schlüssel, um die Fragestellungen des Sportrechts erfassen und einer richtigen Lösung zuführen zu können.

1. Kapitel: Grundlagen

I. Begriff des Sports

»Sport« ist kein Rechtsbegriff. Lediglich in bestimmten, seltenen Fällen wird der Begriff »Sport« im Gesetz verwendet: in den Verfassungen bzw. den Sportfördergesetzen der Bundesländer wie auch im Steuerrecht als Privilegierung im Falle der Gemeinnützigkeit. Auf europäischer Ebene findet sich der Begriff des Sports in Art. 165 des Vertrags über die Arbeitsweise der Europäischen Union (AEUV). Dagegen wird der Begriff des Sports im Grundgesetz nicht erwähnt. 1

Definitionen des Sports sind bisher vor allem von der Sportwissenschaft geprägt. Sie sind im einzelnen umstritten. Was den Umfang des Sportrechts anbetrifft, wird man zunächst vom sozialwissenschaftlichen Sportbegriff auszugehen haben. Allerdings vermögen die grundlegenden Merkmale des Sports, die von der Sozialwissenschaft herausgebildet wurden, im Hinblick auf eine trennscharfe Definition nicht zu überzeugen und bedürfen daher in den einzelnen Rechtsbereichen wie dem Steuerrecht weiterer bereichsspezifischer Präzisierung. 2

Üblichem Begriffsverständnis zufolge ist Sport die zweckfreie, im Wettkampf ausgeübte körperliche Bewegung. Das Merkmal »**Bewegung**« trifft zwar auf die allermeisten Sportarten zu, schließt Betätigungen wie das Schachspiel und den Motorsport jedoch von vornherein aus dem Begriff des Sports aus, was aus juristischer Sicht nicht in allen Fällen überzeugend ist. Die ähnlich gelagerten Organisationsstrukturen sowie die vergleichbaren Interessenlagen der Akteure sprechen vielmehr für eine Einbeziehung in das Sportrecht. 3

Ein weiteres definitorisches Merkmal ist der **Wettkampfcharakter**. Dieser prägt weite Teile des Kampf- und Leistungssports, würde aber als einengende Begriffsbestimmung den individuellen Freizeitsport ausschließen, bei dem die körperliche Ertüchtigung oder das reine Vergnügen motivierend sind. Beispiele sind das Joggen des Berufstätigen nach der Arbeit oder der Besuch eines Fitnessstudios. 4

Als drittes Merkmal wurde im sozialwissenschaftlichen Kontext lange Zeit die **Zweckfreiheit** des Sports genannt. Sie orientierte sich am Amateurgedanken, der bis zum Ende des 20. Jahrhunderts im Sport weit verbreitet war und auf den Gründer der Olympischen Spiele der Neuzeit Pierre de Coubertin zurückgeht. Er war der Überzeugung, dass Profisportler als Berufssportler von Wettkämpfen 5 fern zu halten seien, da sie bessere Trainingsmöglichkeiten haben und daher gegenüber Amateuren bevorteilt sein könnten. Erst 1986 kippte das IOC diese Grundregel der Olympiade und leitete damit die Professionalisierung des Sports ein. Insofern scheint es nicht verwunderlich, dass das Merkmal der Zweckfreiheit in den Sozialwissenschaften mittlerweile relativiert wurde.

6 Für die Begriffsumschreibung des Sports kommt es letztendlich auf eine **Gesamtbetrachtung** an, bei der die genannten Merkmale hilfreich sein können, ohne dass bei Fehlen eines dieser Kennzeichen in jedem Fall der Sportcharakter zu verneinen wäre. Um nicht bestimmte Sportarten auszugrenzen, ist somit von einem gesellschaftlichen Sportbegriff auszugehen. In bestimmten Bereichen sind zusätzliche Abgrenzungen erforderlich, z. B. im Steuerrecht. Diesem Lehrbuch zugrunde gelegt wird daher ein Sportbegriff, der diese sozialwissenschaftlichen Ansätze berücksichtigt, sich jedoch an weiteren Differenzierungen des Sportbetriebs orientiert, welche den einzelnen Sportler und seine Rolle im gesellschaftlichen System stärker in den Fokus rücken.

7 Unterschieden werden soll zwischen den nicht-juristischen Kategorien des Breiten- und des Leistungssports. Im **Breitensport** kommt die Zweckfreiheit des Sports zum Ausdruck. Allenfalls soll die körperliche Fitness erhalten oder Bewegungsmangel ausgeglichen werden. Demgegenüber ist der **Leistungssport** durch eine hohe Trainingsintensität gekennzeichnet, die in der Regel ein möglichst erfolgreiches Abschneiden im Wettkampfbetrieb zur Folge haben soll. Oft ist die Erwartung auf einen zu erzielenden Mehrwert auf Seiten des Sportlers (z. B. durch Erwerbsmöglichkeiten) oder bei Dritten (z. B. bei Sponsoren, Veranstaltern oder Profivereinen) mit dem Leistungssport verbunden.

8 Die im allgemeinen Sprachgebrauch immer noch verbreitete Unterscheidung zwischen Amateur und Profisportler ist überholt. Dennoch muss bei der Betrachtung der Rechtsbeziehungen im Sport, die auch den nicht professionell tätigen Hobbysportler betreffen können, eine Differenzierung zwischen Berufs- und Freizeitsport vorgenommen werden, obwohl auch diese beiden Begriffe nicht juristisch definiert sind. Nur so können z. B. arbeitsrechtliche oder vereinsrechtliche Besonderheiten dargestellt werden. Insoweit ist auf die Abgrenzung zwischen Amateur und Profi zurückzugreifen. Als **Amateur** bezeichnet man zunächst den Freizeitsportler, der individuell und ohne vereinsmäßige Bindung außerhalb von Wettkämpfen körperlicher Betätigung und Ertüchtigung nachgeht. Zudem wird als Amateur der Freizeitsportler bezeichnet, der vereinsmäßig organisiert ist, sich indes nicht zum Zwecke der Entgelterzielung sportlich betätigt. Im Gegensatz zum Amateur erzielt der **Profisportler** Einkünfte für seine Sportleistung und kann dadurch ganz oder teilweise seinen Lebensunterhalt bestreiten. Die Einkünfte müssen nicht zwingend feste Gehälter sein. Einnahmen können auch

durch Prämien, Preisgelder, Sponsoring-Leistungen sowie aufgrund staatlicher Sportförderung erzielt werden. Der Profisportler betreibt den Sport nicht zweckfrei sondern hat ihn sich im Regelfall zum Beruf gemacht, was daran zu erkennen ist, dass er einen Großteil seiner zeitlichen und körperlichen Ressourcen in den Sport investiert.

Schließlich kann von rechtlicher Relevanz sein, ob eine sportliche Leistung im 9
Team oder individuell erbracht wird, so dass in bestimmten Zusammenhängen eine Unterscheidung zwischen **Individual- und Mannschaftssport** vorgenommen werden muss. Insoweit kann es Abgrenzungsschwierigkeiten geben, z. B. wenn der originär individualsportlich aktive Radsportler im professionellen Bereich für einen »Rennstall« im Team fährt.

II. Akteure

1. Sportler

Im Zentrum des Sportrechts steht der einzelne Sportler. Entsprechend der Unter- 10
scheidung in Breiten- oder Leistungssport, Amateur- oder Profisport sowie Individual- oder Mannschaftssport, können sich verschiedene Rechtsbeziehungen zwischen dem jeweiligen Athleten und weiteren Sportakteuren ergeben. Dabei nimmt mit steigendem Maß an Professionalisierung im Sport auch die Komplexität der rechtlichen Beziehungen zu. Je mehr Aufmerksamkeit eine professionell durchgeführte Sportleistung erzeugt, umso intensiver steigt die Nachfrage nach dem dahinter stehenden Sportler, so dass oft vertragliche Vereinbarungen, z. B. zur medialen oder sonstigen kommerziellen Verwertung getroffen werden.

Im Breitensport ergeben sich die Rechte und Pflichten des Freizeitsportlers vor 11
allem aus dem Mitgliedschaftsverhältnis zu seinem Verein. Zudem ist das Regelwerk des jeweiligen Verbands auf ihn anwendbar. Der **Breitensportler** haftet nach den allgemeinstaatlichen Rechtsnormen zivil- und/oder strafrechtlich, sofern er andere Personen verletzt oder Sachen beschädigt.

Der **Leistungssportler** ist in verschiedener Weise an rechtliche Vorgaben ge- 12
bunden, insbesondere durch Verträge und, sofern er Arbeitnehmer ist, an das Arbeitsrecht. Tritt er im Sport als eigenständiger Unternehmer auf, ergeben sich arbeitsrechtliche und steuerrechtliche Besonderheiten. Nimmt der Leistungssportler am Wettkampfbetrieb teil, so unterwirft er sich entweder satzungsrechtlich oder unmittelbar vertraglich den Vorgaben der jeweiligen Veranstalter, Sportverbände oder Ligen.

13 Für alle Sportler gilt, dass sie sich als Privatrechtssubjekte in erster Linie nicht in einem rechtsfreien Raum bewegen. Sie müssen Rechte anderer beachten. Auf der anderen Seite genießen sie staatlichen Schutz. So wie der Sportler andere Wettkampfteilnehmer nicht vorsätzlich schädigen darf, ist er selbst gegen derartiges Verhalten Dritter geschützt.

2. Trainer und Betreuer

14 Trainer leiten Sportler an, bilden sie aus und unterstützen sie bei der Verfolgung ihrer sportlichen Ziele. Neben den Trainern im engeren Sinne gibt es weitere Arten von Betreuern.

Nicht trennscharf ist dabei die Unterscheidung zwischen Trainern und Übungsleitern. Zum einen bestimmen verbandsrechtliche Regelungen zur Trainerausbildung, welche Anforderungen an Trainer bzw. Übungsleiter gestellt werden. In diesem Sinne ist die Trainertätigkeit eher an einer sportartspezifischen Ausrichtung orientiert, während die Übungsleitertätigkeit überwiegend sportartübergreifend geprägt ist. Dem stehen die Regelungen des Steuerrechts entgegen, wonach Übungsleiter, vor allem im Ehrenamt, steuerlich privilegiert sind (→ *11* Rdnr. 32). Das legt die Interpretation nahe, dass der Begriff Trainer im professionellen Sportbereich anzusiedeln ist, während man im breitensportlichen, nicht erwerbsorientierten Bereich von Übungsleitern sprechen kann.

Hinzu kommen Manager, die für verwaltungsmäßige Tätigkeiten zuständig sind sowie medizinische Betreuer. Sie unterliegen eigenen sportverbandlichen Vorgaben, z. B. im Hinblick auf die jeweilige Qualifizierung. Daneben stehen sie in einem vertraglichen Verhältnis zum Sportverein, Sportverband oder zum einzelnen Sportler.

3. Sportvereine

15 Sportvereine organisieren die gemeinschaftliche Sportausübung und sind dabei durch die Vereinigungsfreiheit des Art. 9 Abs. 1. GG grundrechtlich geschützt. In der Regel sind sie in der Rechtsform eines eingetragenen Vereins (e.V.) organisiert; im kommerzialisierten Sport haben Vereine häufig unternehmerische Ausgliederungen, die in anderer Rechtsform geführt werden, z. B. als AG, GmbH oder GmbH&Co KG.

16 Sportvereine sind Mitglieder im jeweiligen Sportverband der entsprechenden Sportart und haben ihrerseits Mitglieder. Diese sind in der Regel selbst Sportler (bei Amateursportlern); oft können jedoch auch Unterstützer und Fans Mitglieder des Vereins werden. Eine Mitgliedschaft im Verein kann auch bei Profisport-

lern vorliegen, häufiger ist indes, dass diese zusätzlich oder stattdessen ein vertragliches Verhältnis zum Sportverein haben. Sofern Vereine gemeinnützig sind, können sie Steuererleichterungen für sich beanspruchen.

4. Sportverbände

Sportverbände organisieren zusammen mit den Sportvereinen den Wettkampf- 17
betrieb. Sie bilden das Herzstück des pluralistischen Verbandswesens (→ *3* Rdnr. 3 ff.) und sind normgebend und normvollstreckend, d. h. sie sind sowohl für die Setzung von spezifischen Verbandsnormen als auch für deren Durchsetzung eigenverantwortlich zuständig. Dies gilt für reine Spielregeln, die den Wettkampfbetrieb unter gleichen Voraussetzungen gewährleisten sowie für sonstige Verbandsregeln, die insbesondere der verbandsinternen Organisation dienen.

Bei den Sportverbänden unterscheidet man Sportfachverbände für die jeweilige Sportart und einzelne sportartenübergreifende Verbände. Zu letzteren zählen auf nationaler Ebene der Deutsche Olympische Sportbund und auf internationaler Ebene das Internationale Olympische Komitee.

5. Zuschauer

Zuschauer sind außenstehende Dritte, die an der sportlichen Leistung nicht un- 18
mittelbar beteiligt sind. Sie sind Rezipienten des Sports, entweder als Fans vor Ort oder Mediennutzer journalistisch und redaktionell aufbereiteter Sportberichterstattung. In diesen Funktionen tragen Zuschauer in nicht unerheblicher Weise zur Finanzierung des Sports bei, z. B. direkt durch Zahlung von Rundfunkbeiträgen oder Eintrittsgeldern sowie indirekt z. B. durch den Erwerb von Merchandisingartikeln.

Die Zuschauer vor Ort stehen in einem vertraglichen Verhältnis zum Sportveranstalter. Bei Schädigungen können sie vertragliche oder deliktische Ansprüche gegen den Veranstalter geltend machen und im umgekehrten Fall auch von diesem in Anspruch genommen werden.

6. Medien

Medien nehmen im professionellen Sport eine wichtige Rolle als Bindeglied zwi- 19
schen Zuschauer und Sportler bzw. Sportveranstalter (Verein/Verband) bei der Vermittlung und Verbreitung von Sportereignissen ein. Sie profitieren von der Sportberichterstattung und konzentrieren das Zuschauerinteresse durch eigene Vermarktungs- und Darstellungsformate und erzielen somit eigene Einnahmen.

Im Gegenzug ermöglichen die Medien in weiten Bereichen den Sportbetrieb durch Lizenzzahlungen, die ihnen die Übertragungsrechte an einzelnen Sportveranstaltungen sichern. Medien können eine aktive Rolle in Bezug auf die Gestaltung des Sports einnehmen, indem sie durch ihr Interesse eine bestimmte Sportart fördern oder durch Desinteresse eine Sportart in eine Nischenfunktion drängen. Sie können auch den Inhalt beeinflussen, indem besonders medienwirksame Bilder gefördert werden.

20 Medien stehen regelmäßig in einer Rechtsbeziehung zum Veranstalter, dem sie für die Übertragungsrechte Lizenzgebühren bezahlen. Sie schaffen jedoch auch für den einzelnen Sportler eine Plattform, auf der er sich und seine Sponsoren präsentieren kann. Bei der Vermarktung des Sports sind verschiedene medienrechtliche Vorgaben zu beachten, z. B. das allgemeine Persönlichkeitsrecht der Sportler.

7. Sponsoren

21 Sponsoren leisten Zuwendungen an die Akteure im Sport. Hierbei kann es sich um finanzielle Leistungen aber auch um Sach- oder Dienstleistungen handeln. Im Gegensatz zum Mäzenatentum ist das Sponsoring durch eine Gegenleistung an den Sponsor gekennzeichnet. Diese liegt regelmäßig in einer Imageförderung des Sponsors durch den Sportler oder das Medienereignis als solches.

22 Sponsoren stehen in einem vertraglichen Verhältnis zum Gesponserten. Der Sponsor ist an rechtliche Vorgaben des staatlichen Rechts oder durch verbandsrechtliche Vorgaben gebunden, z. B. durch Werbeverbote auf bestimmten Sportgeräten. Nicht als Sponsoring in diesem Sinne zu verstehen ist staatliche Sportförderung (→ *2* Rdnr. 33 ff.).

8. Vermarkter

23 Vermarkter sind externe Dienstleister, die Sportlern, Sportvereinen und Sportverbänden die Möglichkeit zur Vermarktung bieten, indem sie ihnen Sponsoren vermitteln. Sie stehen sowohl zu dem jeweiligen sportlichen Akteur als auch zum Sponsor in einem vertraglichen Verhältnis. Sie tragen zur Finanzierung und zur Kommerzialisierung des Sports bei. Ein spezieller Vermarkter ist der Spielervermittler. Er sucht für Vereine geeignete Spieler und umgekehrt für Spieler Vereine mit lukrativen Bedingungen.

III. Rechtsgrundlagen

1. Völker- und Europarecht

Sport ist international. Um weltweit einheitliche Spiel- und Wettkampfregeln zu gewährleisten, stellen die internationalen Fachsportverbände verbandsspezifisches internes Recht auf. Dies ist jedoch kein Völkerrecht, da es nicht von Staaten gesetzt ist. Indessen spielen einige **völkerrechtliche Vorgaben im Sport** eine wichtige Rolle. Beispiele sind Abkommen über Doping und die internationale Schiedsgerichtsbarkeit. 24

Durch das UNESCO-Übereinkommen über Doping im Sport vom 19.10.2005 (→ V 3) erlangen Teile der internationalen Anti-Doping Regeln des WADA-Codes durch Übernahme in die UNESCO-Konvention völkerrechtlichen Status. Mit diesem Übereinkommen verpflichten sich die Vertragsstaaten, die Grundsätze des Codes einzuhalten. 25

Die wichtigste völkerrechtliche Rechtsgrundlage für Schiedsgerichtsentscheidungen im Sport ist das New Yorker Übereinkommen über die Anerkennung und Vollstreckung ausländischer Schiedssprüche vom 10.6.1958 (→ V 1), das 2010 von 144 Staaten ratifiziert wurde und damit nahezu weltweit gilt. Es gewährleistet die Anerkennung und Vollstreckung von Schiedssprüchen durch die Verbandsstaaten. 26

Das **Europarecht** spielt eine immer größer werdende Rolle im Sport. Eine wichtige primärrechtliche Vorschrift für den Sport enthält der AEUV. Der Artikel, der die Kompetenzen der Union in den Bereichen »Berufliche Bildung, Jugend und Sport« regelt (Art. 165 AEUV), enthält einen eigenen Kompetenztitel, der die Förderung der europäischen Dimension im Sport durch eigene EU-Maßnahmen ermöglicht. 27

Rechtsakte der Europäischen Union sind vor allem von Bedeutung, soweit der professionelle Sport einen Teil des Wirtschaftslebens bildet. Berücksichtigt werden müssen die europäischen Grundrechte, die in der Charta der Grundrechte der Europäischen Union (GRC) und der Europäischen Menschenrechtskonvention (EMRK) niedergelegt sind[1] und die im AEUV verankerten Grundfreiheiten. Sportrelevant sind bei den Grundrechten die Vereinigungsfreiheit (Art. 11 EMRK; Art. 12 GRC) und die Berufsfreiheit (Art. 15 GRC). Bei den in erster Linie gegen Maßnahmen der Mitgliedstaaten gerichteten Grundfreiheiten ist die Arbeitnehmerfreizügigkeit (Art. 45 AEUV) zu beachten. Daneben gewähren die Warenverkehrsfreiheit (Art. 28 ff. AEUV), die Niederlassungsfreiheit (Art. 49 28

---

[1] Über Art. 5 Abs. 2 AEUV (die EMRK ist als über die EU hinausreichendes Völkerrecht nicht unmittelbar EU-Recht, sondern Europarecht im weiteren Sinne).

AEUV) und die Dienstleistungsfreiheit (Art. 56 AEUV) europarechtlichen Schutz im Sport. Letztere garantiert eine diskriminierungsfreie selbständige Erwerbstätigkeit von Unionsbürgern in anderen Mitgliedstaaten.

29 Wegen der oftmals monopolartigen Stellung von Sportverbänden spielt das Kartellrecht (Art. 101, 102 AEUV) eine wichtige Rolle, z. B. für das Sponsoring, bei der Beteiligung von Großinvestoren und bei der Zentralvermarktung von Ligaspielen. Insbesondere das Verbot wettbewerbshindernder Vereinbarungen und Beschlüsse (Art. 101 AEUV) sowie das Verbot des Missbrauchs einer marktbeherrschenden Stellung (Art. 102 AEUV) sind zu beachten.

2. Verfassungsrecht

30 Im **Grundgesetz** (GG) findet der Sport trotz seiner gesellschaftlichen und wirtschaftlichen Bedeutung (noch) keine Erwähnung – im Gegensatz zu anderen europäischen Verfassungen und dem Vertrag über die Arbeitsweise der Europäischen Union. Entsprechende Forderungen sind bisher nicht in die Verfassung umgesetzt worden, wohl nicht zuletzt, weil die Bundesländer traditionell für diesen Bereich kompetenziell zuständig sind.[2] In beinahe allen deutschen **Landesverfassungen** ist der Sport hingegen als Staatszielbestimmung fest verankert (→ *2* Rdnr. 23).

Obwohl kein ausdrückliches »Sportgrundrecht« in der nationalen Verfassung zu finden ist, wird der Sport in Deutschland durch verschiedene Grundrechte geschützt, auf die sich Sportler, Vereine und Verbände berufen können, wie die Berufsfreiheit (Art. 12 GG), die Vereinigungsfreiheit (Art. 9 GG), das Eigentumrecht (Art. 14 Abs. 1 GG) und die allgemeine Handlungsfreiheit des Art. 2 Abs. 1 GG.

3. Einfaches Gesetzesrecht

31 Normen mit Sportrelevanz finden sich sowohl im Bundesrecht als auch im Landesrecht und dabei ebenso im Öffentlichen Recht wie im Zivilrecht. Neben allgemeinen Normen, die nicht auf die Regelung sportlicher Sachverhalte abzielen, gibt es sportspezifische Gesetze und Normen.

---

[2] Gem. Art. 70 Abs. 1 GG, da dem Bund weder ausschließliche noch konkurrierende Gesetzgebungskompetenzen in den nachfolgenden Artikeln eingeräumt sind und sich eine »Kompetenz kraft Natur der Sache« allenfalls auf die Förderung des Spitzensports und den Gesamtstaat repräsentierende Großereignisse beziehen kann.

Im **Öffentlichen Recht** sind z.B. die Sportfördergesetze der Länder, Normen des Polizeirechts, des Immissionsschutzrechts und des Baurechts zu beachten. Die sich ähnelnden Fördergesetze regeln vor allem die Ziele und Mittel der Sportförderung, den Sportstättenbau und die Nutzung von Sportanlagen sowie spezifische Fördermöglichkeiten. Im Polizeirecht sind u.a. allgemeine Befugnisse der Polizei geregelt, die im Rahmen von Sportgroßveranstaltungen zum Tragen kommen. Bei Bauvorhaben im Bereich des Sports (Stadien, Hallen, Trainingsplätze etc.) sind Bauplanungsrecht und Bauordnungsrecht zu beachten. Letzteres behandelt gefahrenabwehrrechtliche sowie ästhetische und ökologische Aspekte des Bauens. Die Sportanlagenlärmschutzverordnung (18.BImSchV → V 26) gibt für sportbedingte Geräusche konkrete Richtwerte vor, die beim Betrieb von Sportanlagen eingehalten werden müssen.

Sportrelevante **zivilrechtliche Normen** finden sich vornehmlich im Bürgerli- 32
chen Gesetzbuch (BGB). Zentrale Materien sind das Vereinsrecht, das Vertragsrecht und die Haftung im Sport.

Die **Normen des Strafgesetzbuchs (StGB)** und des Nebenstrafrechts greifen bei Körperverletzungen, bei Betrug im Zusammenhang mit Doping oder Manipulationen im Sport. Für Doping fehlt in Deutschland – trotz anhaltender Diskussion – ein eigener Straftatbestand im StGB. Allerdings kann die Verabreichung und der Besitz von Dopingmitteln nach dem Arzneimittelgesetz (AMG → V 32) und dem Betäubungsmittelgesetz (BtMG → V 33) strafbar sein (→ *7* Rdnr. 43ff.).

4. Verbandsrecht

Während das staatliche Sportrecht den gesetzlichen Rahmen des Sports vorgibt, 33
werden durch das interne Recht der Vereine und Verbände die Strukturen der Sportorganisation normiert sowie konkrete Regeln für die Durchführung sportlicher Wettkämpfe gesetzt.

Die Vereinheitlichung der Regelwerke ist eine der wesentlichen Aufgaben der internationalen und nationalen Sportverbände. Die Rechtsetzung durch Vereine und Verbände erfolgt in der Hauptsache durch die Satzungen und Statuten. Die Statuten der großen Sportverbände sind dabei – international wie national – individuell, enthalten indes vergleichbare Regelungen zu Mitgliedschaft, Organisation, zu den Verbandsorganen, Vermarktungs- und Finanzierungsfragen und in der Regel zu Fragen der verbandlichen Gerichtsbarkeit und des Schiedsgerichtsverfahrens sowie zum Teil zu Wettbewerbsvoraussetzungen und zum Umgang mit Doping. Darüber hinaus bestimmen die Vereine und Verbände auch Aufgaben und Regeln durch weiterführende Ordnungen, die im Rang unterhalb der

Satzungen angesiedelt sind (z. B. Spielordnung mit konkreten Spielregeln, Jugendordnung, Rechts- und Verfahrensordnung usw.).

IV. Staatliches und verbandsspezifisches Recht

34 Das Verhältnis zwischen verbandsspezifischem Recht und staatlichem Recht festzulegen, gehört zu den größten Schwierigkeiten des Sportrechts. Dies liegt daran, dass das Spannungsverhältnis zwischen der **Autonomie**, die den Vereinen und Verbänden vom Staat durch die Vereinigungsfreiheit des Art. 9 Abs. 1 GG gewährt wird und der **Verbindlichkeit staatlicher Normen**, die auch im Sport beachtet werden müssen, zu lösen ist.

1. Wirkung des staatlichen Rechts im Sport

35 Am Sport beteiligte Akteure sind überwiegend Privatrechtssubjekte, deren Rechtsbeziehungen untereinander grundsätzlich der Vertragsfreiheit unterfallen. D.h., die an einem vertraglichen Verhältnis Beteiligten können auf der Grundlage des Zivilrechts frei über den Inhalt ihrer Vereinbarungen entscheiden. Aufgabe des Staates ist es, diese Freiheit dauerhaft sicherzustellen. Die Autonomie der Vereine und Verbände im Sport ergibt sich aus der Vereinigungsfreiheit des Art. 9 Abs. 1 GG. Vertragsfreiheit und Vereinigungsfreiheit zusammen gewährleisten somit die spezifische **Autonomie des Sports**.

36 Diese Freiheiten gelten jedoch nicht uneingeschränkt. **Beschränkungen der Vertragsfreiheit durch das staatliche Recht** ergeben sich aus zivilrechtlichen Vorgaben, die insbesondere den »schwächeren Vertragspartner« vor der Übermacht des »stärkeren Vertragspartners« schützen sollen. Im Sport ist dies insoweit von großer Relevanz, als die Sportverbände eine monopolartige Stellung für die jeweilige Sportart innehaben (die faktisch, jedenfalls wettkampfmäßig nicht außerhalb des jeweiligen Verbandes ausgeübt werden kann).

37 Aus diesem Grund sind Normen wie § 138 BGB (Sittenwidrigkeit), § 134 BGB (gesetzliche Verbote) sowie § 242 BGB (Treu und Glauben) in den Vertragsverhältnissen zwischen dem Sportler und seinem Verein bzw. Verband in besonderer Weise zu beachten. Da die vorgenannten »Generalklauseln« interpretationsbedürftig sind, können aufgrund der Einheit der Rechtsordnung an dieser Stelle die Grundrechte für die Auslegung herangezogen werden. In dieser besonderen Konstellation entfalten die Grundrechte Wirkung auch auf das Verhältnis der Privatrechtssubjekte untereinander. Da dies nicht der originären Funktion der Grundrechte als Abwehrrechte des Bürgers gegen den Staat entspricht, wird insoweit

von **mittelbarer Drittwirkung der Grundrechte** gesprochen. In der Praxis ist diese Grundrechtswirkung von großer Bedeutung für die Entscheidung von sportrechtlichen Fällen. Zudem sind die Normen des Strafrechts anwendbar, wenn geschützte Rechtsgüter verletzt werden. So kann die Verletzung eines anderen Wettkampfteilnehmers den Tatbestand der Körperverletzung erfüllen, ein manipulierter Wettkampf den des Betrugs.

Im Verhältnis der Akteure des Sports zum Staat sind öffentlichrechtliche Normen direkt und nicht anders als sonst im Verhältnis des Bürgers zum Staat anwendbar. Allerdings sind in diesem Verhältnis auch die Grundrechte in unmittelbarer Weise anwendbar, d.h. sie wirken als Abwehrrechte des Bürgers gegen den Staat. So kann der Staat grundsätzlich nicht verbieten, dass Sportler einer bestimmten Sportart sich vereins- und verbandsmäßig organisieren (Art. 9 Abs. 1 GG). 38

2. Verhältnis zwischen staatlichem und verbandsspezifischem Recht

Vereins- und Verbandsrecht sind eingebettet in das jeweilige nationale Recht des Staates am Sitz des Vereins oder Verbands. Dieses nationale Recht wirkt wie ein Rahmen, der die Vereins- oder Verbandsautonomie umschließt und innerhalb dessen Vereine und Verbände Regelungen erlassen können. Das staatliche Recht gewährt damit einen Freiraum für die autonome Rechtssetzung und -durchsetzung und wirkt zugleich in das autonome Recht hinein. 39

Dieses Verhältnis setzt sich beim **Rechtsschutz** fort. Soweit das autonome Recht im Einklang steht mit dem übergeordneten staatlichen Recht, wird es vom Staat anerkannt und staatlicher Rechtsschutz tritt gegenüber dem vereins- und verbandsinternen Rechtsschutz zurück. In der Regel können im Streitfall staatliche Gerichte nicht angerufen werden, sondern es ist der Weg vor die Vereins- oder Verbandsgerichte zu wählen. Verhängt ein Verband z. B. eine vorübergehende Sperre für einen Sportler wegen eines Dopingvergehens, so ist diese im Regelfall durch den betroffenen Sportler nicht vor staatlichen Gerichten angreifbar. Anders verhält es sich, wenn die Sperre mehrere Jahre umfasst und dadurch die Berufsfreiheit des Sportlers (Art. 12 Abs. 1 GG) in massiver Weise beeinträchtigt ist. In diesem Fall muss sich der Sportler nicht mit der Entscheidung eines Verbandsgerichts oder eines Schiedsgerichts zufrieden geben, sondern kann zusätzlich staatlichen Rechtsschutz in Anspruch nehmen. Verstoßen die autonom gesetzten Regelungen gegen staatliches Recht, sind sie rechtswidrig und können vor nationalen Gerichten angefochten werden. 40

Das Verhältnis zwischen staatlichem und vereins- und verbandsmäßig gesetztem Recht kann sehr unterschiedlich ausgestaltet sein. Dabei handelt es sich nicht 41 immer um einen Ausschluss beider Rechtssphären, vielmehr können beide auch **parallel** zur Anwendung kommen. Ein sportliches Fehlverhalten kann verbandsinterne Sanktionen nach sich ziehen, z. B. eine Wettkampfsperre oder eine Geldstrafe, gleichzeitig kann sich daraus eine Strafbarkeit nach staatlichem Recht ergeben, etwa wegen Körperverletzung, und schließlich eine zivilrechtliche Haftung gegenüber dem verletzten Spieler.

42 Die Möglichkeit paralleler Anwendung verbandspezifischen und staatlichen Rechts ergibt sich aus der unterschiedlichen Zielrichtung beider Arten von Recht. Während das Vereins- und Verbandsrecht die Durchführung des Wettkampfs, das Fair-Play und die Sportorganisation sicherstellen soll, dient das staatliche Recht dem Schutz von Rechtsgütern und der Rechtsdurchsetzung, die dem Einzelnen aufgrund des staatlichen Gewaltmonopols und dem Verbot der Selbstjustiz entzogen sind und daher vom Staat gewährleistet werden müssen.

3. Vielzahl verbandsrechtlicher Normensysteme

43 Für die Organisation des Sports und den Wettkampfbetrieb sind die **Spielregeln** und die sonstigen **Verbandsnormen** zentral. Die Spielregeln dienen der Vereinheitlichung des Wettkampfbetriebs der jeweiligen Sportart und werden durch die Verbandsregeln der internationalen Fachsportverbände normiert und durchgesetzt. Diese führen als Weltverbände eine globale Vereinheitlichung herbei. Die sonstigen Regeln betreffen Organisation und Aufbau der Verbände, bis hin zu speziellen Fragestellungen wie Jugendordnungen sowie Rechts- und Verfahrensordnungen.

44 Da die Spielregeln wie auch die Organisationsnormen von jedem Verband eigenständig ausgestaltet werden, gibt es kein einheitliches Sportverbandsrecht, sondern eine **Vielzahl eigenständiger Normsysteme** mit eigenen Regeln, eigenen Befugnissen der Verbandsorgane sowie z. T. unterschiedlich ausgestalteten verbandsspezifischen Rechtsschutzmöglichkeiten.

45 Das in der sportrechtlichen Literatur überwiegend dargestellte »Zwei-Säulen-Modell« unterscheidet zwischen staatlichem Recht und Verbandsrecht.[3] Damit wird der Eindruck erweckt, beide Normensysteme stünden gleichbedeutend und unabhängig nebeneinander. Weiterhin wird suggeriert, das Verbandsrecht sei für alle Sportarten einheitlich und könne insoweit als eine Säule veranschaulicht werden. Tatsächlich gibt es zwischen staatlichem Recht und Verbandsrecht jedoch zahlreiche Wechselwirkungen. Ungeachtet der den Verbänden durch das staatliche Recht eingeräumten Autonomie besteht letztlich eine Überordnung des

[3] Nolte, Was ist Sportrecht, S. 6 f.

staatlichen Rechts. Zudem gibt es aufgrund der Verbandsvielfalt und der damit verbundenen Vielzahl an Satzungen und Regelungen kein einheitliches Verbandsrecht. Anstelle mit Hilfe des Zwei-Säulen-Modells lässt sich die beschriebene Verbandspluralität daher zutreffender mit dem hier abgebildeten **Inselmodell** darstellen.

Die nachstehende Abbildung zeigt die Rechtsverhältnisse innerhalb eines Verbands und soll die Vielzahl der Verbandsregelungen veranschaulichen. Zu erkennen sind die einzelnen Normensysteme der Sportverbände, die eigenständig und unverbunden nebeneinander existieren. Die inselhafte Stellung der Verbände verdeutlicht ihre Autonomie gegenüber staatlichen Einwirkungen und zugleich ihre Eingebundenheit in die staatliche Rechtsordnung. Sie agieren damit nicht im rechtsfreien Raum. Vielmehr ist ihr Zuständigkeits- und Wirkungsbereich begrenzt und weithin überprüfbar. 46

Verhältnis des staatlichen Rechts zum Verbandsrecht

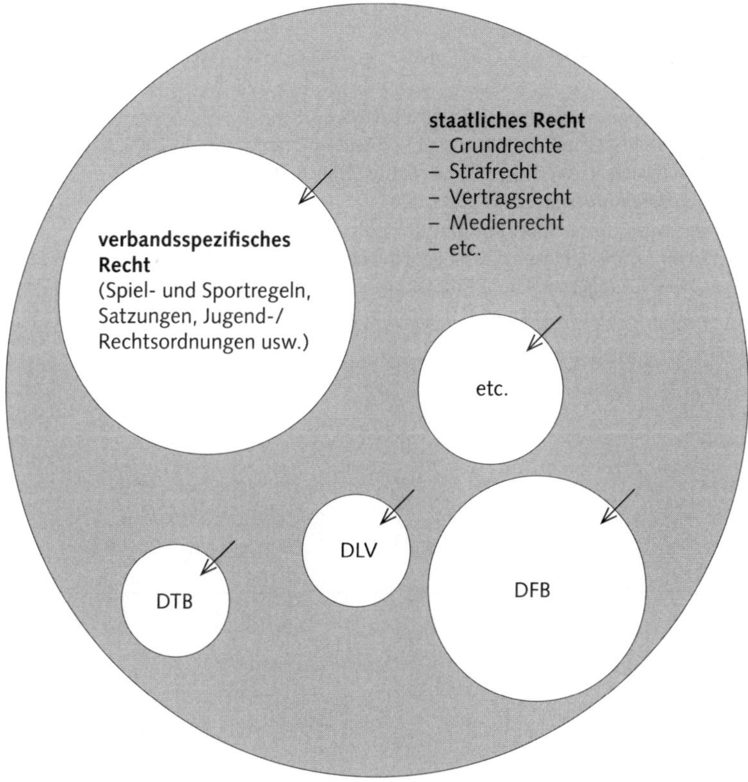

Grundlagen kompakt

- Der Begriff des Sports ist nicht rechtlich definiert. Der sozialwissenschaftliche Sportbegriff ergibt sich aus der Gesamtbetrachtung der Merkmale Bewegung, Wettkampf und Zweckfreiheit.
- Sportrecht ist die Gesamtheit der Rechtsbeziehungen der am Sportbetrieb beteiligten Akteure.
- Beteiligte Akteure sind Sportler, Trainer, Vereine, Verbände, Staat, Zuschauer, Medien, Sponsoren, Vermarkter.
- Rechtsgrundlagen des Sportrechts finden sich im staatlichen und im verbandsspezifischen Recht und zwar jeweils auf nationaler und auf internationaler Ebene.
- Sportverbände genießen eine weitgehende Autonomie vom Staat, geschützt durch die Vereinigungsfreiheit des Art. 9 Abs. 1 GG. Zugleich sind sie in die staatliche Rechtsordnung eingebunden.

Vertiefende Literatur

Ketteler, Gerd: Sport als Rechtsbegriff, SpuRt 1997, S. 73 ff.
Streinz, Rudolf: EG-Grundfreiheiten und Verbandsautonomie, SpuRt 2000, S. 221 ff.
Holzke, Frank: Skat als Wettkampfsport, SpuRt 2002, S. 100 ff.
Steiner, Udo: Die Autonomie des Sports, 2003.
Stender-Vorwachs, Jutta: Sport und Kultur, SpuRt 2004, S. 201 ff.
Nolte, Martin / Hilpert, Horst: Was ist Sportrecht?, 2011.
Rössner, Dieter / Adolphsen, Jens: Einführung – Der Sport im Recht, 1, Rdnr. 1 ff., in: Adolphsen / Nolte / Lehner / Gerlinger (Hrsg.), Sportrecht in der Praxis, 2012.

2. Kapitel: Sport und Staat

I. Staatsferne

Das System des Sports in Deutschland ist zwar von staatlichem Recht durchdrungen, es ist jedoch als solches staatsfern ausgestaltet. Das ist keineswegs selbstverständlich, ist doch in vielen Staaten der Sport ein nicht unwichtiges Element der Außendarstellung des Staates und z.T. gar der Propaganda nach innen und außen. In der neueren Geschichte sind die Olympischen Sommerspiele in Peking 2008 sowie die Fußball-EM in der Ukraine 2012 in diesem Zusammenhang zu nennen. Ein historisches Beispiel ist die propagandistische Überformung der Olympischen Spiele von 1936 in Berlin. Mit einem demokratischen Rechtsstaat ist eine derart intensive Einflussnahme auf den Sport unvereinbar. 1

Im Hinblick auf die Staatsferne ist der Sport mit den Medien vergleichbar, die in noch viel stärkerem Maße von staatlicher Einflussnahme auf den Inhalt zu schützen sind, da sie für die pluralistische Meinungsbildung in der Demokratie unabdingbar sind. Ein weiterer vergleichbarer Bereich ist die Kunst. Dort sorgt allerdings die Kunstfreiheit des Art. 5 Abs. 3 GG als Individualgrundrecht für einen Freiraum des Bürgers vor staatlicher Einflussnahme, in dem er sich frei entfalten kann. Die sportliche Betätigung erfährt hingegen keinen eigenständigen grundrechtlichen Schutz. Jedoch garantieren die freie Entfaltung der Persönlichkeit (Art. 2 Abs. 1 GG) sowie die Vereinigungsfreiheit des Art. 9 Abs. 1 GG die individuelle und vereinsmäßig organisierte sportliche Betätigung. 2

Ähnlich wie bei der Kunst schließt die Staatsferne nicht eine staatliche Förderung des Sports aus. Dabei besteht allerdings das Problem, dass einerseits möglichst staatsfern entschieden werden soll, andererseits die Verwendung von Steuergeldern nicht außerhalb des staatlichen Einflussbereichs, insbesondere staatlicher Kontrolle stattfinden kann.[1] 3

[1] Zur Sportförderung siehe unten Rdnr. 33 ff.

II. Zurückhaltung des Staates im sportlichen Bereich

4 Die Selbstorganisation des Sports über Vereine und Verbände wird vom Staat grundsätzlich anerkannt. Hierzu ist er sogar verpflichtet, soweit der grundrechtliche Schutz der Vereinigungsfreiheit des Art. 9 Abs. 1 GG reicht. Einige Autoren sprechen in diesem Zusammenhang vom Subsidiaritätsprinzip.[2] Die Verwendung des Begriffs ist allerdings irreführend, da er sich auf eine Aufgabenteilung zwischen einer übergeordneten und einer untergeordneten Instanz bezieht, wohingegen beim Sport die Regelungskompetenz – von Ausnahmen abgesehen – bei den Verbänden liegt. Die Autonomie der Sportvereine und -verbände bezieht sich insbesondere auf die Normsetzung und die Durchsetzung der von ihnen erlassenen vereins- und verbandsinternen Normen.

5 Die in älteren Abhandlungen zum Teil vertretene Ansicht, die Ausübung des Sports finde in einem rechtsfreien Raum statt,[3] ist nicht zutreffend. In bestimmten Fällen ist ein Eingreifen des Staates unabdingbar, um den Schutz gefährdeter Rechtsgüter zu gewährleisten. In diesen Fällen kann es eine Pflicht des Staates zum Handeln geben. Dies gilt insbesondere, wenn Leib und Leben von Personen bedroht sind oder wenn die öffentliche Sicherheit und Ordnung gefährdet ist, wie es etwa im Falle von »Fangewalt« ein anschauliches Beispiel ist.

In einem Zwischenbereich gesellschaftlich unerwünschter Verhaltensweisen, die der Autonomie der Sportverbände zugeordnet sind, ist umstritten, inwieweit der Staat tätig werden darf oder muss, beispielsweise bei der Dopingbekämpfung. Einen hiervon zu unterscheidenden Bereich stellt die staatliche **Sportförderung** dar, die als solche anerkannt ist, jedoch hinsichtlich ihrer Durchführung bestimmten Regelungen unterworfen ist.

6 Hinsichtlich des **Rechtsschutzes** setzt sich die Aufteilung zwischen vereinsinternen und staatlichen Verfahren fort. Grundsätzlich ist es Sache der Verbände, die Durchsetzung ihrer Regelungen zu strukturieren und zu organisieren. Allerdings kann aufgrund des Justizgewährleistungsanspruchs (Art. 19 Abs. 4 S. 2 GG) der Schutz durch staatliche Gerichte nicht verweigert werden, wenn sportinterne Regelungen im Widerspruch zu staatlichem Recht stehen. Zumindest besteht eine beschränkte Überprüfbarkeit sportverbandlicher Entscheidungen (→ 3 Rdnr. 57 ff.).

---

[2] Steiner, DÖV 1983, S. 173, 175.

[3] Vgl. hierzu z. B. Pfister, Festgabe 1999, S. 457 ff.

III. Staatliche Interessen am Sport

Die Gründe, die den Staat dazu veranlassen, den Sport zu reglementieren und zu fördern, sind unterschiedlicher Natur. Geht es zum einen darum, wie in anderen Bereichen auch, Konflikte zwischen den Bürgern zu verhindern und zu schlichten, hat der Staat auf der anderen Seite auch Gründe, bestimmte Formen sportlicher Betätigung zu unterstützen. 7

Aus historischer Sicht waren es Motive wie die Volksgesundheit, die Stärkung der Wehrkraft und die Aufrechterhaltung der Arbeitskraft, die den Staat dazu veranlasst haben, Sport zu fördern oder zumindest private Initiativen aufzugreifen oder zu unterstützen. So ist das Motto des »Turnvaters Jahn«, »Frisch, fromm, fröhlich, frei« noch heute an manch städtischer Turnhalle zu finden. Eine weitere staatlich geförderte private Initiative sind die Pfadfinder. In der Zeit des Nationalsozialismus wurde die Freizeitbetätigung als Grundlage des Arbeitsfleißes mit der programmatischen Formulierung »Kraft durch Freude« zum Ausdruck gebracht. Im diktatorischen Staat konnte der Sport – ähnlich wie der Film – propagandistisch eingesetzt werden zur Ablenkung von der Tagespolitik oder von Notlagen. Dies kam einer Entartung nach dem Motto »Brot und Spiele« gleich. 8

Auch heute ist die **Gesunderhaltung** der Bevölkerung ein wichtiges Argument für eine staatliche Förderung des Breitensports. Aufgrund der weithin anerkannten Erkenntnis, dass Bewegung für die Gesundheit des Menschen wichtig ist, obliegt es dem Staat, allermindestens fördernd bzw. auch regulierend einzugreifen. Zwar darf hier kein Zwang, sich zu bewegen, ausgeübt werden, da dies mit elementaren Freiheitsrechten des Bürgers vor allem der freien Entfaltung der Persönlichkeit in Art. 2 Abs. 1 GG unvereinbar und im Alter oder bei Beeinträchtigungen kaum sinnvoll zu regeln ist. Doch unterstützt der Staat sportliche Aktivitäten auf freiwilliger Basis. Sinnvoll ist dies auch aus ökonomischen Gründen, wenn damit eine Kostenersparnis im Gesundheitsbereich verbunden ist. 9

Das Motiv der Gesunderhaltung spiegelt sich im Rahmen der staatlich normierten Schulpflicht wider, die als ein verbindliches Element den **Schulsport** beinhaltet. Dieser lässt sich bis zum Ende des 18. Jh. zurückverfolgen.[4] Durch den Schulsport werden Kinder und Jugendliche systematisch an den Sport herangeführt und bewusst in unterschiedlichen Sportarten gefördert. Hierzu dienen Lehrpläne, die bis hin zu bestimmten Übungen die Schulpflicht im Hinblick auf den Sport konkretisieren. Befreiungen vom Schulsport werden nur unter engen Voraussetzungen gewährt. Immer wieder Gegenstand verwaltungsgerichtlicher 10

[4] Der erste Schwimmunterricht weltweit wurde durch Johann Christoph Friedrich Gutsmuths 1790 in Schnepfenthal in Thüringen eingeführt.

Klärung ist die Nichtteilnahme am Sport- und Schwimmunterricht aus religiösen Gründen (Art. 4 Abs. 1 GG).[5]

Im nachfolgenden Bildungsabschnitt wird der **Hochschulsport** durch den Staat – konkret die Bundesländer – gefördert. Von der Ausbildung von Sportlehrern abgesehen hat der Hochschulsport wichtige ausgleichende Funktion zur geistigen Arbeit.

11 Der Staat hat zudem die Aufgabe, den Sport im Rahmen des **Strafvollzugs** zu gewährleisten. Dies ist durch die einzelnen Strafvollzugsgesetze bzw. Jugendstrafvollzugsgesetze der Länder geregelt.[6]

12 Profisport ist ein wichtiger **Wirtschaftsfaktor**, der für die Volkswirtschaft von Bedeutung ist. So werden zum einen hohe Steuereinnahmen über die Umsätze im Sportbereich generiert. Zudem wird eine nicht unerhebliche Anzahl von Arbeitsplätzen direkt und im Umfeld mit sportlichen Veranstaltungen gesichert. Aus diesen Gründen ist Sport als Wirtschaftsfaktor staatlicherseits gewollt und wird durch entsprechende Strukturen unterstützt, beispielsweise durch staatliche Infrastrukturen wie den Bau von Arenen und Zufahrtswegen.

13 Ein weiteres Argument für staatliches Engagement ist die **identitätsstiftende Funktion** des Sports. Dies sowohl im innerstaatlichen Bereich als auch im Hinblick auf die Außenwirkung des Staates. Ein deutlicher Ausdruck staatlicher Wertschätzung ist die Verleihung des »Silbernen Lorbeerblatts« für herausragende sportliche Leistungen durch den Bundespräsidenten. Charakteristisch ist die Teilnahme des Bundeskanzlers und anderer Politiker als Zuschauer an wichtigen Sportereignissen. Üblich ist das Abspielen der Nationalhymne vor Beginn internationaler Fußballspiele und bei Siegerehrungen. In Deutschland ist der nach dem Krieg viele Jahre vergessene oder verdrängte Patriotismus mit internationalen Fußballspielen, insbesondere bei Großturnieren sichtbar durch Fahnen an Autos und Häusern wieder aufgelebt. Auch die Förderung des Spitzensports soll zu guten Ergebnissen bei Wettbewerben und damit zum **Ansehen des Landes** beitragen. Integrierend wirkt sich der Behindertensport aus, der über Wettbewerbe wie die »Paralympics« wiederum identitätsstiftend wirken kann.

14 Der Wunsch nach positiver Darstellung des Landes bei internationalen Wettbewerben kann den Staat dazu veranlassen, ausländischen Sportlern die eigene Staatsbürgerschaft anzubieten. In Deutschland gibt § 8 Abs. 2 des Staatsangehörigkeitsgesetzes (StaG) die Möglichkeit der erleichterten Einbürgerung, sofern

[5] VGH Kassel NVwZ 2013, S. 159 ff.

[6] Vgl. etwa Art. 138 Abs. 2 BayStVollzG; § 50 HmbStVollzG sowie für den Jugendstrafvollzug z. B. § 53 Abs. 3 JVollZGB BW; § 39 JStVollzG Bln; § 39 BbgJStVollzG; § 39 BremJStVollzG; § 30 HessJStVollzG; § 39 JStVollzG MV; § 123 Abs. 3 NJVollzG; § 54 JStVollzG NRW; § 39 LJStVollzG RhPf.

dies im öffentlichen Interesse steht, worunter auch die Fälle verstanden werden, in denen ausländische Sportler eingebürgert werden, um bei sportlichen Wettkämpfen für Deutschland antreten zu können.

Im Extremfall können Wettkämpfe als Druckmittel der **Politik** missbraucht 15
werden. So gibt es in vielen Fällen Streit um die Teilnahme bestimmter Nationalmannschaften an internationalen Wettbewerben wie den Olympischen Spielen. Tatsächlich ist hier eine Vermischung zwischen staatlichen und sportlichen Interessen möglich. So kann z. B. in der Teilnahme der »Nationalmannschaft« eines völkerrechtlich bisher nicht anerkannten Staates die Gefahr einer Anerkennung durch die Staatengemeinschaft gesehen werden. Umgekehrt werden immer wieder Spiele in einem befeindeten Land boykottiert, was in erster Linie für die Athleten eine unverdiente Strafe darstellt. Vor allem bei Olympischen Spielen waren solche Boykotte bisher mehrfach zu beobachten.[7] Von Zeit zu Zeit wird die Frage gestellt, ob ein Wettkampf überhaupt in einem bestimmten Staat ausgetragen werden darf, vor allem wenn es sich um einen diktatorischen Staat handelt, der die Menschenrechte seiner Bürger nicht anerkennt.[8]

Neben dem kompetitiven Aspekt kommt dem Sport aber auch eine völkerver- 16
bindende Funktion im Sinne der Völkerverständigung und damit eine **friedenstiftende Funktion** zu, die der einzelne Staat unterstützen kann. Das was innerhalb des Sports mit dem Schlagwort »fair play« umschrieben wird, kann sich auch auf das Verhalten der Völker untereinander auswirken. Dieser Aspekt wird bei internationalen Wettkämpfen wie den Olympischen Spielen vor allem bei der Eröffnungs- und der Schlussfeier – besonders anschaulich inszeniert. Internationale Wettkämpfe bieten hierbei die Möglichkeit für Sportler befeindeter Staaten, sich kennenzulernen und Freundschaften über die Landesgrenzen hinweg aufzubauen und zu pflegen.

IV. Staatliche Pflichten im Sport

Ist der Sport überwiegend frei von staatlichem Einfluss, so bedarf es doch staatli- 17
cher Regelungen, insbesondere wenn es um die Gewährleistung der **öffentlichen**

[7] 1972 und 1976 drohten einige afrikanische Staaten mit einem Boykott, falls das IOC sich weigern sollte, Südafrika und Rhodesien von den Spielen auszuschließen; im Rahmen des Kalten Krieges boykottierten die Supermächte USA und Sowjetunion jeweils die Spiele im Land des Anderen (1980 in Moskau ohne USA, 1984 in Los Angeles ohne Sowjetunion).

[8] Vgl. z. B. den angedrohten Fußball-EM-Boykott 2012 wegen der Inhaftierung von Julia Timoschenko, http://www.spiegel.de/politik/deutschland/timoschenko-und-die-em-merkel-droht-ukraine-mit-boykott-a-830459.html.

Sicherheit und Ordnung sowie den Schutz bestimmter Rechtsgüter geht. Dies wird z. B. bei der Durchführung von Sportereignissen relevant, die aufgrund ihrer Massenattraktivität eine große Zahl von Zuschauern zusammenführen und bereits dadurch mit Gefahren für den Einzelnen, wie z. B. durch Massenpaniken etc., verbunden sind. Daneben können Gefahren durch gewaltbereite Anhänger und Fans entstehen.

18 Staatliche Garantien sind jedoch auch bei der zivilrechtlichen **Durchsetzung von Ersatzansprüchen** notwendig. Angesichts des staatlichen Gewaltmonopols und dem Verbot der Selbstjustiz muss der Staat ein effektives System zur Durchsetzung privater Ansprüche vorsehen, das sich nicht nur auf vertragliche Ansprüche, sondern auch auf solche aus deliktischer Haftung bezieht. Umfasst sind vor allem gesundheitliche Schädigungen von Mitspielern oder Zuschauern, die im Rahmen sportlicher Veranstaltungen entstehen.

19 Zudem gibt es spezifische Bereiche, in denen der Staat tätig werden kann oder aufgrund verfassungsrechtlicher Schutzpflichten tätig werden muss. Letzteres gilt sowohl für den Grundsatz der **Chancengleichheit**, der im Bereich des Sports zu gewährleisten hat, dass Sportler allein aufgrund ihrer sportlichen Leistungen, nicht aber wegen anderer Kriterien für Wettkämpfe nominiert werden. Ein weiterer Bereich ist der **Schutz von Kindern und Jugendlichen**. Sie müssen als Athleten vor unzuträglichen Sportarten und -wettkämpfen geschützt werden und als Rezipienten vor entwicklungsbeeinträchtigenden Medieninhalten.

V. Grundrechte

20 Der Sport ist in verschiedener Hinsicht grundrechtlich abgesichert, wobei zwischen den unterschiedlichen Formen sportlicher Betätigung zu unterscheiden ist.

Grundsätzlich sind Grundrechte Abwehrrechte des Bürgers gegen den Staat; sie wirken aber auch mittelbar zwischen Privatrechtssubjekten (Verbände, Vereine, Sportler) über zivilrechtliche Generalklauseln (so genannte mittelbare Drittwirkung der Grundrechte, → *1* Rdnr. 37).

Inwieweit die **Menschenwürde**, das oberste in Art. 1 Abs. 1 GG festgelegte Verfassungsprinzip, gegenüber extremen Kampfsportarten ins Feld geführt werden kann, wurde bisher gerichtlich noch nicht abschließend geklärt. Erörtert wird die Menschenwürde unter anderem im Zusammenhang mit Kampfspielen wie »Paintball«[9] oder »Mixed Material Arts«[10] und entfaltet Wirkung gegenüber

[9] VGH Mannheim, NVwZ-RR 2005, S. 472 ff.
[10] Jacob, SpuRt 2012, S. 2 ff.

pseudosportlichen Veranstaltungen wie dem sog. »Zwergenweitwurf« bei dem kleinwüchsige Menschen als Wurfgeschosse zu Objekten degradiert und damit ihrer Würde beraubt werden.[11]

Der Individualsport ist durch die **allgemeine Handlungsfreiheit** des Art. 2 Abs. 1 GG geschützt. Vom Schutzbereich dieser Norm sind die unterschiedlichsten Formen sportlicher Betätigung erfasst. Die allgemeine Handlungsfreiheit kann nicht zuletzt als Grundlage des Freizeitsports bezeichnet werden, ermöglicht sie doch, Sport nach Belieben auszuführen, soweit dadurch nicht Rechte anderer beeinträchtigt werden. 21

Eine Kombination der vorgenannten Grundrechte, Art. 2 Abs. 1 und Art. 1 Abs. 1 GG ist die verfassungsrechtliche Grundlage des **allgemeinen Persönlichkeitsrechts**, das auch bei der Medienberichterstattung über Sportler beachtet werden muss. Dem gegenüber stehen die Medienfreiheiten des Art. 5 Abs. 1 GG,[12] die miteinander zu einem Ausgleich gebracht werden müssen.

Das **Recht der Eltern**, vor allem aber ihre Pflicht zur sportlichen Erziehung ihrer Kinder ergibt sich aus Art. 6 Abs. 2 GG, wohingegen die **Schulpflicht** mit dem Schulsport in Art. 7 GG zu verankert ist. Besonders schwer zu lösende Konflikte ergeben sich diesbezüglich mit der Glaubensfreiheit, die von Eltern gegenüber der Teilnahme ihrer Töchter am Sport- bzw. Schwimmunterricht ins Feld geführt wird. Problematisch ist bei dieser Auseinandersetzung immer, ob der Staat die Glaubensfreiheit der Erziehungsberechtigten höher werten darf als das Interesse des Kindes an einer Förderung seiner Gesundheit und dem Erwerb von Kenntnissen wie das Schwimmen ohne gegenüber den Mitschülern zurückgesetzt zu werden. Hinzu kommt das Problem staatlicher Beurteilungen von Glaubensinhalten und Glaubensvorschriften, zumal die Ableitung entsprechender Verbote sowohl aus dem Koran als auch aus der Bibel selbst unter Anhängern des jeweiligen Glaubens umstritten ist.[13]

Das zentrale Grundrecht, das die Autonomie der Vereine und Verbände gewährleistet, ist die **Vereinigungsfreiheit** gem. Art. 9 Abs. 1 GG. Danach hat jeder Deutsche das Recht, Vereine oder Gesellschaften zu bilden. Geschützt ist neben der Vereinigungsfreiheit des Einzelnen auch die kollektive funktionsgerechte Betätigung der Vereinigungen selbst. Soweit Sport vereinsmäßig betrieben wird, besteht der Schutz aus Art. 9 Abs. 1 GG. Aus dieser Norm ergibt sich, dass der Staat nicht entgegen den Vorgaben des Art. 9 GG Vereinigungen verbieten oder 22

---

[11] VG Neustadt, NVwZ 1993, S. 98 f.

[12] Meinungsfreiheit, Informationsfreiheit, Pressefreiheit, Rundfunkfreiheit, Filmfreiheit.

[13] OVG Bremen, NVwZ-RR 2012, S. 842 ff.

auflösen darf. Damit ist ein gewisses Maß an Staatsferne für die Sportvereine gewährleistet.

Die in Art. 12 Abs. 1 GG normierte **Berufsfreiheit** kann von Wettkampfveranstaltern beispielsweise dann gegenüber dem Staat geltend gemacht werden, wenn in unverhältnismäßiger Weise in Veranstalterrechte eingegriffen wird. Zudem ist die Berufsfreiheit der Sportler im Profisport von Verbänden und Vereinen mittelbar zu beachten. Dies ist z. B. relevant, wenn Athleten aufgrund von Verstößen gegen Anti-Doping-Bestimmungen eine Wettkampfsperre auferlegt bekommen.[14]

VI. Gesetzgebungskompetenzen für den Sport

23 Im föderalen System des Grundgesetzes sind die Gesetzgebungskompetenzen zwischen dem Bund und den Ländern aufgeteilt. Die Landesverfassungen enthalten Staatszielbestimmungen, die Pflege, Schutz und Förderung des Sports normieren.[15] Im Grundgesetz existiert eine solche Klausel bisher nicht,[16] obwohl diese immer wieder gefordert wird.

Sofern das Grundgesetz nicht dem Bund eine Gesetzgebungskompetenz verleiht, sind von seltenen Kompetenzen Kraft Natur der Sache gem. Art. 70 Abs. 1 GG abgesehen, die **Bundesländer** kompetenziell für die Gesetzgebung im Bereich des Sports zuständig.

Einige ausdrückliche oder ungeschriebene Kompetenzen des Bundes betreffen spezielle Aspekte des Sports. Insbesondere bei internationalen Wettkämpfen steht die Außendarstellung des Staates auf dem Spiel. Insoweit kann die Kompetenz des Bundes zur Regelung der auswärtigen Angelegenheiten in Art. 73 Abs. 1 Nr. 1 GG herangezogen werden. Eine Kompetenz, die sich auf die Ausübung des Schießsports auswirken kann, findet sich in Art. 73 Abs. 1 Nr. 12 GG, der u. a. das Waffenrecht betrifft.

24 Darüber hinaus ist der Bund für das Bürgerliche Recht und damit für das Vereinsrecht zuständig gem. Art. 74 Abs. 1 Nr. 3 GG. Für das Strafrecht besteht eine konkurrierende Gesetzgebungszuständigkeit aus Art. 74 Abs. 1 Nr. 1 GG. Regelungen für Arznei- und Betäubungsmittel (denen auch Dopingmittel zuzurech-

[14] OLG München, NJW 1996, S. 2382 ff. »Fall Katrin Krabbe«.

[15] Art. 3c Abs. 1 BWVerf; Art. 140 Abs. 3 BayVerf; Art. 32 VvB; Art. 35 VerfBbg; Art. 36a BremVerf; Art. 62a HessVerf; Art. 16 Abs. 1 VerfMV; Art. 5 NdsVerf; Art. 18 Abs. 3 VerfNW; Art. 40 Abs. 4 VerfRhPf; Art. 34a SaarlVerf; Art. 11 Abs. 2 SächsVerf; Art. 36 Abs. 1 LVerfSA; Art. 36 Abs. 3 VerfSH; Art. 30 Abs. 3 ThürVerf.

[16] Steiner, Staatsziel Sportförderung ins Grundgesetz, SpuRt 2012, S. 238 ff.

nen sind) fallen unter eine konkurrierende Zuständigkeit gem. Art. 74 Abs. 1 Nr. 19 GG. Konkurrierende Gesetzgebungszuständigkeiten gibt es außerdem für spezielle Bereiche wie das Baurecht, das bei der Planung von Großvorhaben relevant und in Art. 74 Abs. 1 Nr. 22 GG geregelt ist sowie für die Lärmbekämpfung in Art. 74 Abs. 1 Nr. 24 GG, eine Kompetenznorm auf die beispielsweise die Sportanlagenlärmschutzverordnung gestützt ist.

Als ungeschriebene Gesetzgebungskompetenzen des Bundes kommen soge- 25
nannte Annexkompetenzen in Betracht. Auf der Grundlage einer solchen kann der Bund auch eine ihm nicht ausdrücklich zugewiesene Materie regeln, wenn sie in einem notwendigen Zusammenhang mit einer ihm zugewiesenen Materie steht. Dies ist etwa der Fall, wenn der Bund, der gem. Art. 73 Abs. 1 Nr. 1 GG für die Bundeswehr zuständig ist, den Sport in der Bundeswehr und in den Bundeswehrhochschulen regelt. In einigen Fällen kann auch eine Kompetenz kraft Natur der Sache diskutiert werden, wenn denknotwendig nur der Bund eine bestimmte Materie regeln kann. Dieses Argument wird etwa bei der Förderung des Spitzensports angeführt oder bei einer Olympiabewerbung, die den ganzen Staat betrifft und daher nicht von einem einzelnen Bundesland gestellt werden kann.

VII. Sportverwaltung und Sportpolitik

Sportverwaltung ist in Deutschland auf drei Ebenen verortet. Sowohl der Bund 26
als auch die Bundesländer verfügen über eigenständige Sportverwaltungen. Hinzu kommen auf kommunaler Ebene Landkreise, Städte, Gemeinden, die aufgrund der kommunalen Selbstverwaltung innerhalb ihrer lokalen bzw. regionalen Zuständigkeit Befugnisse für eine eigene Sportverwaltung haben und eine eigenständige Sportpolitik betreiben können.

1. Bund

Das **Bundesministerium des Inneren (BMI)** koordiniert die den Sport betreffen- 27
den Bundesangelegenheiten, insbesondere die staatliche Sportförderung des Bundes. Der Bundesinnenminister hat u.a. die Ressortzuständigkeit für den Sport inne und ist insoweit auch »Sportminister«. Einige Wissenschaftseinrichtungen mit Sportbezug unterstehen dem Bundesinnenministerium. Hierzu zählt etwa das Bundesinstitut für Sportwissenschaft (BiSP), das als nicht rechtsfähige Bundesanstalt organisiert ist und sich mit der Initiierung, Förderung und Koordinierung von Forschungsvorhaben auf dem Gebiet des Sports befasst.

28 Der Sport ist zudem Teil der parlamentarischen Arbeit. Der **Sportausschuss des Bundestages** hat die Aufgabe, sich mit der Förderung des Spitzensports, dem Kampf gegen Doping, der Sporterziehung, internationalen Sportveranstaltungen und den Belangen der Sportvereine und -verbände zu befassen. Weitere Aspekte seiner Tätigkeit sind die Unterstützung des Breitensports, Gesundheitsförderung, herkunftsmäßige und altersbezogene Integration sowie die Stärkung der Vorbildwirkung von Spitzensportlern.

2. Länder

29 In jedem Bundesland gibt es einen für Sport zuständigen Landesminister. Die Ressortzugehörigkeit ist dabei in den Bundesländern unterschiedlich geregelt. Die Zuständigkeit liegt meist beim Innenministerium, beim Sozialministerium oder beim Ministerium für Bildung und Wissenschaft. Die »Sportminister« der Länder kommen mindestens zwei Mal im Jahr zur **Sportministerkonferenz** zusammen, in der sie sich austauschen, Leitlinien der Sportpolitik auf Landesebene festlegen und aktuelle Probleme besprechen.

3. Kommunen

30 Auf **kommunaler Ebene**, insbesondere in größeren Städten gibt es oftmals eigene Behörden, die Rahmenbedingungen für die Sportausübung schaffen. Sie sind zum Teil mit anderen Ressorts verbunden, z. B. in einem Amt für Schul- und Sportverwaltung oder einem Amt für Sportstättenverwaltung. Die Verwaltungstätigkeit anderer Ämter kann immer wieder Sportbezug aufweisen, beispielsweise die Erteilung einer Sondernutzungserlaubnis für kommunale Verkehrsflächen bei Sportveranstaltungen, wie Radrennen, Cityläufen etc.

31 Stadt- und Gemeinderäte treffen sportbezogene Entscheidungen, z. B. wenn es um die Errichtung oder den Erhalt von Sportstätten geht. Gemeinden betreiben Sporteinrichtungen wie Schwimmbäder und Sporthallen als eigene Einrichtungen. In größeren Städten sind Sportanlagen, insbesondere Schwimmbäder an die Stadtwerke angegliedert. Diese sind häufig in privatrechtlicher Rechtsform als GmbH oder als AG organisiert, bei hoher oder ausschließlicher Beteiligung der Gemeinde. Von Bedeutung ist die Rechtsform für das Rechtsverhältnis zum Nutzer, das entweder öffentlichrechtlich durch Satzung oder privatrechtlich durch Vertrag geregelt ist, aber auch im Hinblick auf den Rechtsweg bei möglichen Streitigkeiten. Eine dritte Möglichkeit des Betriebs kommunaler Sportanlagen besteht darin, diesen an Sportvereine zu übertragen.

Die Vorgaben der Landesverfassungen, den Sport als Staatszielbestimmung bei allen staatlichen und kommunalen Entscheidungen zu berücksichtigen, enthält zwar kein einklagbares Recht im Sinne eines Anspruchs auf Errichtung oder Benutzung bestimmter Sportanlagen. Indessen wird man die Staatszielbestimmung so verstehen müssen, dass Staat und Kommunen zumindest in der Fläche ein Mindestmaß an sportlichen Einrichtungen im Wege der Daseinsvorsorge vorzuhalten haben. 32

VIII. Sportförderung

Wie bei der Sportverwaltung sind auch hinsichtlich der staatlichen und kommunalen Sportförderung drei Ebenen zu unterscheiden. 33

1. Förderung durch den Bund

Auf **Bundesebene** wird vor allem der Spitzensport und – soweit ein gesamtstaatliches Interesse besteht – auch der Breitensport gefördert. Hierbei geht es nicht zuletzt um das Ansehen Deutschlands in der Welt, weshalb insoweit eine Bundeskompetenz anzuerkennen ist. Ohne finanzielle Unterstützung durch den Bund wären viele Erfolge deutscher Sportlerinnen und Sportler insbesondere bei Olympischen Spielen und Weltmeisterschaften nicht möglich. Der Bund ist seit Jahren der mit Abstand größte Förderer des Spitzensports in Deutschland.

Die Sportförderung des Bundes wird durch das **BMI** koordiniert. Sie orientiert sich am Grundsatz der Autonomie des Sports. Daraus resultiert auch die Subsidiarität der Sportförderung gegenüber privaten Sportorganisationen und die enge Zusammenarbeit von Sportorganisationen und staatlichen Behörden.

Gefördert werden die **Bundesfachsportverbände**, da sie den Spitzensport organisieren. Mit der Förderung werden Trainingsprogramme und Bundesstützpunkte, die Teilnahme an internationalen Wettkämpfen, die Ausrichtung von Welt- und Europameisterschaften in Deutschland und die Talentsichtung unterstützt. Durch die Förderung des Bundes erhalten die Bundessportfachverbände die Möglichkeit, Bundestrainer anzustellen, die für die Ausbildung und umfassende leistungsorientierte Betreuung der Sportler sorgen. 34

Neben den Bundessportfachverbänden werden außerdem sechs Sportverbände mit besonderer Aufgabenstellung (zum Beispiel der Allgemeine Deutsche Hochschulsportverband) gefördert. Zwischen dem BMI und dem Deutschen Olympischen Sportbund (DOSB) werden **Zielvereinbarungen** im Hinblick auf die Erfolge bei Olympischen Spielen (d.h. Medaillenzahl in einer bestimmten Sportart) getroffen, von denen die Höhe der Förderung abhängig ist.[17]

35 Gefördert wird weiterhin das **Stützpunktsystem**, das die Bundesstützpunkte, die Bundesleistungszentren und die Olympiastützpunkte umfasst. Die **Bundesstützpunkte** sind Einrichtungen der Bundesportfachverbände. An ihnen findet zusätzlich zum Vereinstraining ein qualitativ hochwertiges Training für Kaderathleten eines Einzugsgebiets statt. **Bundesleistungszentren** sind vom BMI im Einvernehmen mit dem DOSB und den Bundessportfachverbänden anerkannte Sportstätten. In erster Linie werden dort die zentralen Trainings- und Lehrgangsmaßnahmen der Bundessportfachverbände sowie andere – in die Förderzuständigkeit des Bundes fallende – sportliche Maßnahmen wie Trainerfortbildungen durchgeführt. Die **Olympiastützpunkte** sind Dienstleistungseinrichtungen für Spitzensportler sowie deren Trainer. Sie stellen für die an Bundesleistungszentren und Bundesstützpunkten trainierenden Kaderathleten sportartübergreifend die sportmedizinische, physiotherapeutische, trainingswissenschaftliche und soziale Beratung und Betreuung im täglichen Training sicher. Darüber hinaus sind sie Veranstaltungsort für zentrale Schulungen der Bundessportfachverbände.

36 Grundgedanke der Sportförderung der **Bundespolizei** ist es, Spitzensportler mit Kaderzugehörigkeit in den Spitzensportverbänden in der Ausübung des Leistungssports zu fördern und gleichzeitig eine Ausbildung zum Polizeivollzugsbeamten im mittleren Dienst zu ermöglichen. Diese Förderung sieht einen Wechsel zwischen der polizeifachlichen Ausbildung und der Trainings- und Wettkampfphase vor. Damit bietet die Bundespolizei die Möglichkeit, Hochleistungssport zu betreiben und zugleich durch eine berufliche Perspektive für die Zeit nach Beendigung der sportlichen Karriere wirtschaftlich abgesichert zu sein.

37 Die **Bundeswehr** fördert den Leistungssport seit 1968 auf Beschluss des Deutschen Bundestages. In den Sportfördergruppen der Bundeswehr werden Förderplätze zur Verfügung gestellt für Spitzensportler in olympischen Disziplinen ebenso wie in militärspezifischen Randsportarten. Auf Antrag kann einberufen werden, wer dem Kader eines Bundessportfachverbandes angehört. Dabei handelt es sich um Sportler, die bereits erfolgreich an nationalen und internationalen Wettkämpfen teilgenommen haben. Nach der Grundausbildung werden sie in Absprache mit den zuständigen Spitzenverbänden in die Sportfördergruppen der Bundeswehr versetzt. Hier beginnt die eigentliche Förderung, indem den Sportlern die Möglichkeit eröffnet wird, während des Dienstes zu trainieren und an Wettkämpfen teilzunehmen. Die Verantwortung für Training und Wettkampf liegt bei den Spitzenverbänden bzw. den zuständigen Bundestrainern. Die Festle-

[17] Prokop, SpuRt 2012, S. 239ff.

gung der betreffenden Sportfördergruppe der Bundeswehr berücksichtigt grundsätzlich die Wünsche der Spitzenverbände. Anzahl und Platzverteilung werden mit dem Bereich Leistungssport des DOSB abgestimmt, dabei wird den olympischen Disziplinen höchste Priorität eingeräumt.

Darüber hinaus messen sich Spitzensportler der Bundeswehr auch bei Sport- 38
wettkämpfen mit Streitkräften anderer Nationen. Die Bundeswehrmannschaften nehmen z.B. jährlich an Militär-Weltmeisterschaften des Conseil International du Sport Militaire (CISM) teil.

Spitzensportförderung insbesondere des Skisports (Ski alpin, Skilanglauf und Biathlon) gibt es zudem bei der **Bundeszollverwaltung.** Diese Sportförderung ist aus dem Grenzaufsichtsdienst gewachsen und war anfänglich auf eine erfolgreiche Teilnahme an den internationalen Zollskiwettkämpfen ausgerichtet.

2. Förderung durch die Länder

Im Zentrum der Sportförderung auf **Landesebene** steht der **Breitensport**. Aus 39
der Verteilung der Gesetzgebungskompetenzen im Grundgesetz lässt sich folgern, dass der Bund grundsätzlich für den Spitzensport zuständig ist, die Bundesländer für den Schul- und Breitensport.

Die Sportförderung der Länder ergibt sich aus den jeweiligen **Sportfördergesetzen** bzw. Sportförderrichtlinien, die schwerpunktmäßig die Förderung beim schulischen und außerschulischen Sportstättenbau regeln. Maßgeblich sind darüber hinaus die jeweiligen haushaltsrechtlichen Vorgaben und Bestimmungen. In den Genuss der Sportstättenförderung kommen insbesondere kommunale Träger oder gemeinnützige Sportvereine.

Die Sportfördergesetze beinhalten zunächst die Förderung der Errichtung und 40
des Betriebs von Sportstätten, die für den schulischen und für den außerschulischen Gebrauch durch die Bürger zur Verfügung gestellt werden. Nach Maßgabe solcher Gesetze können der Aus- und Neubau öffentlicher Sport- und Spielanlagen sowie von Schul- und Hochschulsportanlagen gefördert werden und darüber hinaus die eigenverantwortliche und gemeinnützige Tätigkeit von Sportverbänden und -vereinen.[18] Nicht gefördert werden hingegen Einrichtungen und Maßnahmen, die überwiegend dem bezahlten Sport dienen oder gewerbsmäßig betrieben werden.

Schulsport kann zumindest indirekt der staatlichen Sportförderung zugeord- 41
net werden. Einerseits werden Sporteinrichtungen für den Schulsport zur Verfügung gestellt, die außerhalb der Unterrichtszeiten dem Breitensport zur Verfü-

[18] Vgl. u.a. § 3 Abs. 1 ThürSportFG, § 1 SportFG Berlin, § 3 SportFGBbg.

gung stehen. Darüber hinaus kann der Schulsport die Motivation, Sport zu treiben, wecken und stärken.

Die spezielle Schulsportförderung »**Jugend trainiert für Olympia**« hat vorrangig das Ziel, den außerunterrichtlichen Schulsport zu unterstützen und sportliche Talente zu sichten und zu fördern. Es handelt sich um ein länderübergreifendes Programm, dessen Träger die Deutsche Schulsportstiftung ist. Die von dieser Stiftung privaten Rechts initiierten Veranstaltungen und Projekte werden maßgeblich durch die Länder finanziert.

42 Eine weitere institutionelle Sportförderung auf Landesebene sind die bei der Landespolizei angesiedelten Sportfördergruppen. Körperliche Leistungsfähigkeit ist eine Grundvoraussetzung für den Polizeivollzugsdienst. Aus diesem Grund gibt es einen allgemeinen **Polizeisport** im Rahmen der Dienstpflichten. Darüber hinaus werden Spitzensportler gefördert, die Mitglied des Kaders eines Spitzenverbandes sind. Die Sportler durchlaufen eine Ausbildung für den Polizeidienst der Länder oder sind dort bereits tätig und haben damit den Rücken frei, um sich auf ihre Wettkämpfe vorzubereiten.

Einen weiteren Aspekt der finanziellen Förderung des Breitensports stellen Zuschüsse an die jeweiligen **Landessportbünde** dar, die damit die Arbeit der ihnen angeschlossenen Sportfachverbände und Sportvereine unterstützen.

3. Förderung durch Kommunen

43 Die Kommunen als Gebietskörperschaften sind meist die Träger von Infrastruktureinrichtungen des Sports. Sie überlassen kommunale Sportanlagen Sportvereinen oder direkt den Bürgern zur Nutzung. Sport-, Vereins- und Jugendförderung erfolgt auf der Grundlage von kommunalen Satzungen und haushaltsrechtlichen Vorgaben. Sozialbezogene Projekte weisen verschiedentlich Sportbezug auf.

Einzelprojekte (Sportveranstaltungen) können ebenfalls Gegenstand der kommunalen Förderung sein. Mit der Ausrichtung von sportlichen Großereignissen können verschiedenste Vorteile für eine Stadt verbunden sein, von der Imageförderung bis hin zu volkswirtschaftlichem Nutzen. Aus diesem Grund werden Veranstaltern von Großereignissen Subventionen erteilt, um sie bei der Durchführung des Sportevents zu unterstützen. Wenn es sich um eine Subvention von wirtschaftlicher Relevanz handelt, kann sie europarechtliche Relevanz im Hinblick auf das Wettbewerbsrecht haben (Art. 101 ff. AEUV).

Sport und Staat kompakt

- Das System des Sports in Deutschland ist staatsfern ausgestaltet.
- Eine ausdrückliche Gesetzgebungskompetenz des Bundes für den Sport gibt es nicht.
- Der Sport ist in verschiedener Hinsicht durch die Grundrechte abgesichert. Jedoch gibt es kein »Sportgrundrecht«.
- Der Staat übt sich im sportlichen Bereich in Zurückhaltung.
- Er wird jedoch im Rahmen der Ausübung seiner staatlichen Schutzpflichten auch im Sport tätig, z. B. bei Gefahr für die Öffentliche Sicherheit und Ordnung sowie beim Schutz von Kindern und Jugendlichen.
- Daneben fördert der Staat den Sport auf Bundes-, Landes- und kommunaler Ebene.

Vertiefende Literatur

Steiner, Udo: Kinderhochleistungssport in Deutschland – Thesen zur Verfassungslage, SpuRt 1999, S. 221 ff.

Grodde, Meinhard: Die Aufnahme des Sports in die Europäische Verfassung, SpuRt 2005, S. 222 ff.

Hebeler, Timo: Das Staatsziel Sport – Verfehlte Verfassungsgebung?, SpuRt 2003, S. 221 ff.

Pfister, Bernhard: Meca-Medina, kein Schritt zurück!, SpuRt 2007, S. 58 f.

Fritzweiler, Jochen / von Coelln, Christian: Sport und Staat, 1, Rdnr. 1 ff., in: Fritzweiler / Pfister / Summerer, Praxishandbuch Sportrecht, 2007.

von Coelln, Christian: Olympische Spiele und politischer Protest, SpuRt 2008, S. 106 ff.

Steiner, Udo: Was des Staates ist und was des Sports, SpuRt 2009, S. 222 ff.

Brost, Stefan: Die »Besonderheit des Sports« im neuen Artikel 165 des Lissabonner Vertrages, SpuRt 2010, S. 178 ff.

Nolte, Martin: Staats- und Europarecht, 2, Rdnr. 19 ff., in: Adolphsen / Nolte / Lehner / Gerlinger (Hrsg.), Sportrecht in der Praxis, 2012.

Walker, Wolf-Dietrich: Ein Ex-NPD-Mitglied als Freund – zum Abschuss freigegeben?, SpuRt 2012, S. 177.

Prokop, Clemens: Die Zielvereinbarung des Deutschen Olympischen Sportbundes (DOSB) – ein missglücktes Konstrukt, SpuRt 2012, S. 239.

3. Kapitel: Organisation des Sports

I. Organisationsaufbau des Sports

1. Sportfachverbände und internationale Dachverbände

1 Für die wettkampforientierte sportliche Betätigung ist ein gewisser Organisationsgrad notwendig. Erst hierdurch wird ein Leistungsvergleich auf regionaler, nationaler und internationaler Ebene möglich. Ein Leistungsvergleich kann aber nur vorgenommen werden, wenn die Wettkämpfe auf der Grundlage einheitlicher Standards ausgerichtet werden. Auf nationaler Ebene sind für die Aufstellung und Anpassung dieser Standards die für die jeweilige Sportart zuständigen Sportfachverbände verantwortlich, wie z. B. Deutscher Leichtathletikverband (DLV), Deutscher Skiverband (DSV) und Deutscher Fußball-Bund (DFB). Sie geben die entsprechenden Regelwerke vor und organisieren die Wettkämpfe.

2 Die nationalen Sportfachverbände treten in Deutschland in der Rechtsform des eingetragenen Vereins (e.V.) auf. Damit gelten für diese die vereinsrechtlichen Vorschriften der §§ 21 ff. BGB. Zugleich sind die nationalen Sportfachverbände in aller Regel Mitglieder in **internationalen Dachsportverbänden**. Die Dachsportverbände geben international einheitliche Standards für die Ausübung von Wettkämpfen vor, wodurch die Wettkampfleistung international vergleichbar wird. Viele internationale Dachverbände haben ihren Sitz in der Schweiz wie z. B. FIFA, FIBA, UEFA, UCI, IHF oder FIH. Die IBU sitzt in Salzburg und die AIBA in London. Die Auswahl des Sitzes hat häufig historische oder politische Gründe. Kein Zufall ist es, dass viele Verbände in der Schweiz ihren Sitz haben, genießt diese doch im Hinblick auf ihre völkerrechtliche Neutralität und politische Stabilität international besondere Glaubwürdigkeit. Hinzu kommt das vergleichsweise liberale schweizer Vereinsrecht. Bedeutung hat der Sitz insbesondere für die Bestimmung des anzuwendenden Rechts durch das Internationale Privatrecht und für die Zuständigkeiten der staatlichen Gerichte. Soweit es sich um einen Verband mit Sitz in der Schweiz handelt, sind schweizer Gerichte, in letzter Instanz das Bundesgericht in Lausanne zuständig.

3 Da für jede Sportart in der Regel nur ein Verband existiert (sog. Ein-Verbands-Prinzip), haben die Sportfachverbände bei der Organisation des Sportbetriebs eine **Monopolstellung** (Ausnahme z.B. Profiboxen, Taekwondo). Sind

Wahlmöglichkeiten des Bürgers in anderen Bereichen aus Gründen der freien Betätigung erwünscht und im Wirtschaftsrecht grundsätzlich vorgegeben, muss im Bereich des Sports von diesem Grundsatz eine Ausnahme gemacht werden. Einheitliche Regelungen sind erforderlich, wenn ein Leistungsvergleich möglich sein soll, der die Bestimmung eines Siegers, letztlich eines Weltbesten zulässt. Die sich durch die Monopolstellung der Verbände ergebenden Nachteile werden zugunsten dieses Ziels hingenommen. Für die durch Verbandsentscheidung betroffenen Vereine und Sportler gibt es zwar interne Rechtsschutzmöglichkeiten, indes letztlich keine Alternative, ihren Sport weiter zu betreiben, wenn sie sich mit dem Verband überwerfen.

Die Sportfachverbände sind **hierarchisch** gegliedert. Die Spiel- und Sportre- 4
geln werden vom **Weltverband** vorgegeben, der darüber hinaus auch für die Durchführung internationaler Wettkämpfe (insbesondere Weltmeisterschaften) zuständig ist. Die Kontinentalverbände und die Nationalverbände organisieren den Wettkampfbetrieb auf der Grundlage der vom Weltverband vorgegebenen Sport- und Spielregeln in ihrem kontinentalen bzw. nationalen Gebiet. Die nationalen Fachverbände sind Mitglieder der Weltfachverbände und als solche an deren Regelungen gebunden.

Auf Bundesebene sind die **Bundesfachverbände** zuständig für die Wett- 5
kampforganisation (z. B. Deutsche Meisterschaften, Bundesligen). Soweit der Wettkampfbetrieb eine umfangreiche Organisation mit sich bringt, haben sich sog. **Ligaverbände** herausgebildet. Im Ligaverband sind typischerweise die am Spielbetrieb teilnehmenden lizenzierten Vereine Mitglied, soweit sie die entsprechenden Voraussetzungen wie sportliche Qualifikation oder wirtschaftliche Solidität nachgewiesen haben. Verliert ein Verein z. B. aus sportlichen Gründen wie durch einen Abstieg die Lizenz für die Liga, verliert er zugleich seine Mitgliedschaft.

In umsatzstarken Sportarten wie Fußball, Handball oder Eishockey übertrifft 6
der wirtschaftliche Zweck des Vereins den ideellen, wodurch eine Rechtsformänderung erforderlich ist. Der Spielbetrieb bzw. die Wettkampforganisation, insbesondere die Vermarktung, wird dann in einer Kapitalgesellschaft (GmbH, AG) durchgeführt, deren alleiniger oder mehrheitlicher Anteilseigner der Ligaverband ist.

Je nach Sportart existieren auf Regional-, Landes-, Kreis- und Stadtebene weitere **Fachverbände** für ihren jeweiligen territorialen Bereich. Diese sind grundsätzlich eigenständige Körperschaften in der Rechtsform des e.V., die das Regelwerk des übergeordneten Fachverbandes, dem sie als Mitglied angehören, für sich als verbindlich akzeptieren.

2. Sportartübergreifende und olympische Verbände

7 Neben den Sportfachverbänden besteht auf Bundesebene mit dem **DOSB** ein **sportartübergreifender Dachverband**. Der DOSB ist in der Rechtsform eines eingetragenen Vereins (e.V.) organisiert und hat seinen Sitz in Frankfurt a.M. Mitglieder im DOSB sind die Fachsportverbände sowie 16 Landessportbünde, die als sportartübergreifende Verbände auf Länderebene fungieren. Letztere untergliedern sich wiederum in eigenständige Stadt- und Kreissportbünde.

Für die olympische Bewegung existiert jeweils auf nationaler Ebene ein Nationales Olympisches Komitee (NOK). Das Deutsche Olympische Komitee wurde im Jahre 2006 mit dem Deutschen Sportbund (DSB) zum DOSB vereinigt. Seither nimmt in Deutschland der DOSB die Aufgaben des Nationalen Olympischen Komitees wahr. Auf internationaler Ebene ist das International Olympic Committee (IOC) verantwortlich. Seine Aufgabe ist es, die Olympischen Spiele zu organisieren und durchzuführen, den olympischen Gedanken zu verbreiten und die olympische Bewegung zu führen und zu lenken, Art. 2 der Olympischen Charta (OCh) (→ V 51).

3. Sportvereine

8 **Sportvereine** sind die Basisvereine, in denen die Sportler ihre sportliche Betätigung als unmittelbare Mitglieder ausüben. Die Sportvereine organisieren für ihre Mitglieder den Trainingsbetrieb, arrangieren die Wettkampfteilnahme, bilden Kinder und Jugendliche in der Sportart aus etc. Wenn in einem Verein verschiedene Sportarten betrieben werden, spricht man von sog. **Mehrspartenvereinen**. In diesen Mehrspartenvereinen werden die Sportarten dann typischerweise in Abteilungen betrieben. Diese Abteilungen sind meist unselbständige Untergliederungen des Mehrspartenvereins.

Aus der Amateursporttradition heraus ist die herkömmliche Rechtsform von Sportvereinen der e.V. Eingetragene Vereine verfolgen in ihrem Hauptbetätigungsfeld einen ideellen Zweck. Das heißt, dass in einer Gesamtbetrachtung aller Umstände die Tätigkeiten des Sportvereins schwerpunktmäßig ideeller, hier also sportlicher Natur sein müssen. Überwiegt dagegen die wirtschaftliche Tätigkeit des Vereins, wie dies z. B. bei Fußball-Bundesligavereinen anzunehmen ist, so sind die Vereine gezwungen, ihre wirtschaftliche Tätigkeit in einer für diese vorgesehenen Rechtsform (z. B. GmbH, AG, KGaA) auszuüben.

4. Sportler

Typischerweise steht der Sportler in einem **Mitgliedschaftsverhältnis** zu seinem Sportverein. Dies gilt insbesondere für den Amateursport. Aus dem Mitgliedschaftsverhältnis ergeben sich für den Sportler Rechte wie z. B. ein Anspruch auf Teilnahme am Trainings- und Wettkampfbetrieb, wobei dieser wiederum vom Erreichen von Nominierungskriterien und Standards abhängig gemacht werden kann. Auch hat ein Sportler einen Anspruch auf Gleichbehandlung und ggf. auf Nutzung der vereinseigenen Sportanlagen. Mitgliedschaftliche Pflichten des Sportlers sind die Beitragspflicht sowie Treuepflichten gegenüber dem Sportverein. 9

Im **Profibereich** besteht in der Regel anstelle des Mitgliedschaftsverhältnisses eine anderweitige schuldrechtliche Beziehung zwischen Sportler und Sportverein sowie Sportverband. Dabei handelt es sich meist um vertragliche Beziehungen wie z. B. Athletenvereinbarung, Wettkampfvertrag, Dienstvertrag oder Arbeitsvertrag. In der Praxis wird häufig ein Lizenzvertrag geschlossen, durch den die Wettkampfregelungen anerkannt werden.

5. Trainer und Betreuer

Trainer sowie medizinische, psychologische oder wirtschaftliche Betreuer oder Berater stehen zum Verein oder Verband häufig in einem vertraglichen Verhältnis. Dieses besteht neben oder anstelle einer unmittelbaren Mitgliedschaft im Verein oder Verband. 10

Insbesondere bei Einzelsportarten besteht in der Praxis zwischen Trainern und Betreuern und dem Sportler selbst eine vertragliche Beziehung. Dies ist z. B. der Fall bei einem Tennisspieler, der Mitglied im Tennisverein ist und der darüber hinaus auf vertraglicher Basis einen Trainer für sich engagiert hat, der ihn ausbildet und auf Wettkämpfe vorbereitet.

II. Die Innenorganisation der Sportvereine und -verbände

1. Rechtsform

Sportvereine und -verbände sind privatrechtliche Organisationen in der Rechtsform des eingetragenen Vereins (e.V.). Der e.V. als eine auf Dauer angelegte Personenvereinigung ist eine eigenständige Körperschaft (juristische Person), die vom Mitgliederbestand unabhängig im Rechtsverkehr als Trägerin von Rechten und Pflichten auftritt. Ihr Wesensmerkmal ist die Verfolgung eines gemeinsamen ide- 11 ellen, also nichtwirtschaftlichen Zwecks. Insoweit wird der e.V. auch als **Idealverein** bezeichnet. Sport wird in seiner ursprünglichen Form als zweckfreie körperliche Betätigung angesehen. Diese Zweckfreiheit weist auf die ideelle Ausrichtung des Sports hin, weshalb der e.V. traditionell für Sportverbände und Sportvereine die passgenaue Rechtsform darstellt. Allerdings verbietet die ideelle Ausrichtung des e.V. diesem nicht zwangsläufig, auch wirtschaftlich tätig zu sein. Soweit bei den Tätigkeiten des e.V. der ideelle Zweck überwiegt, darf der e.V. auch wirtschaftlich tätig sein (sog. **Nebenzweckprivileg**). Dabei kommt es auf eine Gesamtbetrachtung an.[1]

12 Dagegen ist in den Bereichen des Sports, die zwischenzeitlich eine große ökonomische Relevanz erlangt haben und in denen die kommerzielle Tätigkeit eine immer größere Rolle spielt, nicht mehr davon auszugehen, dass hauptsächlich ideelle Zwecke des Sports überwiegen. Die betroffenen Sportvereine und -verbände sind daher gehalten, für ihre wirtschaftliche Betätigung (z. B. eine Lizenzspielerabteilung) eine für unternehmerische Tätigkeiten geeignete Rechtsform zu wählen. Aus diesem Grund werden die unternehmerischen Bereiche eines Vereins wie z. B. die Lizenzspielerabteilung oder der unternehmerische Bereich eines Verbandes, insbesondere der Ligabetrieb, in **Sportunternehmen** ausgegliedert. Diese nehmen dann am Rechtsverkehr in einer für unternehmerische Tätigkeit vorgesehenen Rechtsform wie GmbH, AG oder KGaA teil. Der wesentliche Grund für die Beschränkung der wirtschaftlichen Betätigung von Vereinen liegt im Schutz des Rechtsverkehrs und hier vor allem im Gläubigerschutz. Denn der e.V. muss kein Stammkapital aufbringen und zur Sicherheit der Gläubiger erhalten. Er haftet nur mit dem Vereinsvermögen, ein Durchgriff des Gläubigers auf das private Vermögen der Mitglieder ist grundsätzlich nicht vorgesehen. Außerdem unterliegt der e.V. keiner Bilanzierungspflicht und damit auch keiner Veröffentlichungspflicht nach dem Handelsgesetzbuch (HGB). Damit sich die Vereine und Verbände den Einfluss auf die von ihnen ausgegliederten Sportunternehmen erhalten, behalten sie in aller Regel die mehrheitlichen Stimmrechtsanteile. Das Regelwerk einzelner Sportfachverbände fordert diese Absicherung kategorisch ein, damit der Wettbewerb möglichst unbeeinflusst von Dritten bleibt.[2]

13 Der e.V. erlangt seine Rechtsfähigkeit durch Eintragung in das **Vereinsregister** beim Amtsgericht, in dessen Bezirk der e.V. seinen Sitz hat, § 55 BGB. In das Register werden Name und Sitz des Vereins sowie die Personen des vertretungsberechtigten Vorstands im Sinne des § 26 Abs. 1 BGB eingetragen. Das Vereinsregister ist ein öffentliches Register, in das jeder Einsicht nehmen kann. Auf die

---

1 Zum Nebenzweckprivileg vgl. Reichert, VereinsR, Rdnr. 160 ff.

2 Vgl. etwa § 16c Ziff. 2 DFB-Satzung (→ V 55); § 16 Abs. 2 DHB-Satzung (→ V 57).

Richtigkeit des Registers kann der Einsichtnehmende vertrauen, § 68 BGB (sog. **Publizitätswirkung des Vereinsregisters**). In der Praxis kann dies schwerwiegende Folgen für den Sportverein haben. Sollte zum Beispiel von der Mitgliederversammlung ein neuer vertretungsberechtigter Vorstand gewählt werden, der alte Vorstand aber noch im Vereinsregister eingetragen sein, kann ein Dritter auf die Richtigkeit des Vereinsregisters vertrauen, wenn er von der Neuwahl des Vorstands nicht anderweitig Kenntnis erlangt hat. Durch den abgewählten aber noch im Vereinsregister eingetragenen Vorstand kann der Verein vertraglich verpflichtet werden.

Als juristische Person kann der e.V. eigenes Vermögen bilden. Er wird unter 14 eigenem Namen eingetragen. Er kann unter eigenem Namen klagen und verklagt werden (vgl. Partei- und Prozessfähigkeit im Zivilprozess gemäß §§ 50, 51 der Zivilprozessordnung – ZPO) und im Verwaltungsverfahren als Beteiligter auftreten (vgl. Partei- und Prozessfähigkeit nach §§ 61, 62 VwVfG). Der e.V. kann als Erbe eingesetzt werden. Er ist als juristische Person unter den Vorgaben des Art. 19 Abs. 3 GG außerdem fähig, Träger von Grundrechten zu sein, sofern diese ihrem Wesen nach auf juristische Personen anwendbar sind, was beispielsweise auf das Eigentumsgrundrecht des Art. 14 Abs. 1 GG zutrifft.

2. Organe

Da durch die Vereins- bzw. Verbandsautonomie jeder Sportverein und Sportver- 15 band grundsätzlich selbstbestimmt die für ihn geltenden Organisationsstrukturen festlegen kann, weisen die verschiedenen Vereine und Verbände unterschiedliche Organisationsmuster insbesondere im Hinblick auf das Vorhandensein, die Besetzung und die Bezeichnung von Vereins- bzw. Verbandsorganen auf. Die rechtlichen Mindestanforderungen bezüglich der Existenz von Organen ergeben sich aus dem Vereinsrecht des BGB. Danach muss der e.V. über mindestens zwei Organe verfügen, um überhaupt handlungsfähig zu sein: die **Mitgliederversammlung** als Beschlussorgan über die Grundentscheidungen des e.V. und den **Vorstand** als Vertretungs- und Geschäftsführungsorgan. Darüber hinaus kann jeder Verein und jeder Verband durch seine Satzung selbst regeln, weitere Organe mit entsprechenden Aufgaben und Zuständigkeiten vorzuhalten.

a) Mitgliederversammlung

In der **Mitgliederversammlung** kommen die Mitglieder des jeweiligen Vereins 16 oder Verbandes zusammen, um unter Anwendung ihres Stimm- und Wahlrechts, das Bestandteil des Mitgliedschaftsrechts ist, über die erforderlichen Gesamtentscheidungen abzustimmen. Dabei wird als **ordentliche Mitgliederversammlung** in der Regel die förmliche Zusammenkunft der Mitglieder bezeichnet, die nach der Satzung zu bestimmten Zeiten regelmäßig stattfinden soll, z. B. einmal pro Jahr die sog. Jahreshauptversammlung. **Außerordentliche Mitgliederversammlungen** werden dagegen meist aus einem besonderen Anlass einberufen.

17 Die Willensbildung innerhalb der Mitgliederversammlung erfolgt durch **Wahlen** und Abstimmungen. Dabei kommt der demokratische Grundsatz des Mehrheitsprinzips zur Geltung, der durch das Vereinsrecht des BGB vorgegeben ist. Nach § 32 BGB entscheidet bei der Beschlussfassung der Mitgliederversammlung die Mehrheit der abgegebenen Stimmen (sog. einfache Mehrheit). Je nach satzungsmäßiger Ausgestaltung können an die Mehrheitsentscheidungen weitergehende Anforderungen gestellt werden, z. B. die einer qualifizierten Mehrheit.

18 Die Satzung legt fest, welche Mitglieder Stimmrecht haben. Nehmen auch Minderjährige an der Abstimmung teil, etwa aus der Jugendsportabteilung, ist zu berücksichtigen, dass deren Willenserklärungen gemäß § 107 BGB grundsätzlich schwebend unwirksam sind. D.h., für die Wirksamkeit derartiger Erklärungen bedarf es der Einwilligung des gesetzlichen Vertreters, die bereits bei Vereinsbeitritt in allgemeiner Weise erklärt werden kann.[3]

19 Bei Sportverbänden und vereinzelt auch bei mitgliederstarken Sportvereinen besteht das Beschlussorgan nicht aus allen Mitgliedern, sondern aus sog. Delegierten, um ein geordnetes Verfahren gewährleisten zu können. Insoweit spricht man hier von einer sog. **Delegiertenversammlung**. Die Delegiertenversammlung hat den Vorteil, dass der Prozess der Willensbildung durch die eingegrenzte Zahl der Delegierten praktikabel wird. Die Delegierten werden von ihren Vereinen bzw. Verbänden abgeordnet. Gerade bei Sportverbänden, deren ordentliche Mitglieder Sportvereine oder Landes- und Regionalverbände sind, die zudem noch unterschiedliche Größen und Mitgliederstärken aufweisen, werden die Stärkeverhältnisse dadurch abgebildet, dass die Mitgliedsorganisationen in der Delegiertenversammlung Stimmrechte bzw. Delegierte entsprechend des Größenverhältnisses der jeweiligen Mitgliedsorganisationen erhalten.[4]

b) Vorstand

20 Für die Handlungsfähigkeit eines e.V. ist es notwendig, dass er ein Organ vorhält, das mit natürlichen Personen besetzt ist, die für den Verein bzw. Verband tätig werden können. Vertretungsberechtigtes Organ kraft Gesetzes ist der **Vorstand**

[3] So auch Sauter/Schweyer/Waldner, Rdnr. 345.
[4] Ausführlich zur Delegiertenversammlung Reichert, VereinsR, Rdnr. 5743 ff.

gemäß § 26 Abs. 1 BGB. Ihm kommt die Aufgabe zu, den Verein bzw. Verband im Rechtsverkehr zu vertreten. Die Personen des vertretungsberechtigten Vorstands sind im Vereinsregister eingetragen, so dass sich jeder informieren kann, welcher Vertreter für den Verein wirksam Rechtsgeschäfte abschließen darf. Neben den gesetzlichen Vertretern können auch andere Personen kraft rechtsgeschäftlicher Vollmacht den Verein vertreten, etwa wenn der Vorstand den Übungsleiter beauftragt, Sportausrüstungsgegenstände anzuschaffen. Hier gelten die allgemeinen Vertretungsregelungen der §§ 164 ff. BGB.

Neben der Vertretung obliegt dem Vorstand auch die **Geschäftsführung**. 21
Wichtigste Pflichten des Vorstandes im Rahmen der Geschäftsführung sind die ordnungsgemäße Buch- und Kassenführung und die Pflichten gemäß § 42 Abs. 2 BGB bei **Insolvenz**. Da der e.V. seinen Gläubigern nur mit dem Vereinsvermögen haftet, ist es besonders wichtig, dass im Falle der Zahlungsunfähigkeit oder der Überschuldung durch den Vorstand unverzüglich Insolvenzantrag gestellt und die Mitgliederversammlung darüber informiert wird. Weiterhin trifft den Vorstand die Pflicht, die gesetzlich vorgegebenen Anmeldungen zum Vereinsregister durchzuführen. Darüber hinaus können den Vorstand sozialversicherungsrechtliche und steuerhaftungsrechtliche Pflichten treffen. Ebenso kann auch eine Schweigepflicht über vertrauliche Interna des Vereins oder des Verbandes bestehen.[5]

Handeln die vertretungsberechtigten Personen des Vorstands fehlerhaft und 22
resultiert daraus ein Schaden, stellt sich die Frage nach der Haftungsverteilung. Im Grundsatz soll der e.V. für das Verhalten seiner Organe, die für ihn tätig werden, gegenüber geschädigten Dritten einstehen. Als geschädigter Dritter gilt auch ein Vereinsmitglied.[6] Nach § 31 BGB wird das schädigende Handeln des Vorstandes, eines Mitgliedes des Vorstands oder eines anderen verfassungsmäßigen Vertreters, das zum Schadensersatz verpflichtet, dem e.V. zugerechnet. Das bedeutet, dass der Verein zum Schadensersatz verpflichtet ist, wenn durch eine rechtsgeschäftliche oder tatsächliche Handlung, die in Ausführung einer Vereinstätigkeit vorgenommen wurde, in rechtswidriger und schuldhafter Weise ein Schaden entstanden ist.

Die Rechtsprechung zieht den Personenkreis, dessen Handeln dem Verein zu- 23
gerechnet wird, weit und zählt über den Vorstand hinaus sämtliche Personen dazu, denen bedeutsame und wesensmäßige Funktionen des Vereins zur selbständigen, eigenverantwortlichen Erfüllung zugewiesen sind und die den Verein

[5] Vgl. Linnenbrink, Der Vorstand als Geschäftsführungsorgan des eingetragenen Vereins, SpuRt 1999, S. 224 und 2000, S. 55.

[6] BGH NJW 1990, S. 2877, 2878.

auf diese Weise repräsentieren.[7] Dazu können z. B. Abteilungsleiter, Wettkampfleiter oder Rennleiter zählen.

24 Vorstandsmitglieder haften für von ihnen verursachte Schäden nach den allgemeinen Haftungsgrundsätzen einem Dritten gegenüber auch persönlich. Bei deliktischen Handlungen haftet das schädigende Vorstandsmitglied gemäß § 840 Abs. 1 BGB als Gesamtschuldner neben dem Verein. Der Geschädigte kann somit auswählen, wen er in Anspruch nehmen möchte. Wie die Ersatzpflicht zwischen Vorstandsmitglied und Verein aufgeteilt wird, ist eine Frage des Innenverhältnisses (Gesamtschuldnerausgleich), die in der Vereinssatzung geregelt werden kann. Soweit in der Satzung hierzu nichts anderes bestimmt ist, gilt die Regelung des § 31a Abs. 2 BGB. Hiernach kann der handelnde Vorstand vom e.V. die Befreiung von der Verbindlichkeit gegenüber dem geschädigten Dritten verlangen, wenn er den Schaden in Wahrnehmung seiner Vorstandspflichten verursacht hat und für den Verein unentgeltlich tätig ist oder für seine Tätigkeit eine Vergütung erhält, die 500 € jährlich nicht übersteigt. Macht der e.V. gegen den Vorstand einen Schadensersatzanspruch geltend, so haftet der Vorstand unter den vorgenannten Voraussetzungen nach § 31a Abs. 1 BGB nur, soweit er vorsätzlich oder grob fahrlässig gehandelt hat.[8]

c) Weitere Organe

25 In den Satzungen der Vereine und Verbände können weitere Organe mit verschiedenen Aufgabenbereichen vorgesehen sein. Hierzu zählen unter anderem Kontrollorgane wie z. B. Kassenprüfungskommissionen, die die kassenmäßigen Umsätze prüfen oder Rechtsorgane, wie z. B. Schiedskommissionen oder sog. Vereins- oder Verbandsgerichte, die Sanktionen aussprechen können oder bei rechtlichen Streitigkeiten tätig werden.

3. Mitgliedschaft

a) Beitritt und Beendigung

26 Die Mitgliedschaft beginnt mit der Aufnahme in den e.V. Der **Vereins- bzw. Verbandsbeitritt** stellt sich nach der Rechtsnatur als Aufnahmevertrag dar. Die Mitgliedschaft wird nicht durch einseitige Willenserklärung des Beitrittswilligen erlangt. Es bedarf einer Willenserklärung in Form einer Zustimmung des e.V., die durch das zuständige Vertretungsorgan erteilt werden muss. Diese Willenserklä-

[7] BGHZ 49, S. 19, 21.

[8] Ausführlich zu Fragen der Vorstandshaftung Sauter/Schweyer/Waldner, Rdnr. 290 ff.

rung kann, soweit die Satzung keine besondere Form verlangt, grundsätzlich auch konkludent, d.h. durch schlüssiges Verhalten abgegeben werden, etwa indem der Sportverein die regelmäßige Teilnahme am Training oder die Benutzung von Vereinseinrichtungen bewusst ermöglicht. Die Entscheidung, ob einem Aufnahmewilligen der Vereinsbeitritt gewährt wird, liegt gemäß Art. 9 Abs. 1 GG im Ermessen des e.V.

Beim Sportverband gibt es im Hinblick auf den Verbandsbeitritt eine Besonderheit. Wegen des **Ein-Verbands-Prinzips** haben die Verbände für ihre Sportarten eine Monopolstellung. Deshalb kann aufnahmewilligen Vereinen die Teilnahme am Wettkampf der Sportart insgesamt versagt werden. Soweit der Aufnahmewillige ein berechtigtes Interesse an der Aufnahme hat und die Ablehnung der Aufnahme eine ungerechtfertigte Ungleichbehandlung gegenüber anderen aufgenommenen Mitgliedern darstellen würde, soll nach der Rechtsprechung des BGH ein **Aufnahmezwang** bestehen, d.h. der Verband ist dann nicht mehr frei, Mitgliedswillige abzulehnen.[9] 27

Die Entscheidung über die Beendigung der Mitgliedschaft liegt grundsätzlich in der Sphäre des Mitglieds. Für den **Austritt** bedarf es einer empfangsbedürftigen Willenserklärung, die dem zuständigen Vereinsorgan zugehen muss. Die Satzung kann vorschreiben, dass der Austritt nur zu einem bestimmten Termin, etwa zum Ende des Geschäftsjahres möglich ist. 28

Der Vereinsausschluss stellt dagegen eine unfreiwillige Beendigung der Mitgliedschaft dar. Durch den **Ausschluss** wird dem Mitglied seine mitgliedschaftliche Rechtsposition entzogen. Dies stellt sich als schwerwiegender Eingriff in die Rechtsposition des Mitglieds dar, weshalb an das Ausschlussverfahren besondere Anforderungen zu stellen sind. Insbesondere muss das Ausschlussverfahren auf einer ausdrücklichen satzungsgemäßen Verankerung beruhen und der Ausschluss darf im Einzelfall nicht gegen den Grundsatz von Treu und Glauben (§§ 157, 242 BGB) verstoßen. 29

b) Mitgliedschaftsverhältnisse

Sportler, die ihrem Sportverein als Mitglied beigetreten sind, unterwerfen sich durch ihren Beitritt der Satzung und den Ordnungen des Vereins. Sie erhalten als sogenannte **ordentliche Mitglieder** die entsprechenden Mitgliedschaftsrechte und unterliegen den Mitgliedschaftspflichten. Daneben können die Satzungen der Vereine und Verbände vorsehen, dass einzelnen Personen ein anderweitiger Mitgliedschaftsstatus verliehen werden kann. Dies sind zum Beispiel für einzelne 30

[9] Vgl. BGHZ 140, S. 74 ff.

Mäzene **Fördermitgliedschaften** oder für besonders verdienstvolle Sportler oder Mitglieder **Ehrenmitgliedschaften**, denen im Verein bzw. im Verband bezüglich ihrer mitgliedschaftlichen Rechte und Pflichten eine besondere Stellung gewährt wird. Bei Sport- oder Ligaverbänden sind meist die entsprechenden Ligaverbände bzw. Landes- oder Regionalfachverbände als juristische Personen ordentliche Mitglieder.

31 Im Hinblick auf die **Mitgliedschaftsstruktur** gibt es im Organisationsaufbau von Sportverbänden im Vergleich zu Sportvereinen Besonderheiten. Während bei Sportvereinen die ordentlichen Mitglieder typischerweise die Sportler selbst sind, sind ordentliche Mitglieder von Sportverbänden häufig nicht die Sportler, sondern die dem Sportverband angeschlossenen Sportvereine, Sport- und Ligaverbände sowie die untergeordneten Regional- und Landessportfachverbände, also juristische Personen des Privatrechts. Ein unmittelbares Mitgliedschaftsverhältnis zwischen Sportler und Verband liegt somit nicht vor. Häufig wird diesbezüglich von einer **mittelbaren Mitgliedschaft** gesprochen, aus der sich zunächst noch keine mitgliedschaftlichen Rechte und Pflichten ableiten lassen. Daher stellt sich aus juristischer Sicht die Frage, wie Verbandsregelungen eine Bindungswirkung für den einzelnen Sportler entfalten können, wenn zwischen Sportler und Verband kein ordentliches Mitgliedschaftsverhältnis besteht. Dies wird überwiegend mit dem Konstrukt der sog. **mehrfachen Satzungsverankerung** begründet. Der Sportverein, in dem der Sportler Mitglied ist, ist seinerseits Mitglied in seinem Regional- oder Landesfachverband. Dessen Regelungen erkennt der Sportverein in seiner Satzung für sich als verbindlich an. Der Regional- bzw. Landesverband ist seinerseits wiederum Mitglied im Bundesfachverband und erkennt wiederum dessen Regelwerk als für sich verbindlich an. Durch diese Mehrfachverweisung soll eine Verbindlichkeit vom Bundesfachverband bis zum Sportler begründet sein.

c) Rechte und Pflichten der Mitglieder

32 Durch die Vereinsaufnahme stehen dem Mitglied im Rahmen seiner Rechtsposition **Mitgliedschaftsrechte** zu. Dazu zählt das Teilnahmerecht an den Mitgliederversammlungen, Stimm- und Auskunftsrechte in diesen Versammlungen sowie grundsätzlich auch der Anspruch, nicht ohne sachlichen Grund gegenüber anderen Mitgliedern ungleich behandelt zu werden. Außerdem kann nach dem Gleichbehandlungsprinzip auch der Zugang zu den Vereinseinrichtungen z. B. zu Sport- oder Fitnessräumen und deren Benutzung zu den Mitgliedschaftsrechten zählen.

33 Wie bei den Mitgliedschaftsrechten ist auch bei den **Mitgliedschaftspflichten** der Gleichbehandlungsgrundsatz zu beachten. Als ausdrückliche Pflicht wird in

den meisten Satzungen die Beitragspflicht genannt. Darüber hinaus bestehen regelmäßig Treuepflichten gegenüber dem Verein sowie Rücksichtnahmepflichten gegenüber Vereinsinteressen und den Interessen der anderen Mitglieder.

4. Normsetzungs- und Vollzugsbefugnis der Vereine und Verbände

a) Satzung und Ordnungen

Der Freiraum der Vereine und Verbände aus Art. 9 Abs. 1 GG, den Sportbetrieb 34
für die jeweilige Sportart in eigener Verantwortung zu organisieren, wird besonders deutlich bei der Aufstellung der Vereins- und Verbandsregelwerke. Die entsprechenden internen Regelungen ergeben sich im Wesentlichen aus den Satzungen und den entsprechenden **Vereins- bzw. Verbandsordnungen**.

In der Satzung sind die wesentlichen Grundentscheidungen niedergelegt. 35
Name, Zweck und Sitz sowie der organisatorische Aufbau, Rechte und Pflichten der Organe und Regelungen über das Mitgliedschaftsverhältnis finden sich dort. Die Satzung ist die »Verfassung« des jeweiligen Sportvereins bzw. Sportverbands und sie kann, soweit satzungsmäßig nichts Gegensätzliches bestimmt ist, nur mit einer qualifizierten Mehrheit der Stimmen der Mitgliederversammlung abgeändert werden, § 33 Abs. 1 BGB.

Neben der Satzung bestehen verschiedene Ordnungen, die ebenso Normcha- 36
rakter haben und deren Regelungen für die Mitglieder verbindlich sind. In den Ordnungen sind in der Regel detaillierte Bestimmungen zu bestimmten regelungsbedürftigen Aufgaben niedergelegt. Bei Sportvereinen sind häufig z. B. Beitragsordnungen, Rechts- und Verfahrensordnungen oder Jugendordnungen vorzufinden. Bei Sportverbänden sind darüber hinaus auch die Spiel- und Sportregeln sowie Regelungen zur Wettkampforganisation in Ordnungen festgelegt, z. B. in Spiel- oder Wettkampfordnungen. Für den Erlass einzelner Ordnungen ist die Mitgliederversammlung zuständig. Durch die Satzung kann aber auch anderen Organen die Zuständigkeit für besondere Aufgaben- und Funktionsbereiche zugewiesen werden.

b) Vollzugsgewalt

Aus der Vereins- und Verbandsautonomie nach Art. 9 Abs. 1 GG resultiert wei- 37
terhin die Befugnis der Vereine und Verbände, im Rahmen ihres Wirkungskreises für die Aufrechterhaltung der **disziplinarischen Ordnung** der Mitglieder zu sorgen. Das gilt für die allgemeine vereinsverfassungsrechtliche Ordnung ebenso

wie für die im Sport notwendige Einhaltung der Spiel- und Sportregeln, ohne die ein interessengerechter und fairer Wettkampf nicht möglich ist.

38 Durch das Mitgliedschaftsverhältnis unterliegen die unmittelbaren Mitglieder der Vollzugsgewalt der Vereine und Verbände. Bei der sog. mittelbaren Mitgliedschaft zwischen Sportler und Verband lässt sich die Bindungswirkung nur über das Konstrukt der gegenseitigen Satzungsverankerung begründen, soweit neben oder statt des Mitgliedschaftsverhältnisses nicht auch anderweitige unmittelbare vertragliche Beziehungen bestehen, durch die sich der Sportler der Vollzugsgewalt eines Verbands unterworfen hat wie z. B. durch einen Lizenzvertrag oder eine Wettkampfmeldung.

39 Vollzogen werden können vereins- und verbandsrechtliche Regeln nur, wenn diese in der jeweiligen Satzung bzw. in den Ordnungen mit hinreichender Klarheit festgelegt sind. Besonders bei Sanktions- und Ahndungsmaßnahmen, die an einen Verstoß gegen Verhaltenspflichten anknüpfen, ist erforderlich, die Verhaltensnormen im Regelwerk hinreichend bestimmt festzulegen (**Bestimmtheitsgrundsatz**). Sanktionen und Ahndungen dürfen vom zuständigen Organ nur ausgesprochen werden, wenn im Vorhinein für alle Beteiligten hinreichend klar erkennbar ist, welches genau definierte Verhalten eine Sanktionierung bzw. Ahndung zur Folge hat.[10]

40 Werden durch das zuständige Vereins- bzw. Verbandsorgan belastende Maßnahmen und Sanktionen getroffen, so dürfen diese in Relation zur sanktionsbewehrten Handlung nicht unverhältnismäßig sein (**Übermaßverbot**). Ansonsten wäre eine ungerechtfertigte Grundrechtsbeeinträchtigung des Sanktionierten gegeben, mit der Konsequenz, dass die Vereins- bzw. Verbandsentscheidung bei der Überprüfung durch ein staatliches Gericht keinen Bestand haben kann.

c) Grenzen der Normsetzungsbefugnis

41 Im Rahmen der grundrechtlichen Gewährleistung des Art. 9 Abs. 1 GG haben die Vereine bzw. Verbände grundsätzlich einen weiten Freiraum, ihre Angelegenheiten im Rahmen der Gesetze autonom zu regeln. Dabei sind allerdings stets die Grundrechtspositionen anderer, insbesondere der Sportler und der Mitgliedsvereine zu beachten. Da es sich in dieser Konstellation um eine Rechtsbeziehung zwischen Privatrechtssubjekten handelt und nicht um die klassische Beziehung zwischen Bürger und Staat, gelangen die jeweiligen Grundrechtspositionen bei der Auslegung bzw. Anwendung von zivilrechtlichen Generalklauseln wie §§ 138 Abs. 1, 242 oder 826 BGB im Rahmen der gerichtlichen Überprüfung zur Geltung

[10] Vgl. AG Karlsruhe, SpuRt 2008, S. 82 ff.

(**mittelbare Drittwirkung von Grundrechten**, → *1* Rdnr. 37 f.). Vereine und Verbände werden sich ihrerseits regelmäßig auf Art. 9 Abs. 1 GG berufen. Bei den Sportlern findet demgegenüber meist die freie Entfaltung der Persönlichkeit nach Art. 2 Abs. 1 GG oder, soweit es sich um Profisportler handelt, die Berufsfreiheit gem. Art. 12 GG Anwendung. Überdies kommen in der Praxis auch speziellere Grundrechtspositionen wie z. B. die Meinungsfreiheit (Art. 5 Abs. 1 Satz 1, 1. Alt. GG), die Kunstfreiheit (Art. 5 Abs. 3, 1. Alt. GG) oder die Glaubensfreiheit (Art. 4 Abs. 1 GG) in Betracht. In einer gerichtlichen Überprüfung sind die Grundrechtspositionen miteinander in Abwägung zu bringen. Wird z. B. ein Vereinsmitglied von seinem Sportverein durch eine von der Mitgliederversammlung beschlossene Verhaltensordnung dazu angehalten, in der Öffentlichkeit keine kritischen Äußerungen über seinen Verein zu tätigen, so stellt dies eine Beeinträchtigung der Meinungsäußerungsfreiheit des Sportlers dar, welche mit dem Grundrecht des Vereins aus Art. 9 Abs. 1 GG abgewogen werden muss.

III. Rechtsschutz gegen Vereins- und Verbandsentscheidungen

1. Staatlicher und sportinterner Rechtsschutz

Im Rahmen der Sportausübung und insbesondere beim Vollzug des Vereins- und Verbandsregelwerks werden vielgestaltige Maßnahmen und Entscheidungen getroffen, über die im Einzelfall häufig zwischen dem Verein oder Verband und dem Betroffenen (meist einem Sportler) gestritten wird. Zu einer Überprüfung kann es durch Rechtsorgane der Vereine oder Verbände, durch Schiedsgerichte oder durch staatliche Gerichte kommen. Bei der Beurteilung der Rechtsschutzmöglichkeiten eines Betroffenen wird nach folgendem Maßstab zu differenzieren sein: Je intensiver eine reine Spiel- oder Sportregel verletzt ist, desto wahrscheinlicher ist eine Auseinandersetzung auf der Grundlage des Vereins- bzw. Verbandsrechts und somit die Durchführung eines verbandsgerichtlichen Verfahrens. Je stärker dagegen allgemeine Rechts- und Vermögenspositionen betroffen sind (z. B. ein Verein schuldet einem anderen Verein den Mietzins für die Nutzung einer Sportstätte), desto eher werden diese Ansprüche über das staatliche Gerichtsverfahren geltend zu machen sein. Ist der Sportler in seiner Eigenschaft als Arbeitnehmer betroffen, so ist für die Rechtsstreitigkeit aus dem Arbeitsverhältnis das örtlich zuständige Arbeitsgericht anzurufen, § 2 ArbGG. Soweit es zu strafbaren Handlungen kommt, kann von Seiten der staatlichen Strafverfolgungsbehörden ein staatliches Strafverfahren eingeleitet werden, für das die Strafgerichte zuständig sind. 42

2. Grenzen der Überprüfbarkeit von Vereins- und Verbandsentscheidungen

a) Tatsachenentscheidung und Regelverstoß

43 Im Wettkampfbetrieb ist es notwendig, bei einem Verstoß gegen Spiel- oder Sportregeln unverzüglich eine Entscheidung zu treffen, um nicht den Spielfluss zu unterbrechen. Dies gilt z. B. für die Entscheidung eines Schiedsrichters, für ein begangenes Foul einen Strafstoß zu verhängen. Dem Schiedsrichter bzw. dem Kampfgericht, der bzw. das im Auftrag des Verbands die Verbandsregeln zu vollziehen hat, verbleibt in der Regel keine Möglichkeit zu einer sorgfältigen Prüfung des zugrundeliegenden Sachverhalts. Durch die zwangsläufig schnelle Entscheidung kommt es immer wieder zu Fehleinschätzungen, z. B. bei der Frage, ob im Fußball ein Spieler im Abseits gestanden hat oder nicht. Fraglich ist, inwieweit derartige Entscheidungen im Nachhinein überprüfbar sein sollen. Bei vielen Sportverbänden wird in den jeweiligen Spiel- und Wettkampfordnungen eine Trennung zwischen Tatsachenentscheidung und Regelverstoß vorgenommen. Eine **Tatsachenentscheidung** liegt vor, wenn eine den tatsächlichen Ablauf des Wettkampfs betreffende Einschätzung und Feststellung durch den Schieds- bzw. Kampfrichter erfolgt ist. Das ist z. B. der Fall, wenn der Schiedsrichter bei einem Foul des Verteidigers einen Freistoß für dessen Mannschaft gibt, weil der Schiedsrichter irrtümlicherweise ein Stürmer-Foul erkannt hat.

44 Um einen **Regelverstoß** handelt es sich, wenn der Schiedsrichter zwar den Sachverhalt korrekt einschätzt, die für den Sachverhalt vorgegebene Sportregel aber fehlerhaft anwendet, z. B. wenn der Schiedsrichter beim Fußball im Strafraum ein absichtliches Handspiel des verteidigenden Spielers korrekt erkannt hat, jedoch statt auf Elfmeter auf indirekten Freistoß für die gegnerische Mannschaft entscheidet. Wenn sich ein Regelverstoß nachweisbar spielentscheidend auswirkt, besteht grundsätzlich die Möglichkeit, ihn auf verbandsgerichtlichem Weg überprüfen zu lassen. Tatsachenentscheidungen sind hingegen nach den Regeln vieler Sportverbände unanfechtbar. Das bedeutet, dass die Rechtsorgane der Verbände selbst bei evident falschen Tatsachenwahrnehmungen des Schiedsrichters hieraus resultierende Fehlentscheidungen nicht aufheben dürfen. Ausnahmen sind lediglich bei offensichtlichen Fehlentscheidungen vorgesehen, bei denen die fehlerhafte Entscheidung für jeden Zuschauer unmittelbar und irrtumsfrei wahrnehmbar war und bewiesen werden kann.[11]

[11] Arnhold, Podolski-Urteil, LTO.

b) Ahndungs- und Sanktionsmaßnahmen

Die typischerweise in den Spiel- und Wettkampfordnungen der Verbände enthaltenen **Ahndungsregeln** bzw. weiterführend konkretisierende Durchführungsbestimmungen der Sportverbände sind Teil des internen Sportrechts und dienen der Durchführung eines fairen und geordneten Spiel- und Sportablaufs innerhalb eines Wettkampfs. Die Wirkung der darauf gestützten Vollzugsmaßnahmen geht dabei nicht über den Wettkampfbetrieb hinaus, wie z. B. die Entscheidung des Schiedsrichters im Handball, wegen Foulspiels gegen einen Spieler eine Zeitstrafe zu verhängen. 45

Dagegen dienen die **Sanktionsregeln**, die ebenso Teil des internen Sportrechts sind, der Durchsetzung von Regeln im Sport außerhalb eines Wettkampfs durch die zuständigen Organe der Vereine bzw. Verbände.[12] Im Gegensatz zu bloßen Ahndungsregeln gehen diese über das reine Wettkampfgeschehen hinaus, wie z. B. die Verhängung einer Wettkampfsperre für einen bestimmten Zeitraum wegen grob unsportlichen Verhaltens. Rechtsgrundlagen sind die in den Satzungen und Ordnungen der Sportverbände enthaltenen Regelungen und Sanktionsmöglichkeiten. Umstritten ist, ob es sich bei der Sanktion rechtlich gesehen um eine Vertragsstrafe oder um ein eigenes verbandsrechtliches Institut handelt. Ein Teil der Literatur geht wegen der im Profisport regelmäßig individualvertraglichen Unterwerfungen (z. B. durch Teilnahmevertrag, Athletenvereinbarung, Lizenz) unter die Vollzugsgewalt der Verbände von einer Vertragsstrafe im Sinne der §§ 339 ff. BGB aus,[13] deren konkrete Festsetzung im Einzelfall gemäß § 315 BGB im Zweifel nach billigem Ermessen zu erfolgen hat. Im Ergebnis müssten hiernach Sportler, die sich durch Mitgliedschaft der Vollzugsgewalt ihres Verbands unterworfen haben, anders behandelt werden als solche, bei denen eine individualvertragliche Regelung zu Grunde liegt. Dies würde allerdings der einheitlichen Beurteilung der Sportler einer Sportart nach einer für alle gleichermaßen verbindlichen sportlichen Ordnung zuwider laufen. 46

Dementsprechend halten Rechtsprechung[14] und der überwiegende Teil der Literatur[15] die Verbandssanktion zu Recht für ein eigenständiges verbandsrechtliches Instrument. Zur Begründung wird dabei richtigerweise argumentiert, dass das verbandsrechtliche Sanktionssystem die konsequente Fortsetzung der Verbandsautonomie sei. Nur durch die Vollzugsgewalt, die durch die Satzung vorge- 47

[12] Ähnlich: Rössner/Adolphsen, SidP, Rdnr. 15, und Adolphsen/Huefer/Nolte, Rdnr. 192, die die Sanktion im Sanktionsrecht als »Sportstrafe« bezeichnen.

[13] Vgl. van Look, Vereinsstrafen, S. 134.

[14] Vgl. BGHZ 128, S. 93 ff.

[15] Vgl. Reichert, VereinsR, Rdnr. 2911; Summerer, HdbSportR, 2, Rdnr. 176.

geben wird, ist es den Verbänden möglich, ihr selbstgesetztes Recht auch verbandsautonom zu sanktionieren.

48 Den zuständigen Organen der Verbände bleibt es vorbehalten, die entsprechenden Sanktionsregeln zu vollziehen. Während der Vollzug von reinen Ahndungsregeln häufig nicht angreifbar ist, können Sanktionsmaßnahmen wie andere Vereins- bzw. Verbandsentscheidungen grundsätzlich durch die Rechtsorgane der Verbände, aber auch durch Schiedsgerichte oder staatliche Gerichte überprüft werden.

3. Überprüfung durch Rechtsorgane von Vereinen und Verbänden

49 Grundsätzlich steht beim Vollzug des Vereins- bzw. Verbandsregelwerks durch die zuständigen Vereins- bzw. Verbandsorgane zunächst der verbandsinterne Verfahrensweg offen.

Den satzungsgemäßen Spruchkörpern der Vereine und Verbände kommt die Aufgabe der Kontrolle der Vereins- bzw. Verbandsentscheidung zu. Sportverbände halten in ihren Satzungen Rechtsorgane vor, die je nach Verband unterschiedliche Bezeichnungen führen und unterschiedlich besetzt werden (z. B. Rechtsausschuss, Verbandsgericht, Bundesgericht, Disziplinarausschuss). Viele Verbände weisen zwei Rechtsinstanzen auf, eine Eingangsinstanz sowie eine Berufungsinstanz. Die Befugnisse der Rechtsorgane gehen je nach Verband unterschiedlich weit. Zuweilen darf nur über die Rechtmäßigkeit oder Rechtswidrigkeit von Maßnahmen oder Rechtsverhältnissen entschieden werden, oder aber es darf darüber hinaus die streitgegenständliche Maßnahme abgeändert oder gar eine eigene Entscheidung anstelle der des ursprünglich zuständigen Organs getroffen werden.

50 Für das vereins- und verbandsgerichtliche Verfahren halten die Verbände entsprechende Vorschriften in der Satzung sowie in Rechts- und Verfahrensordnungen vor, die den Verfahrensgang regeln. An der Unabhängigkeit der vereins- und verbandsinternen Rechtsorgane lässt sich indessen oftmals zweifeln. Als Satzungsorgane werden ihre Mitglieder häufig durch Wahlen besetzt. In manchen Verbänden wird für die Eignung als Mitglied oder Vorsitzender eines Spruchorgans die Befähigung zum Richteramt gefordert. Viele in der Praxis existierende sog. Verbandsgerichte erfüllen nicht die Anforderungen, die die ZPO an ein echtes Schiedsgericht stellt (§§ 1025 ff. ZPO).[16] Ist dies der Fall, so können die Entscheidungen des Rechtsorgans von einem unabhängigen Schiedsgericht oder von

[16] BGH NJW 2004, S. 2226, 2227; a. A. Haas/ Gedeon, SpuRt 2000, S. 228, 230 f.

einem staatlichen Gericht – unter Beachtung der Verbandsautonomie – überprüft werden.

4. Überprüfung durch echte Schiedsgerichte

Die Typik des sportlichen Wettkampfes gebietet die zügige Schaffung von Rechtssicherheit durch schnelle Gerichtsentscheidungen, um den Fortgang eines fairen sportlichen Wettbewerbs zu gewährleisten. Darüber hinaus haben nicht wenige Vereine und Verbände ein Interesse daran, die internen Angelegenheiten und Rechtsstreitigkeiten unter Ausschluss der Öffentlichkeit zu einer Entscheidung zu bringen. Da staatliche Gerichtsverfahren grundsätzlich öffentlich sind, gelingt der Ausschluss der Öffentlichkeit nur durch die Pflicht zur Anrufung eines echten Schiedsgerichts im Sinne der §§ 1025 ff. ZPO. Ein Schiedsgericht ist ein zu einer Streitentscheidung berechtigter Spruchkörper, der mit einem oder mehreren unabhängigen und unparteiischen Dritten besetzt ist. Für die Eröffnung eines Schiedsverfahrens ist eine **Schiedsvereinbarung** bzw. eine **Schiedsklausel** Voraussetzung. Eine Schiedsvereinbarung ist eine von den Beteiligten schriftlich vereinbarte Bestimmung, wonach im Streitfall ein Schiedsgericht angerufen wird. Dagegen ist eine sog. statuarische Schiedsklausel im Sinne des § 1066 ZPO Bestandteil einer Satzung. Eine solche Schiedsklausel ist für die Mitglieder, die sich der Satzung unterworfen haben, verbindlich. Die Regelung in einer sonstigen Vereins- oder Verbandsordnung ist hingegen nicht ausreichend, da es sich bei den Bestimmungen zur Zusammensetzung des Schiedsgerichts, den Regeln über die Auswahl und Bestellung der Schiedsrichter sowie über die Aufgaben und Zuständigkeiten des Schiedsgerichts um Grundentscheidungen handelt, die in der Satzung geregelt sein müssen.[17] 51

Der wichtigste qualitative Unterschied zwischen satzungsgemäßen Rechtsorganen von Vereinen bzw. Verbänden und einem echten Schiedsgericht besteht in der Art des Auswahlverfahrens bei der Besetzung des Spruchkörpers. Während die satzungsgemäßen Rechtsorgane der Vereine und Verbände meist durch Mehrheitsbeschluss der Mitgliederversammlung oder anderer Gremien bestimmt werden, wird die Besetzung eines echten Schiedsgerichts grundsätzlich paritätisch durch die Streitparteien vorgenommen. Letzteres führt zu einer größeren Unabhängigkeit der Richter, da bei einer Besetzung durch Vereins- bzw. Verbandsorgane zumindest mittelbar eine Einflussnahme des Vereins bzw. Verbands auf die Besetzung des Rechtsorgans möglich ist. 52

---

[17] Vgl. auch Sauter/Schweyer/Waldner, Rdnr. 317.

53 Vorteile der Schiedsgerichte gegenüber staatlichen Gerichten sind die Schnelligkeit der Entscheidungen sowie die größere Sachnähe der Richter, da von den Streitparteien sinnvoller Weise Personen für das Schiedsgericht benannt werden, die sich in der Sportart und mit den jeweiligen Verbandsregelungen besonders gut auskennen. Im Grundsatz kann das Urteil eines Schiedsgerichts vor einem staatlichen Gericht nicht angegriffen werden, es sei denn, es sind Verfahrensmängel im schiedsgerichtlichen Verfahren offensichtlich, die häufig auf Fehlern bei der Beachtung rechtsstaatlicher Prinzipien beruhen. In diesem Fall kann das Urteil des Schiedsgerichts durch ein staatliches Gericht aufgehoben werden.

54 Ein weiterer Vorteil von Schiedsgerichten ist, dass mit Schiedsverfahren bei internationalen Sportstreitigkeiten Schwierigkeiten bei der Bestimmung der Zuständigkeit der nationalen Gerichte vermieden werden.[18]

Bei der Deutschen Institution für Schiedsgerichtsbarkeit e.V. (DIS) besteht mittlerweile ein ständiges Sportschiedsgericht. Die Streitparteien können vereinbaren, vor diesem ein Schiedsgerichtsverfahren durchzuführen. Dem Verfahren liegt die DIS-Sportschiedsgerichtsordnung zugrunde. Eine zunehmende Anzahl von Sportverbänden hat in ihren Satzungen im Zusammenhang mit Verstößen gegen Anti-Doping-Bestimmungen den direkten Weg zu einem echten Schiedsgericht, oftmals dem DIS-Sportschiedsgericht, verankert.

55 Bei Sportgroßveranstaltungen wie z. B. bei Olympischen Spielen werden vereinzelt sog. Ad-hoc-Schiedsgerichte eingesetzt. Hintergrund dafür ist das Bedürfnis nach kurzfristiger Entscheidung, um den Wettkampfbetrieb aufrechterhalten zu können. Ob es sich dabei um satzungsgemäße Rechtsorgane der Verbände oder um ein echtes Schiedsgericht handelt, ist anhand der Kriterien, die für ein Schiedsgerichtsverfahren nach den §§ 1025 ff. ZPO gelten, zu beurteilen.

56 Auf internationaler Ebene existiert der **Court of Arbitration for Sport (CAS)**. Dabei handelt es sich um eine von den internationalen Sportverbänden unabhängige Schiedsgerichtseinrichtung mit Sitz in Lausanne (Schweiz). Da die Bundesrepublik dem New Yorker Übereinkommen über die Anerkennung und Vollstreckung ausländischer Schiedssprüche (→ V 1) völkerrechtlich beigetreten ist, sind die Urteile des CAS auch in Deutschland durchsetzbar. Soweit ein Beteiligter in einem Verfahren vor dem CAS einen Verfahrensmangel geltend macht, muss er sich an das Schweizer Bundesgericht wenden, das als staatliches Gericht für die Überprüfung der Urteile des CAS zuständig ist.

[18] Vgl. Oschütz, Sportschiedsgerichtsbarkeit, S. 35 f.

5. Überprüfung durch staatliche Gerichte

Auch wenn Vereine und Verbände aufgrund der Vereinsautonomie befugt sind, 57 eigene Rechtsorgane bzw. Spruchkörper zur Rechtsdurchsetzung zu bestimmen, so darf der Weg zu den staatlichen Gerichten nicht vollkommen ausgeschlossen werden. Dem steht das in Art. 92 GG verankerte Rechtsprechungsmonopol des Staates entgegen. Allerdings ist anerkannt, dass das Verfahren vor dem Rechtsorgan des Vereins bzw. Verbandes dem Verfahren vor staatlichen Gerichten vorgeschaltet werden kann, d.h. es ist vor dem Gang zum staatlichen Gericht ein Verfahren vor dem Rechtsorgan der Vereins bzw. Verbandes durchzuführen. Bei Nichtbeachtung wäre dann die Klage vor dem staatlichen Gericht unzulässig.[19] Diese Vorgabe soll allerdings nicht gelten, wenn das verbandsinterne Verfahren unzumutbar oder wenn kein effektiver Rechtsschutz durch das Rechtsorgan des Vereins oder Verbandes zu erlangen ist.[20]

Je nach Fall können unterschiedliche staatliche Gerichte zuständig sein. Die 58 **Zuständigkeit** ist Voraussetzung für die Zulässigkeit der Klage, die bei Unzuständigkeit abgewiesen wird. Dies hat vor allem finanzielle Auswirkungen, werden doch trotz Unzuständigkeit Gerichts- und gegebenenfalls Anwaltskosten fällig. Zudem geht durch Anrufung des falschen Gerichts Zeit verloren.

Soweit das Mitgliedschaftsverhältnis als solches betroffen ist, sind die Zivilge- 59 richte zuständig, abhängig vom Streitwert das Amtsgericht (AG) bis zu einem Streitwert von 5000.- €, darüber das Landgericht (LG). Örtlich zuständig ist das Gericht am Sitz des Vereins oder Verbandes (§ 12 ZPO). Zivilgerichte sind auch für unerlaubte Handlungen zuständig. In diesem Fall ist örtlich zuständig das Gericht am Ort der unerlaubten Handlung (§ 32 ZPO). Soweit der Sportler als Arbeitnehmer klagt, sind die Arbeitsgerichte zuständig.

Das Gericht darf nicht eine eigene Entscheidung an die Stelle der Vereins-/ 60 Verbandsentscheidung setzen, sondern muss sich darauf beschränken, die Rechtmäßigkeit oder Rechtswidrigkeit der streitgegenständlichen Maßnahme festzustellen. Eine eigene Wertentscheidung des Gerichts anstelle der Vereins-/Verbandsentscheidung wäre ein unzulässiger Eingriff in die Vereins- bzw. Verbandsautonomie.

Die Gerichte, die zur Entscheidung berufen sind, überprüfen die infrage ste- 61 hende Vereins- bzw. Verbandsmaßnahme in vollem Umfang auf ihre Vereinbarkeit mit den gesetzlichen Vorgaben. Zunächst ist zu prüfen, ob der Adressat der Verbandsentscheidung überhaupt der verbandsinternen Vollzugsgewalt unterworfen ist. Dies ist nur dann der Fall, wenn entweder ein Mitgliedsverhältnis be-

[19] Sauter/Schweyer/Waldner, Rdnr. 316.

[20] Pfister/Summerer, Hdb SportR, 4, Rdnr. 279.

steht oder ein anderweitiges Schuldverhältnis, durch das sich der Adressat der Maßnahme der Vollzugsgewalt des Vereins bzw. der Verbands ausdrücklich unterworfen hat. Erklärt das Gericht die Vereins-/Verbandsmaßnahme im Ergebnis für rechtswidrig, so ist sie unwirksam.

6. Einstweiliger Rechtsschutz

62 Im Sport ist ein effektiver Rechtsschutz oftmals nur zu erreichen, wenn rechtzeitig gerichtliche Entscheidungen getroffen werden. Vor allem im laufenden Wettkampfbetrieb können aufgrund enger und vorgeplanter zeitlicher Abläufe vollendete Tatsachen geschaffen werden, die eine spätere gerichtliche Entscheidung inhaltsleer machen würden. Als Beispiel sei etwa die Bestimmung der Ligazugehörigkeit kurz vor Saisonbeginn genannt oder die Frage nach dem Startverbot eines Sportlers unmittelbar vor Beginn eines Wettkampfs.

63 Aus diesem Grund besteht im Einzelfall ein Bedürfnis, schnelle Entscheidungen herbeizuführen, was im Verfahren des einstweiligen Rechtsschutzes möglich ist. Einstweiliger Rechtsschutz kann sowohl vor dem Rechtsorgan des Verbandes, soweit es die Satzung zulässt, als auch vor dem zuständigen staatlichen Gericht erlangt werden. Der Weg zum staatlichen Gericht kann hierbei allerdings nicht vom vorherigen Durchlaufen von Verbandsrechtsverfahren abhängig gemacht werden, weil damit Sinn und Zweck des einstweiligen Rechtsschutzverfahrens unterlaufen würde.[21]

64 Das staatliche Gericht kann im Verfahren des einstweiligen Rechtsschutzes nur eine vorläufige, sichernde Maßnahme erlassen und darf die Entscheidung in der Hauptsache nicht vorwegnehmen. In der Praxis wird diese Vorgabe in Sportangelegenheiten in vielen Fällen jedoch wenigstens zum Teil nicht angewandt, wenn die Eilmaßnahme zur Abwendung wesentlicher Nachteile bzw. zum Schutz vor dringlichen Notlagen unumgänglich erscheint. Wird ein Sportler von Wettkämpfen ausgeschlossen, ist dies ein besonders schwerer Eingriff in seine Rechte, da die Wettkampfsituation im Falle einer abweichenden Hauptsacheentscheidung nicht rekonstruiert werden kann. Umgekehrt stellt die Teilnahme eines möglicherweise zu Unrecht gesperrten Sportlers trotz der zu befürchtenden Wettbewerbsverzerrung für den Veranstalter regelmäßig nur eine verhältnismäßig geringfügige Beeinträchtigung dar, die er hinzunehmen hat.

[21] Reichert, VereinsR, Rdnr. 5985.

7. Mediation im Sport

In vielen Sportrechtsstreitigkeiten haben die Beteiligten ein Interesse daran, die Angelegenheit schnell zu lösen, ohne dabei im Fokus der Öffentlichkeit zu stehen. Da staatliche Gerichtsverhandlungen grundsätzlich öffentlich sind, werden von den Beteiligten in der Sportpraxis zunehmend Streitlösungsverfahren gesucht, die unter Ausschluss der Öffentlichkeit stattfinden können. Zum Beispiel hat ein Sponsor das Interesse, das Image seines Unternehmens oder seines Produkts mit Hilfe der Marktpräsenz des Sports zu fördern. Kommt es zu Streitigkeiten mit einem gesponserten Sportverein, kann die öffentliche Darstellung der Streitigkeit dem Image des Sponsors unter Umständen schaden, weshalb ein nicht öffentliches Verfahren zur Streitbeilegung zweckdienlich ist. Der Sportverein hat zugleich das Problem, dass er künftige Sponsoren abschreckt, wenn publik wird, dass der Verein seinen Sponsoringpartner vor Gericht bringt. 65

In diesen Fällen bietet die Mediation neben dem Schiedsverfahren eine weitere Möglichkeit, abseits der Öffentlichkeit Streitigkeiten beizulegen. Die Mediation ist ein Verfahren der außergerichtlichen Konfliktlösung. Für ein Mediationsverfahren müssen sich die Parteien einig sein, ein solches Verfahren durchführen zu wollen und gemeinsam einen Mediator bestimmen. Im Vergleich zum gerichtlichen oder schiedsgerichtlichen Verfahren kommt es bei der Mediation aber nicht zu einer Entscheidung durch einen Richter, an die die Parteien gebunden wären. Vielmehr vermittelt der Mediator zwischen den streitenden Parteien und versucht sie zu einer Einigung in der Streitsache zu führen, die ihren Interessenlagen entspricht und die sie letztendlich eigenverantwortlich treffen. Das Ergebnis einer erfolgreichen Mediation ist somit eine Einigung der Streitparteien, nicht die Unterwerfung unter einen Richter- bzw. Schiedsspruch. 66

Organisation des Sports kompakt

- Der Sport ist durch das Sportverbandswesen gekennzeichnet, das hierarchisch und monopolistisch strukturiert ist.
- Sportvereine und Sportverbände nehmen regelmäßig in der Rechtsform des eingetragenen Vereins (e.V.) am Rechtsverkehr teil. Auf sie ist das Vereinsrecht anwendbar.
- Hauptorgane der Sportvereine und Sportverbände sind Mitgliederversammlung und Vorstand. Daneben können weitere Organe bestehen.

- Für die Vereine und Verbände gilt die Vereinsautonomie, d.h. sie dürfen ihre eigenen Angelegenheiten selbst durch Satzung oder Vereinsordnungen sowie Beschlüsse regeln.
- Vereins- oder Verbandsentscheidungen unterliegen grundsätzlich der Überprüfbarkeit durch Rechtsorgane der Verbände oder durch Schiedsgerichte. Je stärker allgemeine Rechts- und Vermögenspositionen betroffen sind, desto bedeutsamer wird der Rechtsschutz durch staatliche Gerichte.

Vertiefende Literatur

Grunewald, Barbara: Vereinsaufnahme und Kontrahierungszwang, AcP 182 (1982), S. 181 ff.

Bunte, Hermann-Josef: Richterliche Inhaltskontrolle von Verbandsnormen, ZGR 1991, S. 316 ff.

Buchberger, Markus: Das Verbandsstrafverfahren deutscher Sportverbände, SpuRt 1996, S. 122 ff. (Teil 1) und S. 157 ff. (Teil 2).

Fenn, Herbert: Erfassung der Sportler durch die Disziplinargewalt der Sportverbände, SpuRt 1997, S. 77 ff.

Haas, Ulrich/Prokop, Ludwig: Die Autonomie der Sportverbände und die Rechtsstellung des Athleten, JR 1998, S. 45 ff.

Heermann, Peter W.: Die Ausgliederung von Vereinen auf Kapitalgesellschaften, ZIP 1998, S. 1249 ff.

Hilpert, Horst: Tatsachenentscheidung und Regelverstoß im Fußbal, SpuRt 1999/2, S. 49 ff.

Haas, Ulrich / Prokop, Clemens: Zu den formellen Grenzen der vereinsrechtlichen Disziplinargewalt im Rahmen von Unterwerfungsvereinbarungen, SpuRt 1998, S. 15 ff.

Fahl, Christian / Reschke, Eike / Reinhart, Michael: Sportverbandsgerichtsbarkeit und Doppelbestrafungsverbot, SpuRt 2001/5, S. 181 ff.

Holzhäuser, Felix: Der strukturelle Aufbau professioneller deutscher Sportligen nach Ausgliederung aus Bundesfachsportverbänden: Teil 1, SpuRt 2004/4, S. 144 ff. und Teil 2, SpuRt 2004, S. 243 ff.

Heermann, Peter W.: Mehrheitsbeteiligung an einer deutschen Fußballkapitalgesellschaft im Lichte der sog. »50%+1-Klausel« – Zu den rechtlichen Grenzen der § 16c Abs. 2 DFB-Satzung und § 8 Abs. 2 Satzung des Ligaverbandes, Causa Sport 2007, S. 426 ff.

Summerer, Thomas: Sport, Vereine und Verbände, in: Fritzweiler / Pfister / Summerer, Praxishandbuch Sportrecht, 2007.

Reichert, Bernhard: Zur Satzungsqualität von Spielordnungen und sonstigen Vereinsordnungen, SpuRt 2008, S. 7–8.

Hilpert, Horst: Eilrechtsschutz im Sport, SpuRt 2008, S. 18 f.

Kaiser, Martin: Sport- und Spielregeln als materielles Nichtrecht? – Zur Frage der Justiziabilität von Sport und Spiel, SpuRt 2009, 6 ff.

Orth, Jan F.: Entlastung ehrenamtlicher Vereinsvorstände durch § 31 a BGB, SpuRt 2010, S. 2 ff.

Hauptmann, Markus / Theissen, Christian M.: Der Aufnahmeanspruch gegenüber einem Sportverband – Voraussetzungen, Grenzen und aktuelle Entwicklungen, SpuRt 2011, S. 181 ff.

Steiner, Udo: „50+1-Regelung« – Pressemitteilung des Ständigen Schiedsgerichts für Vereine und Kapitalgesellschaften der Lizenzligen, SpuRt 2011, S. 191 ff.

Christian Deckenbrock: Tatsachenentscheidung und Regelverstoß – (Fehl-) Entscheidungen von Schiedsrichtern und Überprüfbarkeit im Feld- und Hallenhockey, SpuRt 2011, S. 138 ff.

Adolphsen, Jens / Hoefer, Bernd / Nolte, Martin: Verbandsrecht und Satzungsrecht, 3, Rdnr. 101 ff, in: Adolphsen / Nolte / Lehner / Gerlinger (Hrsg.), Sportrecht in der Praxis, 2012.

Stöber, Kurt / Otto, Dirk-Ulrich: Handbuch zum Vereinsrecht, 10. Aufl. 2012.

4. Kapitel: Arbeitsrecht im Sport

I. Sport und Arbeit

1 Im Breiten- und Freizeitsport dient die sportliche Betätigung gerade nicht dem Erwerb des Lebensunterhalts, sondern wird als ausgleichendes Element zum Arbeitsalltag betrachtet und betrieben. Demgegenüber hat sich der Spitzensport professionalisiert. Um als Profisportler konkurrenzfähig zu sein, ist ein hoher Trainingsaufwand erforderlich und die Vermarktung ist Teil der Sportausübung. Insofern investieren Profisportler oft ihre gesamte Arbeitskraft in den Sport. Entgegen dem früher vertretenen Amateurgedanken des Sports bietet der professionalisierte Sport zudem z. T. hervorragende Verdienstmöglichkeiten, sodass im »Berufsfeld Sport« sowohl die Tätigkeit »Profisportler« existiert als auch eine Vielzahl an sonstigen Beschäftigungsverhältnissen im sportnahen Umfeld angesiedelt sind, z. B. als Trainer, Betreuer, Mediziner, Manager sowie Verwaltungsmitarbeiter bei großen Profivereinen und -verbänden. So sind z. B. in der Geschäftsstelle der FC Bayern München AG, dem umsatzstärksten »Sportverein« in Deutschland, etwa 150 Mitarbeiter beschäftigt.

2 Die arbeitsrechtlichen Bezüge sind folglich vielschichtig und bestimmen sich maßgeblich nach dem Grad der Professionalisierung. Ein spezifisches Arbeitsrecht für den Sport gibt es nicht,[1] vielmehr kommt das staatliche Arbeitsrecht zur Anwendung. Wenn es um die Vereinbarkeit des Sportbetriebs mit den arbeitsrechtlichen Vorgaben geht, stehen einzelne sportspezifische Konstellationen wie z. B. die Befristung von Trainer- und Spielerverträgen oder die Anstellung von Nachwuchssportlern im Blickpunkt.[2] Daneben können auch verbandsrechtliche Regelungen Einfluss auf Beschäftigungsverhältnisse im Sport haben.[3]

---

[1] Vgl. dazu Beckmann/Beckmann, SpuRt 2011, S. 236, 240, die eine Bereichsausnahme für den Profisport thematisieren.

[2] Heink, SpuRt 2011, S. 134, 137, der ein Tätigwerden des Gesetzgebers im Jugendarbeitsschutz fordert.

[3] Z. B. bei Auswirkungen von Dopingverstößen auf das Beschäftigungsverhältnis oder bei Beschränkungen durch Verbandsregelungen, z. B. bei der Vermarktung, vgl. → 9, Rdnr. 75.

II. Rechtsgrundlagen im Arbeitsrecht

Die **Rechtsgrundlagen** des Arbeitsrechts sind in verschiedenen Rechtsquellen zu finden. Für den Sport als wichtige Quellen sind zu berücksichtigen: das EU-Recht (Grundfreiheiten und Richtlinien); das Grundgesetz (insbesondere Art. 9 Abs. 3 Koalitionsfreiheit und Art. 12 Berufsfreiheit); das Dienstvertragsrecht mit den Normen des BGB; das Individualarbeitsrecht mit dem Teilzeit- und Befristungsgesetz (TzBfG, V → 36) sowie dem Bundesurlaubsgesetz (BurlG; V → 35); das Arbeitnehmerschutzrecht mit dem Arbeitszeitgesetz (ArbZG; V → 37), dem Jugendarbeitsschutzgesetz (JArbSchG; V → 38) sowie dem Kündigungsschutzgesetz (KSchG; V → 34); das Arbeitsgerichtsverfahrensgesetz (ArbGG) sowie am Rande kollektivarbeitsrechtliche Regelungen mit dem Tarifvertragsgesetz (TVG) bzw. dem Betriebsverfassungsgesetz (BetrVG). Tarifvertragliche Regelungen, die typischerweise im Arbeitsrecht eine große Rolle spielen, sind im Profisport kaum von Relevanz.[4] 3

Die Rechtsquellen stehen in einer pyramidalen Rangordnung zueinander. Wie in anderen Rechtsgebieten herrscht im Arbeitsrecht im Falle einer Normenkollision grundsätzlich das Rangordnungsprinzip, d.h., dass bei sich widersprechenden Vorschriften die auf der höheren Ebene angesiedelte Norm die im Rang niedriger stehende Regelung verdrängt. 4

Als Besonderheit des Arbeitsrechts ist jedoch das **Günstigkeitsprinzip** zu beachten. Es besagt, dass bei Normkollision die für den Arbeitnehmer jeweils günstigere Regelung anzuwenden ist und die jeweils ungünstigere verdrängt wird. So können z. B. tarifvertragliche Regelungen Vorrang vor arbeitsvertraglichen haben.

III. Dienstverhältnisse im Sport

1. Arten der Vertragsverhältnisse

Eine Tätigkeit im Sport wird durch Vertrag begründet. Bei der inhaltlichen Gestaltung sind die Vertragsparteien grundsätzlich frei (Privatautonomie). Jedoch müssen sie sich im Rahmen der verfassungsrechtlichen Grenzen bewegen; insbesondere ist die Berufsfreiheit des Art. 12 Abs. 1 GG zu beachten. 5

Ein Tätigwerden im Sport kann auf dienst-, arbeits- oder werkvertraglicher Basis ausgestaltet sein. Die Rechte und Pflichten der Vertragspartner bestimmen sich grundsätzlich nach den Vorschriften des BGB. Auf den Dienst- und Arbeits- 6

[4] Vgl. hierzu die Betrachtungen von Walker, SpuRt 2012, S. 222ff., der das Modell von Tarifverträgen für den deutschen Profifußball ins Gespräch bringt.

vertrag finden die Regelungen des Dienstvertragsrechts gem. §§ 611 ff. BGB Anwendung; die Vorschriften des Werkvertragsrechts finden sich in §§ 631 ff. BGB.

Der Dienst- oder Arbeitsvertrag hat eine persönliche und entgeltliche Leistung zum Gegenstand. Dabei ist die sportliche Betätigung geschuldet, nicht hingegen ein konkreter Erfolg. So erfüllt etwa der Fußballprofi seine Hauptleistungspflicht aus dem Arbeitsvertrag bereits durch die regelmäßige Zurverfügungstellung seiner Sportleistung im Trainings- und Spielbetrieb, unabhängig davon, ob er tatsächlich im Spiel eingesetzt wird bzw. wie seine Leistung ausfällt. Hingegen ist beim Werkvertrag im Sinne der §§ 631 ff. BGB ein bestimmter (sportlicher) Erfolg geschuldet, von dessen Eintritt dann die Vergütung abhängig ist. Diese Vertragsart ist im Sport relativ selten, da die Übernahme des Risikos der Zusicherung eines konkreten (sportlichen) Erfolgs regelmäßig nicht im Interesse des Sportlers liegen wird. Denkbar ist das für Sportler lediglich im Rahmen von Showwettkämpfen oder Rekordversuchen.

2. Abgrenzung von Dienst- und Arbeitsvertrag

7 Eine Abgrenzung, welcher Vertrag im konkreten Einzelfall vorliegt, ist notwendig, weil hieran unterschiedliche Rechtsfolgen geknüpft sind. So ergeben sich im Werkvertragsrecht beispielsweise Besonderheiten im Hinblick auf den Zeitpunkt der Fälligkeit der Vergütung (bei Abnahme des geschuldeten Erfolgs), beim Arbeitsverhältnis kommen besondere Schutznormen des Arbeitsrechts (Individualarbeitsrecht, Arbeitnehmerschutzrecht, Arbeitsverfahrensrecht, Kollektivarbeitsrecht) sowie sozial- und steuerrechtliche Verpflichtungen für den Arbeitgeber zur Geltung. Wurde kein Arbeitsverhältnis eingegangen, sind die Vorgaben des jeweiligen Vertragsverhältnisses zu berücksichtigen. Arbeits-, steuer- und sozialrechtliche Sondervorschriften sind dann nicht anwendbar.

Ob ein Sportarbeitsvertrag vorliegt oder ob der Sportler selbständig als Unternehmer tätig wird, bestimmt sich nach der Rechtsprechung des Bundesarbeitsgerichts (BAG)[5] anhand des Kriteriums der sog. Arbeitnehmereigenschaft, deren Vorliegen für jeden Einzelfall zu prüfen ist. Ein arbeitsvertragliches Verhältnis wird angenommen, wenn einer der Vertragspartner als **Arbeitnehmer** zu qualifizieren ist. Als Arbeitnehmer gilt, wer auf Grund eines privatrechtlichen Vertrags im Dienste eines anderen zur Leistung weisungsgebundener fremdbestimmter Arbeit in persönlicher Abhängigkeit gegen Vergütung verpflichtet ist.[6]

---

[5] BAG NZA 2004, S. 39 ff.

[6] BAG NZA 2004, S. 39 ff. Neben dem arbeitsrechtlichen Arbeitnehmerbegriff gibt es noch einen sozialversicherungsrechtlichen und einen steuerrechtlichen Arbeitnehmerbegriff.

Die vertraglich geschuldete Leistung ist vom Arbeitnehmer **im Rahmen einer von Dritten bestimmten Arbeitsorganisation** zu erbringen. Indizien hierfür sind die vorgegebene Einteilung der Arbeitszeit seitens des Arbeitgebers und eine enge Einbindung in die Betriebsorganisation sowie die Zurverfügungstellung der ganzen oder überwiegenden Arbeitskraft des Arbeitnehmers, der aus diesem Grund nicht für andere Arbeitgeber tätig werden darf. 8

Kennzeichen der **persönlichen Abhängigkeit** ist die Weisungsgebundenheit im Hinblick auf die geschuldete Leistung und die sonstigen Arbeitsbedingungen. Die übernommene Arbeit muss fremdgeplant und fremdnützig und von fremder Risikobereitschaft getragen sein, sodass ein unternehmerisches Risiko auf Seiten des Arbeitnehmers nicht vorliegt. 9

Die genannten Kriterien erfahren eine Konkretisierung durch den jeweils zugrundeliegenden Vertrag. Dabei gilt im Sport generell: je detaillierter der Vertrag Verpflichtungen zum Trainingsablauf und -umfang, zur Teilnahme an Wettkämpfen und auch zu außersportlichem Verhalten festlegt, desto wahrscheinlicher liegt ein Arbeitsvertrag vor. Jedoch ist jeweils der Einzelfall genau zu betrachten.

Ergibt eine Gesamtschau, dass die gennanten Voraussetzungen gegeben sind, liegt die **Arbeitnehmereigenschaft** vor und arbeitsrechtliche Sonderbestimmungen sind anwendbar. Liegen die oben genannten Voraussetzungen eines Arbeitsvertrags nicht vor, ist davon auszugehen, dass ein einfacher Dienstvertrag im Sinne des § 611 BGB abgeschlossen worden ist und arbeitsvertragliche Besonderheiten nicht berücksichtigt werden können. 10

Eine Fehleinschätzung im Hinblick auf die Arbeitnehmereigenschaft hat erhebliche Konsequenzen. Bei falscher Bewertung der Frage der Arbeitnehmereigenschaft können sich für den Arbeitgeber im Hinblick auf die Sozialversicherungspflicht und im Steuerrecht (→ *11* Rdnr. 24) Haftungsfolgen und strafrechtliche Konsequenzen ergeben, vgl. § 266a StGB.

3. Dienstverhältnisse einzelner Akteure im Sport

a) Sportler

Im Profisportbereich werden Verträge über sportliche Tätigkeiten zwischen Sportlern und – je nach Art der Organisation des Spielbetriebs – dem Verein/Verband/Unternehmen bzw. dem Veranstalter einer Sportveranstaltung geschlossen. 11

Zu unterscheiden ist zwischen Mannschafts- und Einzelsportlern. Dabei besteht überwiegend Einigkeit, dass **Mannschaftssportler** in der Regel Arbeitneh- 12 mer ihrer jeweiligen Vereine oder Verbände bzw. deren ausgegliederter Sportunternehmen[7] sind, da eine persönliche Abhängigkeit vorliegt und die einzelnen Sportler sowohl im Hinblick auf vorgegebene Trainings- und Wettkampfzeiten als auch auf andere Aktivitäten (z.B. Pressetermine, Autogrammstunden etc.) weisungsgebunden sind.

13 Bei **Einzelsportlern** (z.B. Boxer, Golfer, Tennisspieler, Leichtathleten oder Reiter) ist die Einordnung als Arbeitnehmer oder Selbständiger schwieriger. Sie hängt wiederum stark vom Einzelfall ab. In der Regel werden Einzelsportler jedoch als Selbständige einzuordnen sein. Es fehlt jedenfalls an weisungsgebundener, fremdbestimmter Arbeit in persönlicher Abhängigkeit, wenn Einzelsportler in der Planung ihre Trainings- und Wettkampfgestaltung unabhängig sind, insbesondere wenn sie ihrer Trainingsabläufe und -umfänge eigenständig festlegen und zudem eigene Entscheidungen über die Teilnahme an Wettkämpfen und Turnieren treffen. Weitere Indizien können sein, dass sie rechtliche Bindungen mit Sportveranstaltern nur für einzelne Termine eingehen und sich verpflichten, lediglich an bestimmten Einzelwettkämpfen (z.B. Leichtathletikmeeting, Boxkampf) teilzunehmen. Dass dies im Einzelfall in Abstimmung mit persönlichen Trainern oder Managern geschieht, steht einer selbständigen Tätigkeit nicht entgegen, da diese häufig von den Athleten selbst engagiert sind. Ein Abhängigkeitsverhältnis zu einem potentiellen Arbeitgeber liegt dann nicht vor, sodass Einzelsportler in diesen Fällen lediglich reine Dienstverträge im Sinne der § 611 ff. BGB mit Verbänden oder Veranstaltern eingehen.

14 Anders gestaltet sich der Fall, wenn **Einzelsportler** sich verpflichten, für einen Verein oder Verband bzw. einen Rennstall (z.B. Motorsport, Radrennsport, Skisport) **im Team** anzutreten. Ob dabei eine Weisungsgebundenheit bzw. Abhängigkeit des Sportlers vorliegt, kann lediglich anhand der jeweiligen organisatorischen und vermarktungsstrategischen Rahmenbedingungen beurteilt werden. Die Arbeitnehmereigenschaft ist regelmäßig anzunehmen. Dafür spricht insbesondere die fehlende Möglichkeit des Sportlers, selbst zu entscheiden, wo und wann er an einem Wettkampf teilnehmen will.[8] Ein weiteres Argument ist die Zurverfügungstellung und das Instandhalten technischer Hilfsmittel durch das jeweilige Team sowie die organisatorische Eingliederung in einen bestimmten Zeitrahmen von Trainingsbetrieb, Wettkampf und Sponsorenterminen.[9]

---

[7] Vgl. für den Fußball: BGH SpuRt 2002, S. 240 ff.

[8] ArbG Bielefeld, NZA 1989, S. 966 ff.

[9] Vgl. etwa die Strukturen im professionellen Rad- und Motorsport; so auch: BAG SpuRt 2003, S. 120 f.

b) Trainer und sonstige im Sport Tätige

Bei Verträgen zwischen Trainern und Verein/Verband bzw. Sportunternehmen 15
handelt es sich in der Regel um Dienst- oder Arbeitsverträge. Die allgemeinen Grundsätze für das Vorliegen der Arbeitnehmereigenschaft sind anzuwenden (privatrechtlicher Vertrag, Dienst für einen Anderen, persönliche Abhängigkeit). Wie der Sportler ist der im Ligasport tätige Trainer in einer Mannschaftssportart regelmäßig Arbeitnehmer. Dem steht nicht entgegen, dass er selbst gegenüber den Sportlern das Direktionsrecht ausübt, d.h., u.a. Trainingszeiten, -umfänge und -ausrichtung selbst festlegen kann.[10]

Jedoch hat sich vor allem im Profifußball in den letzten Jahren die Tendenz herausgebildet, dass Cheftrainer in Personalunion auch das Amt des Managers bzw. Sportdirektors in einem Verein innehaben. In dieser Funktion trifft der Trainer zwangsläufig auch Personalentscheidungen, so dass er in diesem Fall als Selbständiger in Person eines leitenden Angestellten eingeordnet werden kann. Leitender Angestellter ist gem. § 5 Betriebsverfassungsgesetz (BetrVG), wer nach Arbeitsvertrag und Stellung im Unternehmen oder im Betrieb zur selbständigen Einstellung und Entlassung von im Betrieb oder in der Betriebsabteilung beschäftigten Arbeitnehmern berechtigt ist oder Generalvollmacht oder Prokura hat und die Prokura auch im Verhältnis zum Arbeitgeber nicht unbedeutend ist oder regelmäßig sonstige Aufgaben wahrnimmt, die für den Bestand und die Entwicklung des Unternehmens oder eines Betriebs von Bedeutung sind.

Beim Trainer eines Einzelathleten hängt die rechtliche Bewertung, ob eine Arbeitnehmereigenschaft vorliegt, vom Einzelfall ab. Je nach individueller Ausgestaltung der Tätigkeit wird die Arbeitnehmereigenschaft zum Teil bejaht oder verneint.

Bei den weiteren im Sport Tätigen (z.B. medizinische Betreuer, Manager, Verwaltungsangestellte, Platzwarte etc.) sind die allgemeinen arbeitsrechtlichen Grundsätze ebenso anzuwenden. Auch hier sind die Intensität der Weisungsabhängigkeit und die Eingliederung in den Betrieb bzw. das eigene unternehmerische Risiko Anhaltspunkte dafür, ob ein arbeitsvertragliches Verhältnis oder Selbständigkeit vorliegen.

---

[10] So auch Borggräfe, SpuRt 2006, S. 233 ff.

IV. Pflichten aus dem Sportarbeitsvertrag

16 Hauptpflichten des beidseitigen Sportarbeitsvertrags sind die Erbringung einer sportlichen Leistung auf Seiten des Athleten sowie die Vergütung auf Seiten des Arbeitgebers. Darüber hinaus werden in der Praxis zahlreiche Nebenabreden getroffen, z. B. über die Vermarktung von Persönlichkeitsrechten usw.

1. Primärpflichten aus dem Sportarbeitsvertrags

17 Der Arbeitgeber hat gegenüber dem Sportler oder Trainer einen **Anspruch auf Erbringung der vereinbarten Leistung** gem. § 611 Abs. 1 BGB. Diese muss persönlich und in Vorleistung erbracht werden, §§ 613, 614 BGB. In welchem Zeitraum dies geschieht, ist im Sport – anders als im »normalen« Arbeitsleben – nicht maßgeblich, weil die Vergütung nicht an einen bestimmten zeitlichen Rahmen geknüpft ist, da dies den individuellen Trainings- und Wettkampferfordernissen widersprechen würde.

Die **Ansprüche des Arbeitnehmers auf Vergütung** ergeben sich für den Sportler oder Trainer aus § 611 BGB in Verbindung mit den jeweiligen arbeitsvertraglichen Regelungen. Bei Mannschaftssportarten setzt sich die Vergütung in der Regel aus Grundgehalt und leistungsabhängigen **Prämien** zusammen; bei Einzelsportarten werden demgegenüber häufig Antritts- und Siegprämien gezahlt. Zu den Primärpflichten des Arbeitgebers zählen auch die Vergütung im Krankheitsfall gem. § 616 BGB, § 3 Entgeltfortzahlungsgesetz (EFZG) und die Urlaubsvergütung, § 11 Abs. 1 BUrlG.

18 Aus dem Arbeitsvertrag ergibt sich für den Sportler oder Trainer außerdem ein **Anspruch auf Beschäftigung.** Ein solcher Anspruch ist zwar nicht im Gesetz vorgesehen, wird jedoch mit dem Argument, dass Beschäftigung ein Teil der Persönlichkeitsentwicklung ist, aus dem allgemeinen Persönlichkeitsrecht gem. Art. 2 Abs. 1 i. V. m. Art. 1 Abs. 1 GG abgeleitet. Bei Berufssportlern ist das Beschäftigungsinteresse regelmäßig vorhanden, zum einen aus immateriellen Gründen wie der Aufrechterhaltung eines bestimmten Marktwerts etc. sowie aus wirtschaftlichen Gründen. Daher besteht ein Anspruch dem Grunde nach. Unklar ist, auf welche Betätigungsfelder er ausgedehnt werden kann. Bei Mannschaftsportlern umfasst der Beschäftigungsanspruch die Teilnahme an einem Training auf dem Niveau der Profimannschaft, nicht jedoch am Spielbetrieb.[11] Die Entscheidung über die jeweilige Aufstellung der Spieler unterfällt hier dem Direktionsrecht des Trainers und ist durch das Ziel, das sportlich beste Ergebnis

[11] BAG NJW 1986, S. 2904 f.; ArbG Solingen SpuRt 1997, S. 98 ff.

zu erzielen, gerechtfertigt. Der Einzelsportler, der arbeitsvertraglich gebunden ist, kann hingegen aus dem Beschäftigungsverhältnis einen Anspruch auf regelmäßige Teilnahme am Training und am Wettkampfbetrieb ableiten.[12]

2. Sekundärpflichten aus dem Sportarbeitsvertrag

Gem. §§ 617, 618 BGB hat der Arbeitgeber besondere **Fürsorgepflichten** im Bereich der Kranken- und Gesundheitsvorsorge. Er ist dem Sportler gegenüber zum Schutz vor gesundheitlichen Gefahren verpflichtet. Das umfasst die Gewährleistung geeigneter Trainingsbedingungen sowie die Bereitstellung von Trainingsmaterialien. Daneben zählt auch die Beobachtung der Intensität des Trainings und einer möglichen mentalen Belastung zur Fürsorgepflicht des Arbeitgebers. So gehen vor allem die Arbeitgeber im Profifußball in letzter Zeit verstärkt auf die individuellen Bedürfnisse der Beschäftigten ein.[13] 19

Nebenpflicht des Sportlers wie des Trainers ist die **Treuepflicht** gegenüber dem Arbeitgeber. Diese umfasst in der Regel die Bereitschaft, für repräsentative Zwecke des Vereins und Verbands zur Verfügung zu stehen. Ob daraus eine Verpflichtung zur Werbeleistung für den Arbeitgeber abgeleitet werden kann, ist umstritten.[14] Die überwiegende Meinung möchte richtigerweise die Treuepflicht wegen der fehlenden Abgrenzbarkeit zwischen übertragbaren und beim Sportler verbleibenden Vermarktungsrechten nicht zu einer generellen Erweiterung des Rechtskreises des Arbeitgebers auf die ökonomisch geprägte Frage der Vermarktung ohne die ausdrückliche Zustimmung des Sportlers ausdehnen.[15] 20

Der Arbeitsvertrag sowie gesetzliche Vorgaben bestimmen zudem den Urlaub des Arbeitnehmers. Einen Anspruch auf gesetzlichen **Urlaub** kann der Sportler – sofern er Arbeitnehmer ist – aus dem BurlG (→ V 35) ableiten, ohne dass sein Anspruch auf Fortzahlung des Entgelts erlischt, § 11 Abs. 1 BUrlG. Dabei sind die besonderen Trainings- und Wettkampfzeiten zu berücksichtigen, in denen der Arbeitgeber im Sport gem. § 7 Abs. 1 Satz 1 BUrlG berechtigt ist, Urlaubssperren festzulegen. Allerdings darf durch den Arbeitsvertrag nicht zum Nachteil des Arbeitnehmers von den Vorgaben des BUrlG abgewichen werden. 21

---

[12] Fritzweiler, PHB SportR, 3, Rdnr. 37.

[13] Hannover 96 hat 2012 z. B. seinem Sportdirektor Jörg Schmatke ein Teilzeitarbeitsmodell ermöglicht.

[14] Fritzweiler, PHB SportR, 3, Rdnr. 24 ff.

[15] Vgl. Wüterich/Breucker, § 11, Rdnr. 339.

3. Sanktions- und Direktionsrecht des Arbeitgebers

22 Im Rahmen des Arbeitsverhältnisses unterliegt der Sportler dem **Direktionsrecht** seines Arbeitgebers. D.h., der Arbeitgeber kann dem Sportler konkrete Weisungen erteilen, an die dieser gebunden ist. Allerdings ist das Direktionsrecht auf Seiten des Arbeitgebers durch seine Fürsorgepflicht dem Athleten gegenüber gem. §§ 617, 618 BGB eingeschränkt. Darüber hinaus kann es ein vertraglich vereinbartes **Sanktionsrecht** geben, mit dessen Hilfe versucht wird die Sportler durch zusätzliche negative Impulse zu mehr Disziplin zu animieren. Dieses Ziel wird regelmäßig mit Hilfe von Vertragsstrafen umgesetzt.

23 **Vertragsstrafen** sind gem. § 339 BGB vertraglich vereinbarte Sanktionen für den Fall, dass der Schuldner eine Verbindlichkeit nicht oder nicht in gehöriger Weise erfüllt. Vertragsstrafen sind streng von Strafen im Sinne des staatlichen Strafrechts zu unterscheiden. Im Sport können sie im Rahmen von arbeitsvertraglichen Pflichtverletzungen fällig werden. Neben Geldstrafen sind auch Verweise oder Ausschlüsse von Vereinsveranstaltungen als Strafen anerkannt. Das BAG hat Vertragsstrafen für zulässig erachtet, selbst wenn sie formularmäßig in einen Musterarbeitsvertrag eingearbeitet sind, wie das z. B. in § 14 des Musterarbeitsvertrags der Deutschen Fußballliga (DFL) der Fall ist.[16] Voraussetzung ist, dass die Strafe hinreichend konkretisiert ist,[17] die Strafhöhe verhältnismäßig zur Verfehlung ausfällt,[18] ein Verstoß zweifelsfrei feststeht und dass eine gewisse Schwere der Verfehlung erreicht ist.[19]

V. Ansprüche bei Verletzungen von Pflichten aus dem Sportarbeitsvertrag

24 Bei Vertragspflichtverletzungen im Arbeitsrecht sind die allgemeinen schuldrechtlichen Vorschriften des Leistungsstörungsrechts im BGB anzuwenden. Eine Pflichtverletzung ist die Missachtung vertraglicher Pflichten durch Schlecht- oder Nichtleistung.

Bei **Pflichtverletzungen** des Vereins oder Verbands als Arbeitgeber besteht für den Sportler oder Trainer als Arbeitnehmer ein Schadensersatzanspruch gem.

[16] BAG, NZA 1992, S. 215, 216.

[17] Hieran bestehen im Hinblick auf den Musterarbeitsvertrag der DFL wegen fehlender Bestimmtheit, wann welche Strafe verwirklicht sein soll, berechtigte Zweifel, vgl. Schütz, SpuRt 2011, S. 56 ff.; LAG Düsseldorf, SpuRt 2008, S. 214 ff.; ArbG Berlin, SpuRt 2010, S. 168 ff.

[18] Nesemann, NJW 2007, S. 2083, 2085.

[19] Rüsing, S. 68.

§§ 280 ff. BGB. Vereine oder Verbände haften dabei grundsätzlich gem. § 249 Abs. 1 BGB dergestalt, dass sie den Zustand wieder herzustellen haben, der bestehen würde, wenn das zum Schaden führende Ereignis nicht eingetreten wäre. Ist die Wiederherstellung nicht mehr möglich, ist gem. § 251 BGB Geldentschädigung zu leisten. Ergänzend werden die speziellen dienstvertraglichen Vorschriften der §§ 615–619a BGB herangezogen.

Auf Seiten des Arbeitgebers ergeben sich bei Pflichtverletzungen des Sportlers 25
mehrere Handlungsmöglichkeiten: Er kann diesen abmahnen und bei Wiederholung kündigen, die Gehaltszahlung einstellen, Schadensersatzansprüche geltend machen oder eine Vertragsstrafe verhängen. Zu unterscheiden ist dabei zwischen Schlecht- und Nichtleistung. Letztere liegt z. B. vor, wenn der Sportler trotz vertraglicher Vereinbarung zu einem bestimmten Wettkampf nicht antritt und dies zu verschulden hat. Der Arbeitgeber wird dann gem. § 326 Abs. 1 BGB von der Vergütungspflicht befreit und kann zudem Schadensersatzansprüche gem. §§ 280 Abs. 1 und 2, 283 BGB geltend machen. Ein häufiger Fall der schuldhaften Nichtleistung im Profisport ist das nicht abgesprochene verspätete Wiederkehren aus dem Urlaub, was Trainings- und ggfs. Wettkampfausfälle zur Folge hat. Hier sind in der Regel vereinsinterne Sanktionen die Folge. In einigen seltenen Fällen kommt es auch zur Arbeitsverweigerung durch den Sportler, um die Freigabe für einen anderen Verein zu erzwingen. Hier steht dem Arbeitgeber ein Kündigungsrecht aus wichtigem Grund[20] gem. § 626 BGB zu. Allerdings machen sich insbesondere Fußballer hier ihre Position zu Nutze, die aus dem Bestreben und der ökonomischen Verpflichtung der Vereine resultiert, von einer fristlosen Kündigung abzusehen, um noch eine Transferentschädigung zu erzielen.[21] Zumindest ist vom Arbeitgeber gem. § 326 Abs. 1 BGB für diesen Zeitraum keine Vergütung zu zahlen; auch kann ein Schadensersatzanspruch statt der Leistung gem. §§ 275 Abs. 4, 280 Abs. 1, 283, 249 ff. BGB durch den Arbeitgeber geltend gemacht werden, wenn ein Spieler die Leistung endgültig verweigert.

Resultiert die **Nichtleistung** dagegen aus einer Wettkampfsperre (z. B. infolge 26
eines Platzverweises) liegt keine Pflichtverletzung vor, da es sich bei den zugrunde liegenden Regeln um Verbandsnormen handelt, denen es an der Normqualität im Sinne staatlichen Rechts fehlt. Anders ist der Fall bei Wettkampfsperren wegen Dopingverstößen zu bewerten, denen regelmäßig eine Pflichtverletzung zugrunde liegt.

---

[20] Arbeitsverweigerung ist als wichtiger Grund im Sinne von § 626 BGB anerkannt, vgl. Rüsing/Schmülling, SpuRt 2001, S. 54 ff.

[21] Schütz, SpuRt 2011, S. 54 ff.

Problematisch ist die Geltendmachung eines Schadensersatzanspruchs des Arbeitgebers bei **Schlechtleistung**, da im Sport das konstante Abrufen einer bestimmten Leistung selten möglich ist. Der Nachweis einer Pflichtverletzung aufgrund mangelnder sportlicher Leistung ist für den Arbeitgeber kaum zu führen.[22] Das ergibt sich daraus, dass den Arbeitgeber die Darlegungs- und Beweislast hinsichtlich eines Verschuldens trifft, § 619a, BGB und die tatsächlichen Ursachen für ein sportliches »Formtief« im Regelfall kaum umfassend zu ermitteln sind.

VI. Dauer und Beendigung des Sportarbeitsvertrags

27 Das Gesetz geht davon aus, dass Arbeitsverträge grundsätzlich auf unbestimmte Zeit geschlossen werden. Im Sport ist es hingegen allgemein üblich, Verträge mit den Angestellten des Vereins zu befristen,[23] was aufgrund der Privatautonomie zulässig ist. Sportarbeitsverträge enden demnach in der Regel durch Fristablauf oder Kündigung.

1. Kündigung

28 Arbeitgeber wie Arbeitnehmer haben die Möglichkeit zur Kündigung. Die Kündigung bedarf gem. § 623 BGB der Schriftform und wird durch Zugang der Erklärung gem. § 130 BGB wirksam. Man unterscheidet zwischen ordentlicher und außerordentlicher Kündigung.

Die **ordentliche Kündigung** beendet das unbefristete Vertragsverhältnis unter Beachtung einer Kündigungsfrist zum Zeitpunkt des Ablaufs der Kündigungsfrist. Sie ist in § 622 BGB geregelt und bestimmt sich jeweils nach der Dauer des Arbeitsverhältnisses. Als Kündigungsgründe für den Arbeitgeber sind gem. § 1 Kündigungsschutzgesetz (KSchG; V → 34) die verhaltensbedingte, die personenbedingte und die betriebsbedingte Kündigung vorgesehen. Wegen der gängigen Praxis im Sport, überwiegend befristete Verträge zu schließen, spielt die ordentliche Kündigung wegen § 620 Abs. 2 BGB, wonach nur in einem unbefristeten Arbeitsvertrag ordentlich gekündigt werden darf, eine untergeordnete Rolle.

29 Ungeachtet ihrer Einordnung als ordentliche (betriebsbedingte)[24] oder außerordentliche Kündigung (»Kündigung sui generis«[25]), ist im Sport die so genannte

---

[22] Fritzweiler, PHB SportR, 3, Rdnr. 42.
[23] Vgl. Kindler, NZA 2000, S. 744, 747.
[24] BAG NZA 1987, S. 21, 23.
[25] Wüterich/Breucker, Rdnr. 198.

»**Druckkündigung**« beachtenswert. Voraussetzung ist, dass von einem »sportspezifischen« Dritten Nachteile in einem konkreten Fall angedroht werden, um die Entlassung eines bestimmten Arbeitnehmers durchzusetzen.[26] Als solche kommen z. B. geplante Aktionen von Fans aus Verärgerung über einen Sportler bzw. die Drohungen wichtiger Sponsoren, im Fall des Fortbestands eines Arbeitsverhältnisses mit einem bestimmten Sportler, ihr weiteres Engagement zu verweigern, in Betracht. Bei Trainerentlassungen, die allein wegen »sportlichen Misserfolgs« vollzogen werden, liegen dagegen trotz gelegentlich anders lautender Behauptungen der Vereine keine Druckkündigungen vor.[27]

Die **außerordentliche Kündigung** ermöglicht die sofortige Beendigung eines 30
Arbeitsverhältnisses aus wichtigem Grund, wenn dem kündigenden Vertragspartner die Fortsetzung des Arbeitsvertrags unzumutbar ist. Die Erklärung des wichtigen Grunds muss der Arbeitgeber innerhalb von zwei Wochen nach Kenntnis geltend machen, § 622 Abs. 2 BGB.

Wann ein wichtiger Grund vorliegt, hängt vom Einzelfall ab. Im Unterschied zur ordentlichen Kündigung ist bei der außerordentlichen Kündigung eines befristeten Vertrags eine doppelte Unzumutbarkeitsprüfung vorzunehmen: Sowohl die generelle Fortsetzung des Arbeitsverhältnisses als auch das Abwarten der nächstmöglich regulären Beendigungsmöglichkeit muss für den Arbeitgeber unzumutbar sein.[28] Die Zumutbarkeit hängt damit wesentlich vom vereinbarten Befristungsende ab.[29]

Eine außerordentliche Kündigung kann bei Haupt- oder Nebenpflichtverletzungen aus dem Arbeitsvertrag ausgesprochen werden, nicht jedoch bei sportlichem Misserfolg, da durch den Dienstvertrag ein bestimmter Erfolg gerade nicht geschuldet ist. Da die außerordentliche Kündigung ultima ratio (letztes Mittel) ist, muss der Arbeitgeber vorab alternative Sanktionsmöglichkeiten, insbesondere die Abmahnung, prüfen.

Anerkannt als Kündigungsgrund, der keiner vorherigen Abmahnung bedarf, 31
ist **Doping**.[30] Umstritten ist, ob sich aus der Verletzung einer Anti-Doping-Klausel im Arbeitsvertrag selbst bereits ein Kündigungsgrund herleiten lässt, da eine Kündigung wegen der abschließenden Regelung von Kündigungsgründen in § 626 BGB unzulässig sein könnte.[31] Im Ergebnis liegt in der Regel eine Vertrags-

---

[26] ArbG Berlin, SpuRt 2010, S. 168, 169.

[27] Vgl. Wüterich/Breucker, Rdnr. 495.

[28] Teschner, NZA 2001, S. 1233, 1234.

[29] BAG, NZA 2001, S. 277, 279.

[30] Vgl. Teschner, NZA 2001, S. 1233, 1234.

[31] So Techner NZA 2001, S. 1233, 1235 in Anlehnung an: BAG, NJW 1974, S. 1155; Wüterich/Breucker, Rdnr. 466; Horst/Persch, Handbuch Sportrecht, S. 180.

pflichtverletzung des Arbeitnehmers durch den Verstoß gegen verbandsrechtliche Anti-Doping-Regeln vor, an die auch der Arbeitgeber als Verein gebunden ist. Bei Dopingverstößen ist zudem vor Öffnung der sog. B-Probe eine **Verdachtskündigung** zulässig,[32] wenn der Verdacht einer arbeitsrechtlichen Verfehlung des Arbeitnehmers so weit erhärtet ist, dass er das Arbeitnehmer und Arbeitgeber verbindende Vertrauensverhältnis zerstört und dem Arbeitgeber eine Weiterbeschäftigung bis zur Aufklärung des Verdachts nicht zuzumuten ist. Voraussetzung ist dabei, dass sich der Verdacht auf objektive Tatsachen gründet und sich nicht ausräumen lässt, obwohl der Arbeitgeber seinerseits alles Erforderliche zur Sachverhaltsaufklärung unternommen hat und dem Arbeitnehmer auch Gelegenheit gegeben hat, sich zu der Angelegenheit zu äußern.[33]

2. Befristung

32 Ein befristeter Arbeitsvertrag ist im Profisport die Regel. Das widerspricht dem gesetzlich geschützten Interesse des Arbeitnehmers am dauerhaften Bestand seines Arbeitsverhältnisses und ist daher vom Gesetz durch das TzBfG (V → 36) eingeschränkt. Gem. § 14 Abs. 1 S. 1 TzBfG ist die Befristung wegen der sonst drohenden Umgehung des Kündigungsschutzes grundsätzlich durch einen **sachlichen Grund** zu rechtfertigen. Ausnahmen vom Sachgrunderfordernis regeln § 14 Abs. 2, 2a, 3 TzBfG. Darüber hinaus bedarf die Befristung eines Arbeitsvertrags zu ihrer Wirksamkeit der **Schriftform**, § 14 Abs. 4 TzBfG. Das TzBfG enthält in § 14 Abs. 1 S. 2 einen Katalog von Sachgründen, der jedoch nicht abschließend ist. Sportrelevant sind insbesondere die Nummern 3, 4 und 6 des § 14 Abs. 1 Satz 2 TzBfG.

a) Vertretung eines anderen Arbeitnehmers

33 Gem. § 14 Abs. 1 Satz 2 Nr. 3 TzBfG liegt ein sachlicher Grund zur Befristung vor, wenn ein Arbeitnehmer zur Vertretung eines anderen Arbeitnehmers beschäftigt wird. Diese Konstellation ist im Profisport, vor allem im Mannschaftssport denkbar, wenn es zu verletzungsbedingten Ausfällen bestimmter Spieler kommt, die durch kurzfristige Neuzugänge vorübergehend ersetzt werden sollen.[34]

---

[32] Horst/Persch, Handbuch Sportrecht, S. 182.
[33] Müller-Glöge, in: ErfK, § 626, Rdnr. 177 f.
[34] Beckmann/Beckmann, SpuRt 2011, S. 236, 238.

b) Eigenart der Arbeitsleistung

Gem. § 14 Abs. 1 Satz 2 Nr. 4 TzBfG rechtfertigt auch die Eigenart der Arbeitsleistung eine Befristung. Innerhalb dieses Sammeltatbestands ist zwischen dem sog. **Verschleißtatbestand**[35] und dem Wechselbedürfnis der Öffentlichkeit zu unterscheiden. 34

Der von der Rechtsprechung des BAG geprägte Verschleißtatbestand kommt vor allem bei der Befristung von Arbeitsverträgen mit Trainern in Betracht. Als »Verschleiß« ist dabei die Gefahr zu verstehen, dass die Fähigkeit des Trainers zur weiteren Motivation der anvertrauten Spieler nachlässt.[36] Allerdings ist fraglich, ob diese Gefahr als Befristungsgrund geeignet ist. Zweifel hieran sind zu Recht wegen der schwer herzustellenden Kausalität zwischen Verantwortung des Trainers und sportlichem Erfolg,[37] der Unbestimmtheit des Begriffs »Verschleiß«[38] sowie einer Vielzahl prominenter Gegenbeispiele dargelegt worden.

Umstritten ist auch, ob das aus dem Unterhaltungsbereich abgeleitete **Abwechslungsbedürfnis der Öffentlichkeit** als Befristungsgrund im Sinne des § 14 Abs. 1 Satz 2 Nr. 4 TzBfG geeignet ist. Das Landesarbeitsgericht Nürnberg hat dies für den Fußball angenommen, mit der Begründung, dass das Publikum nach einer gewissen Zeit eine Änderung der »Fußballshow« wünsche.[39] Hier verbleiben jedoch zu Recht Zweifel, denn das primäre Interesse der Fans gilt dem Erfolg der unterstützten Mannschaft, was durch ein ständiges Auswechseln des Personals konterkariert würde.[40] 35

c) Gründe in der Person des Arbeitnehmers

Gem. § 14 Abs. 1 Satz 2 Nr. 6 TzBfG können auch in der Person des Arbeitnehmers liegende Gründe eine Befristung rechtfertigen. Nach Auffassung des BAG kommt hiernach als Sachgrund für die auflösende Bedingung oder Befristung eines Trainervertrags auch der ausdrücklich geäußerte Wunsch des Trainers in Betracht, den Vertrag zu befristen oder an eine auflösende Bedingung zu knüp- 36

---

35 BAG SpuRt 1996, S. 21 ff.; BAG NZA 1999, S. 646 ff.

36 BAG SpuRt 1999, S. 253 ff.

37 Horst/Persch, Handbuch Sportrecht, S. 175; Horst/Persch, RdA 2006, S. 166, 168.

38 Beckmann/Beckmann, SpuRt 2011, S. 236, 239.

39 LAG Nürnberg, SpuRt 2010, S. 33; 34, so auch Wüterich/Breucker, Rdnr. 429, die eine gewisse Popularität und eine nebenvertragliche Pflicht zum Repräsentieren zur Voraussetzung machen.

40 Beckmann/Beckmann, SpuRt 2011, S. 236, 239, die die Sportlerweisheit »Never change a winning team« dagegenhalten.

fen.[41] In diesem Zusammenhang wird auch Sportlern ein Interesse attestiert, von Zeit zu Zeit den Verein zu wechseln, um neue Erfahrungen zu sammeln bzw. den eigenen Marktwert zu erhöhen. Allerdings widerspricht dieses Interesse nicht dem gesetzlichen Schutz der grundsätzlich befristungsfreien Sicherung des Arbeitsplatzes. Entscheidend und wohl zu verneinen ist die Frage, ob Athleten oder Trainer auch im Falle eines Angebotes auf Abschluss eines unbefristeten Vertrags nur ein befristetes Arbeitsverhältnis vereinbart hätten.[42]

VII. Arbeitnehmerschutz im Sport

37 Das Arbeitnehmerschutzrecht bildet den Kern des Arbeitsrechts. Hierdurch soll der Arbeitnehmer gesetzlichen Schutz vor Abhängigkeit vom Arbeitgeber erfahren. Allerdings gestaltet es sich schwierig, die bestehenden Arbeitnehmerschutzvorschriften, insbes. im Arbeitszeitschutz und im Jugendarbeitsschutz, mit den Anforderungen des professionellen Sports in Einklang zu bringen.

1. Arbeitszeitschutz im Sport

38 Erwähnung findet der Sport im ArbZG (V → 37) lediglich in § 10 Nr. 7, der Sportler vom Verbot der Sonntagsarbeit befreit. Weitere sportspezifische Regelungen sind nicht enthalten, sodass die allgemeinen Vorschriften zur Anwendung kommen.

Gem. § 2 Abs. 1 ArbZG ist **Arbeitszeit** die Zeit, die zwischen Beginn und Ende der Arbeit liegt, ohne Berücksichtigung von Ruhepausen. Sie soll an Werktagen acht Stunden nicht überschreiten und nur in Ausnamefällen zehn Stunden betragen (vgl. § 3 Satz 1, 2 ArbZG). Dies ist für heute aktive Profisportler nicht einzuhalten, sodass es hier regelmäßig zu Verstößen gegen das Arbeitszeitgesetz kommt, ohne dass in der Praxis oder Gesetzgebung bislang hierauf erkennbar reagiert worden ist.

2. Jugendarbeitsschutz im Sport

39 Durch gezielte Förderung im Kinder- und Jugendalter steigt die Zahl der erfolgreichen minderjährigen Sportler stetig an und sorgt insbesondere durch vertrag-

[41] BAG SpuRt 2003, S. 122, 124.

[42] Beckmann/Beckmann, SpuRt 2011, S. 236, 240; Dieterich NZA 2000, S. 857 ff.; Bauer/Pulz, SpuRt 2001, S. 56, 58.

liche Bindungen von jungen Fußballtalenten unter 15 Jahren immer wieder für Diskussionen. Neben dieser vordergründig moralischen Debatte, die sich an den verfassungsrechtlichen Vorgaben des Art. 6 Abs. 2 Satz 1 GG (Erziehungsrecht der Eltern) orientieren muss, sind einfachgesetzliche Regelungen zu berücksichtigen. Fraglich ist insoweit, ob die im Profisport erforderlichen Trainingsumfänge sowie Verpflichtungen zu Wettkämpfen zu reisen und Termine für Präsentation und Vermarktung wahrzunehmen, mit den Anforderungen des Jugendarbeitsschutzes zu vereinbaren sind.

Das JArbSchG (V → 38) findet Anwendung auf die Beschäftigung von Personen, die noch nicht 18 Jahre alt sind, § 1. Das Gesetz stellt u. a. konkrete Anforderungen an die Beschäftigungsdauer, den Umfang von Ruhepausen und Freizeit sowie an die Nachtruhe von Jugendlichen. Gem. § 8 Abs. 1 JArbSchG dürfen Jugendliche nicht mehr als acht Stunden täglich und nicht mehr als 40 Stunden wöchentlich beschäftigt werden. Eine ununterbrochene Beschäftigung darf höchstens viereinhalb Stunden andauern, dann sind Pausen einzuhalten (§ 11 Abs. 2 Satz 2 JArbSchG); nach Beendigung der Beschäftigung muss eine mindestens zwölfstündige Freizeit für den Jugendlichen gewährt werden, § 13 JArbSchG. Gem. 14 Abs. 1 JArbSchG dürfen Jugendliche zudem nur in der Zeit von 6 bis 20 Uhr beschäftigt werden.

Diese Anforderungen sind mit der Zeitstruktur des professionalisierten Leis- 40
tungssports nicht zu vereinen, sodass es auch hier regelmäßig zu Verstößen kommt. Zwar sieht das Gesetz konkrete Ausnahmen für die Beschäftigungszeit und das Nachtarbeitsverbot vor, allerdings greifen diese im Sport nicht. Die Kompensationsmöglichkeit des § 8 Abs. 2, 2a JArbSchG ist nicht einschlägig, da hierdurch lediglich eine Verschiebung der Beschäftigungszeit bei gleichbleibender Maximalwochenbeschäftigungsdauer von 40 Stunden vorgesehen ist. § 14 Abs. 7 JArbSchG normiert konkrete Veranstaltungen, bei denen eine gestaltende Mitwirkung Jugendlicher bis 23 Uhr erlaubt ist. Bei dieser abschließenden Aufzählung fehlt jedoch der Sport. Auch eine Subsumtion des Sports unter die »andere Aufführung« im Sinne des § 14 abs. 7 JArbSchG scheitert bereits daran, dass das Gesetz aufgrund seines Schutzzwecks eng auszulegen ist.[43]

3. Kündigungsschutz

Für Arbeitnehmer im Sport kann der Kündigungsschutz (KSchG, V → 34) grei- 41
fen. Voraussetzung ist, dass der Arbeitgeber regelmäßig fünf Arbeitnehmer be-

[43] Vgl. den Fall des damals 17jährigen Julian Draxler, der im Pokal-Spiel Schalke 04 gegen 1. FC Nürnberg nach 20 Uhr den Siegtreffer erzielte, Gutzeit/Vrban, SpuRt 2011, S. 61 ff.

schäftigt, § 23 Abs. 1 Satz 3 KSchG und dass die Voraussetzungen des § 1 Abs. 1 KSchG vorliegen. Danach ist die Kündigung eines Arbeitnehmers, dessen Arbeitsverhältnis in demselben Betrieb oder Unternehmen ohne Unterbrechung länger als sechs Monate bestanden hat, rechtsunwirksam, wenn sie sozial ungerechtfertigt ist. Neben Arbeitnehmern genießen auch leitende Angestellte den Schutz des KSchG, § 14 Abs. 2 S. 1, im Gegensatz zu gesetzlichen Vertretern einer juristischen Person (z. B. Vorstände eines Vereins, Geschäftsführer einer GmbH), § 14 Abs. 1 Nr. 1 KSchG.

Der Schutz des KSchG greift aber nur, wenn eine **Sozialwidrigkeit** der Kündigung innerhalb von drei Wochen nach deren Zugang geltend gemacht wird, §§ 4, 7 KSchG.

Gem. § 1 Abs. 2, 3 KSchG muss eine ordentliche Kündigung sozial gerechtfertigt sein. Ob dies anzunehmen ist, muss im Einzelfall abgewogen werden. Zu unterscheiden ist auch hierbei zwischen personenbedingter, verhaltensbedingter und betriebsbedingter Kündigung. Liegt kein rechtfertigender Grund vor, ist die Kündigung unwirksam.

Arbeitsrecht im Sport kompakt

- Das staatliche Dienst- und Arbeitsrecht findet im Sport Anwendung. Ein spezifisches Arbeitsrecht für den Sport gibt es nicht.
- Tätigkeiten im Sport werden durch Vertrag begründet. Es sind verschiedene Vertragsverhältnisse möglich, häufig werden Dienst- oder Arbeitsverträge geschlossen.
- Ob ein Dienst- oder Arbeitsverhältnis vorliegt, ist nicht immer leicht zu bestimmen und für jeden Einzelfall gesondert zu prüfen. Zur Abgrenzung dient die Frage, ob die Arbeitnehmereigenschaft besteht.
- Die Beendigung eines Arbeitsvertrags kann durch Kündigung erfolgen. Daneben werden im Sport häufig befristete Arbeitsverträge geschlossen, sodass Sportarbeitsverhältnisse entsprechend durch Fristablauf beendet werden können.
- Arbeitnehmern im Sport stehen wie sonstigen Arbeitnehmern die sog. Arbeitnehmerschutzregelungen zur Seite, u. a. des Arbeitszeitschutzes, des Jugendarbeitsschutzes sowie des Kündigungsschutzes.

Vertiefende Literatur

Fischer, Ulrich: Die Spitzensportler des Mannschaftssports – Arbeitnehmer?, SpuRt 1997, S. 181 ff.

Bauer, Kilian / Pulz, Fabian: Die Befristung von Trainerverträgen im Spitzensport, SpuRt 2001, S. 56 ff.

Schimke, Martin / Menke, Johan-Michael: Vertragstypen-Freiheit im Profi-Mannschaftssport, SpuRt 2007, S. 182 ff.

Fritzweiler, Jochen: Sport, Arbeit und Verträge, 3, Rdnr. 1 ff., in: Fritzweiler / Pfister / Summerer, Praxishandbuch Sportrecht, 2007.

Berkemeyer, Michael: Zur Befristung von Spielerverträgen auf Grund abnehmender Leistungsfähigkeit im Alter, SpuRt 2010, S. 8 ff.

Schütz, Markus: Arbeitsverweigerung durch Lizenzfußballspieler – die Fälle Jefferson Farfán und Demba Ba, SpuRt 2011, S. 54 ff.

Beckmann, Paul-Werner / Beckmann, Jan: Die Befristung von Arbeitsverträgen – Bereichsausnahme für den Profisport?, SpuRt 2011, S. 236 ff.

Heink, Peter: Sportspezifischer Arbeitszeitschutz – Anpassung des Rechts oder Anpassung an das Recht?, 2012.

Gutzeit, Martin / Vrban, Benjamin: »Jungprofi« oder »Jugendlicher« – 3:2 für Schalke oder Nachtruhe für Draxler, SpuRt 2011, S. 61 ff.

Zieglmeier, Christian: Rechtliche Folgen für Vereinsvorstände bei Nichtabführung von Sozialversicherungsbeiträgen, SpuRt 2012, S. 134 ff.

Wüterich, Christoph / Breucker, Marius: Das Arbeitsrecht im Sport, 7, Rdnr. 506 ff., Adolphsen / Nolte / Lehner / Gerlinger (Hrsg.), Sportrecht in der Praxis, 2012.

Meier, Patrick: Sportler als Unternehmer, Verbraucher und Kaufleute, SpuRt 2012, S. 229 ff.

5. Kapitel: Zivilrechtliche Haftung im Sport

I. Grundlagen

1 Schädigendes Verhalten im Sport kann sowohl verbandsrechtliche Konsequenzen haben als auch zivilrechtliche Haftungsfolgen auslösen. Der jeweilige Sportverband kann im Rahmen seiner Sanktionsgewalt z. B. Wettkampfsperren verhängen oder Geldzahlungen anordnen. Zivilrechtliche Haftungsfolgen sind insbesondere **Schadensersatzsprüche** sowie **Ansprüche auf Schmerzensgeld**.

2 Die Schadensersatzansprüche haben die wesentliche Funktion, nach einem Schadensfall einen Ausgleich zwischen Schädiger und Geschädigtem zu ermöglichen. Zu differenzieren sind dabei grundsätzlich Schadensersatzansprüche wegen Pflichtverletzung aus einem Schuldverhältnis nach § 280 Abs. 1 BGB und Schadensersatzansprüche aufgrund unerlaubter Handlung gem. § 823 ff. BGB. Schmerzensgeld hat die Funktion, eine Kompensation für Nichtvermögensschäden, insbesondere bei Verletzungen des Körpers und der Gesundheit, zu gewähren. Es dient vordringlich der Genugtuung des Geschädigten für die erlittenen Beeinträchtigungen.

1. Schadensersatz wegen Pflichtverletzung

3 Innerhalb der vertraglichen Haftung gibt es zum einen die Haftung wegen Nichtleistung (Unmöglichkeit) oder verspäteter Leistung (Verzug), wenn etwa ein Sportler seiner im Wettkampfvertrag geregelten Teilnahmepflicht an einem Wettkampf nicht nachkommt, da er einer besser dotierten Veranstaltung den Vorzug gibt oder er abredewidrig zu spät zum Wettkampf erscheint. Zum anderen spielen im Sport vor allem jene Fälle einer nicht ordnungsgemäßen Erfüllung der vertraglichen Pflichten eine Rolle, die gerade nicht an eine überhaupt nicht oder zu spät erbrachte Leistung anknüpfen. In Betracht kommt jede andersgeartete Schlechtleistung und die Verletzung von Schutzpflichten des § 241 Abs. 2 BGB.

4 Werden im Sport Pflichten aus einer vertraglichen Beziehung verletzt, greift die umfassende Haftungsregelung des § 280 Abs. 1 BGB, wonach der geschädigte Vertragspartner Schadensersatz verlangen kann. Wesentliche Voraussetzung für die Begründung des Schadensersatzanspruchs ist, dass zwischen Schädiger und

Geschädigtem ein Schuldverhältnis besteht. Der Schuldner muss eine aus dem Schuldverhältnis resultierende Pflicht verletzt haben, also objektiv hinter seinem durch das Schuldverhältnis übernommenen Pflichtprogramm zurückgeblieben sein. Die objektive Pflichtverletzung muss vom Schuldner zu vertreten sein. Ein Vertretenmüssen liegt vor, wenn der Schuldner vorsätzlich – mit Wissen und Wollen der Pflichtverletzung – oder fahrlässig – unter Außerachtlassung der im Verkehr erforderlichen Sorgfalt – gehandelt hat, § 276 Abs. 1 und 2 BGB. Muss der Schuldner die Leistung nicht persönlich erbringen, kann er sich zur Erfüllung seiner Verbindlichkeiten eines Erfüllungsgehilfen bedienen. Ein vorsätzliches oder fahrlässiges schädigendes Verhalten des Erfüllungsgehilfen wird dem Schuldner jedoch wie eigenes Handeln zugerechnet, § 278 BGB. § 280 Abs. 1 Satz 2 BGB enthält eine Umkehr der Beweislast, wonach der Schuldner nicht haftet, wenn er beweisen kann, dass er die Pflichtverletzung nicht zu vertreten hat.

Schadensersatzanspruch nach § 280 Abs. 1 BGB
Prüfungsaufbau:

1. Vorliegen eines Schuldverhältnisses
2. Pflichtverletzung
3. Vertretenmüssen
4. Schaden

2. Schadensersatz wegen unerlaubter Handlung

Führt im Bereich des Sports eine Handlung zu einem Schaden, ohne dass zwi- 5
schen Schädiger und Geschädigtem eine vertragliche Beziehung besteht, was insbesondere zwischen den am Trainings- oder Wettkampf teilnehmenden Sportlern der Fall ist, kommt eine **Haftung aus unerlaubter Handlung (deliktische Haftung)** in Betracht. Zentrale Anspruchsnorm für Schadensersatz aus Delikt ist **§ 823 Abs. 1 BGB**. Voraussetzungen dieser Norm sind, dass ein sog. absolutes Rechtsgut durch eine Handlung oder durch ein Unterlassen widerrechtlich in vorsätzlicher oder fahrlässiger Weise verletzt wurde. Im Sport sind besonders häufig die Rechtsgüter Körper, Gesundheit und Eigentum betroffen.

Schadensersatzanspruch nach § 823 Abs. 1 BGB
Prüfungsaufbau:

1. Rechtsgutverletzung: Verletzung von Leben, Körper, Gesundheit, Freiheit, Eigentum oder eines sonstigen absoluten Rechts (z. B. eines Mitgliedschaftsrechts oder des Persönlichkeitsrechts)
2. Verletzungshandlung: Rechtsgutverletzung durch aktives Tun oder durch Unterlassen, soweit eine Rechtspflicht zum Handeln besteht (Verkehrssicherungspflicht)
3. Haftungsbegründende Kausalität: Kausalzusammenhang zwischen Verletzungshandlung und Rechtsgutverletzung
4. Rechtswidrigkeit
5. Verschulden
   - Verschuldensfähigkeit, §§ 827 ff. BGB
   - Vorsatz oder Fahrlässigkeit, § 276 BGB
6. Schadensfeststellung
7. Haftungsausfüllende Kausalität: Kausalzusammenhang zwischen Rechtsgutverletzung und Schaden
8. Mitverschulden des Geschädigten, § 254 BGB

6 Für deliktische Schädigungen kann nur belangt werden, wer **deliktsfähig** ist. Die **Deliktsfähigkeit** ist insbesondere für den **Kinder- und Jugendsport** von Bedeutung. Kinder, die das siebente Lebensjahr noch nicht vollendet haben, können für schädigenden Handlungen nicht zur Verantwortung gezogen werden, § 828 Abs. 1 BGB. Wirft beispielsweise ein Sechsjähriger während des Trainings mit einem Ball eine Fensterscheibe ein, so ist er nicht zum Schadensersatz verpflichtet. In Betracht kommt hier allenfalls eine **Haftung des Aufsichtspflichtigen** für Verletzung von Aufsichtspflichten nach § 832 Abs. 2 BGB. Aufsichtspflichtiger ist etwa auch der Übungsleiter bzw. Trainer, dem die Eltern ihr Kind für das Training oder den Wettkampf anvertraut haben.

7 Bei Sportlern, die das siebente, aber noch nicht das 18. Lebensjahr vollendet haben, wird die Deliktsfähigkeit im Einzelfall danach beurteilt, ob bei Begehung der schädigenden Handlung die zur Erkenntnis der Verantwortlichkeit erforderliche Einsicht vorhanden war, § 828 Abs. 3 BGB. Kann diese Einsicht nicht attestiert werden, so kann der schädigende Jugendsportler nicht zur Verantwortung gezogen werden.

8 Ein spezieller deliktischer Anspruch ist die **Tierhalterhaftung** gem. § 833 BGB, die beim Pferdesport, bei Hundeschlittenrennen u. ä. eingreifen kann. Weiterhin zu nennen ist die **sittenwidrige vorsätzliche Schädigung** nach § 826 BGB, wenn

z. B. ein Reiter das Rennpferd seines Mitbewerbers durch die Verabreichung eines Medikaments verletzt, um die Wettkampfteilnahme und die Geltendmachung der damit verbundenen Antrittsprämie zu vereiteln.

Delegiert ein Veranstalter die Organisation eines Sportereignisses an einen 9
Verantwortlichen, z. B. einen Renn- oder Wettkampfleiter, so haftet der Veranstalter gem. § 831 Abs. 1 BGB für Schäden, die unbeteiligte Dritte dadurch erleiden, dass z. B. Sicherungsmaßnahmen nicht ordnungsgemäß getroffen wurden, etwa infolge einer unzureichenden Streckenbegrenzung bei einem Motocross- oder Radrennen. Diese **Haftung für den Verrichtungsgehilfen** entfällt allerdings, wenn der Veranstalter sich exkulpieren kann, indem er nachweist, dass er den Verrichtungsgehilfen ordnungsgemäß ausgewählt und überwacht hat (§ 831 Abs. 1 Satz 2 BGB). Dieser Haftungsausschluss greift etwa, wenn der Rennleiter über Jahre seine Tätigkeit stets sorgfältig ausgeübt hat.

3. Schmerzensgeld

Soweit ein Schaden eingetreten ist, der sich materiell nicht bemessen lässt, wie 10
z. B. bei einer Gesundheitsschädigung, kommt ein sog. Schmerzensgeldanspruch gem. § 253 Abs. 2 BGB in Betracht.

Voraussetzung des Schmerzensgeldanspruchs ist ein bestehender Schadensersatzanspruch und ein Nichtvermögensschaden. Wenn sich ein Sportler durch eine unfaire Handlung seines Gegenspielers verletzt und dadurch nicht nur materiellen Schaden in Gestalt von Krankenbehandlungskosten erleidet, sondern durch die körperliche Beeinträchtigung auch immateriellen Schaden, kann er Schmerzensgeld verlangen.

Dem Schmerzensgeld kommt nach der Rechtsprechung eine Doppelfunktion 11
zu. Zum einen soll der Verletzte einen Ausgleich für die erlittenen Schmerzen und Leiden erhalten. Zum anderen soll ihm das Schmerzensgeld Genugtuung für das verschaffen, was der Schädiger ihm in vorsätzlicher oder grob fahrlässiger Weise angetan hat.[1]

Die Höhe des Schmerzensgeldes ist unter Berücksichtigung aller für die Be- 12
messung maßgeblichen Umstände festzusetzen und muss in einem angemessenen Verhältnis zu Art und Dauer der Verletzung stehen. Für den Sport sind von besonderer Relevanz das Ausmaß und die Schwere der Verletzung und der Schmerzen sowie der Grad der Beeinträchtigung für die künftige Ausübung der Sportart. Gerade bei Hochleistungs- bzw. Profisportlern ist zu beachten, dass neben dem Beruf der Sport ein wesentlicher Teil der persönlichen Selbstverwirkli-

[1] BGH NJW 1995, S. 781, 782.

chung ist und durch einen notwendigen Karriereabbruch eine Erhöhung des Schmerzensgelds gerechtfertigt sein kann.[2]

13 Die zuständigen Gerichte entscheiden über die Höhe des Schmerzensgeldes gem. § 287 ZPO nach billigem Ermessen und ziehen dabei sog. Schmerzensgeldtabellen heran, die dem Gedanken Rechnung tragen, für vergleichbare Verletzungen annähernd gleiches Schmerzensgeld zu gewähren.[3]

II. Haftungserleichterungen im Sport

14 Das Schadensrisiko ist im Sport häufig um ein Vielfaches höher als in anderen Lebensbereichen. Viele Sportarten leben von Entscheidungen in Bruchteilen von Sekunden, von Ausdauer und Konzentration und damit einhergehend von Ermüdung und Erschöpfung. Gerade in diesen Phasen steigt das Risiko eines Schadenseintritts.

15 Um die Eigenart einzelner Sportarten erhalten und den Sport sinnvoll ausüben zu können, ist es notwendig, die gesetzlichen Haftungsfolgen einzuschränken. Streng genommen setzt sich der Sportler im sportlichen Wettkampf permanent der Gefahr aus, sich schadensersatzpflichtig zu machen. Wenn sich der Sportler aber bei jeder sportlichen Handlung zunächst ausführlich darüber Gedanken machen müsste, ob er die Grenze des Erlaubten einhält, würde dies die Durchführung der sportlichen Tätigkeit hemmen oder gar verhindern, da mit dem Wissen um dieses umfassende Haftungsrisiko die Sportart nicht mehr leistungsgemäß ausgeübt werden könnte. Besonders problematisch zeigt sich die Diskrepanz zwischen leistungsgerechter Sportausübung und gesetzlichen Haftungsfolgen bei Kampfsportarten wie z. B. Boxen, bei denen der sportliche Erfolg gerade durch die Verwirklichung des Tatbestandes des § 823 Abs. 1 BGB in der Weise einer vorsätzlichen Körper- und Gesundheitsverletzung herbeigeführt wird.

1. Zur Haftungsprivilegierung des Sportlers

a) Haftung gegenüber anderen Sportlern

16 Zwischen den Sportlern, die im Wettkampf gegeneinander antreten, besteht regelmäßig keine Vertragsbeziehung, weshalb bei Sportunfällen schwerpunktmäßig auf die deliktischen Haftungsregeln abzustellen ist. Im Sport sind bei Schädigungen vor allem die in § 823 Abs. 1 BGB genannten Rechtsgüter Körper und

[2] BGH NJW 1998, S. 1633, 1634.

[3] BGH VersR 70, S. 281, 282 f.

Gesundheit sowie Eigentum betroffen. Die Verletzungshandlung kann in einem aktiven Tun oder bei bestehender Verkehrssicherungspflicht in einem Unterlassen liegen. Bei der Frage nach der Haftungsprivilegierung im Sport ist zu differenzieren nach dem jeweiligen Gefahrenpotential bei der Sportausübung. Für Sportarten, die auf eine individuelle Leistungserbringung ausgerichtet sind (sog. Individual- oder Parallelsportarten) und denen bei Einhaltung der Regeln keine besonderen Schadensrisiken innewohnen wie z. B. bei Weitsprung, Bodenturnen oder Turmspringen, gelten in der Regel die allgemeinen Haftungsgrundsätze.

17 Eine Haftungsprivilegierung wird dagegen bei sportlichen Wettbewerben mit nicht unerheblichem Gefahrenpotential von der Rechtsprechung anerkannt. Dies betrifft insbesondere Sportarten, bei denen selbst bei Einhaltung der Sport- und Spielregeln die Gefahr gegenseitiger Schadenszufügung besteht. In der Praxis sind dies vor allem Sportarten, deren Wesen vom Kampf »Sportler gegen Sportler« geprägt ist (sog. **Sportarten mit Gegnerbezug**) wie z. B. Fußball, Handball, Eishockey. Die Begründung der Haftungsprivilegierung ist in Literatur und Rechtsprechung nicht einheitlich.

18 Nach der in der Literatur vertretenen **Lehre vom Handlungsunrecht** ist auf der Ebene der **Rechtswidrigkeit** zu prüfen, inwieweit die rechtsgutsverletzende Handlung des Sportlers als widerrechtlich einzustufen ist. Dabei ist die Rechtswidrigkeit losgelöst von der Rechtsgutverletzung positiv festzustellen. Es wird beurteilt, ob eine Rechtspflicht (Sorgfaltspflicht) verletzt ist. Bei den Handlungen im Rahmen des Sports handelt es sich regelmäßig um erlaubte, aus gesellschaftlicher Sichtweise als zulässig erachtete Verhaltensweisen. Als Sorgfaltsmaßstab für ein als zulässig anerkanntes Verhalten kommt die Einhaltung des Sportregelwerks des für die Sportart zuständigen Sportverbands in Betracht. Es kommt danach nicht darauf an, dass das Regelwerk für Verbandsmitglieder bzw. für vertraglich gebundene Sportler unmittelbare Geltung hat. Die von den Sportverbänden aufgestellten **Spiel- und Sportregeln** dienen lediglich als objektiver Maßstab für die Bewertung des Unrechtsgehalts der Sporthandlung. Danach wird das Verhalten des Sportlers dann nicht als widerrechtlich anzusehen sein, wenn er bei der Verletzungshandlung die für die Sportart geltenden Spiel- oder Sportregeln eingehalten hat. Selbstverständlich dürfen die Spiel- und Sportregeln nicht unkritisch als Maßstab verwendet werden, sondern müssen auf ihre Vereinbarkeit mit dem Fair-Play-Gebot überprüft werden.

19 Selbst bei einer **geringfügigen Regelübertretung** soll aufgrund der Schnelligkeit des Spiels und wegen Übermüdung oder nachlassender Konzentrationsfähigkeit von einer Haftungsprivilegierung ausgegangen werden. Die Einschätzung der Schwere des Regelverstoßes ist jeweils für den Einzelfall zu bestimmen und kann allgemein danach beurteilt werden, inwieweit die regelverletzende Hand-

lung noch als **sportarttypisch** einzuordnen ist. Als sportarttypisch kann eine Handlung dann angesehen werden, wenn sie sich in natürlicher Weise aus den mit der Sportart einhergehenden typischen Bewegungsabläufen ergibt.

20 Die Rechtsprechung geht indessen einen anderen Weg. Insbesondere der Bundesgerichtshof (BGH) folgt im Rahmen der Sporthaftung der **Lehre vom Erfolgsunrecht**. Bei dieser ist die Rechtswidrigkeit bereits durch die Verwirklichung des Tatbestands indiziert. Danach kann eine Haftung nur dann ausscheiden, wenn ein Rechtfertigungsgrund vorliegt. Als Rechtfertigungsgrund kommt eine Einwilligung des Sportlers in die Verletzung seiner Rechtsgüter in Betracht, wovon jedoch in der sportlichen Praxis nur selten ausgegangen werden kann. Außer bei besonderen Kampfsportarten wie Box- und Ringkämpfen entspricht es nicht der Lebenswirklichkeit, dass der Sportler in die Verletzung seiner durch das Deliktsrecht geschützten Rechtsgüter einwilligt. Aus diesem Grund wird die Haftungsprivilegierung von der Rechtsprechung dogmatisch an anderer Stelle verortet. Aus systematischen Gründen ist jedoch zunächst das Verschulden zu prüfen.

21 Auf der Ebene des Verschuldens wird festgestellt, ob die Rechtsgutverletzung des Sportlers im Rahmen der Sportausübung vorsätzlich oder fahrlässig verursacht worden ist. **Vorsatz** ist das Wissen und Wollen um die Rechtsgutverletzung, wobei es bereits ausreicht, dass die Verletzung billigend in Kauf genommen wird. **Fahrlässigkeit** ist das Außerachtlassen der im Verkehr erforderlichen Sorgfalt, § 276 Abs. 2 BGB. Ob ein Sportler fahrlässig handelt, richtet sich nach dem Fahrlässigkeitsmaßstab, der im zivilrechtlichen Haftungsrecht objektiv zu bestimmen ist.

22 Soweit davon auszugehen ist, dass die Rechtsgutverletzung im Rahmen der Sportausübung vorsätzlich oder fahrlässig erfolgt, sind nach der Lehre vom Erfolgsunrecht die Voraussetzungen des § 823 Abs. 1 BGB erfüllt. Die Rechtsprechung bleibt indessen bei diesem Ergebnis nicht stehen, sondern begründet die Haftungsprivilegierung des schädigenden Sportlers mit dem Argument der Treuwidrigkeit. Die Begründung der Rechtsprechung zielt auf das **widersprüchliche Verhalten** (venire contra factum proprium) eines geschädigten Sportlers ab, der den Schädiger, der sich regelkonform verhalten oder die Regeln wegen Spieleifer, Unüberlegtheit, technischem Versagen oder Übermüdung nur geringfügig verletzt hat, auf Schadensersatz in Anspruch nehmen will, obwohl er selbst sich gegen eine Inanspruchnahme in einem solchen Fall verwehren würde.[4] Letztlich

[4] Vgl. BGHZ 63, S. 140, 144; 154, S. 316, 325; BGH NJW-RR 2006, S. 813 ff.; OLG Oldenburg VersR 1995, S. 670 ff. (Fußball); OLG Koblenz VersR 1991, S. 1067 ff. (Basketball); OLG Köln SpuRt 2003, S. 74 f. (Hallenhandball).

hänge es bei den Sportarten mit nicht unerheblichem Gefahrenpotential vom Zufall ab, wer Schädiger und wer Geschädigter ist. Es wäre danach rechtsmissbräuchlich und würde gegen den Grundsatz von Treu und Glauben (§ 242 BGB) verstoßen, wenn der sich dem Risiko aussetzende Sportler einen Schadensersatzanspruch geltend machen würde. Genauso wie der Sportler selbst nicht für regelkonformes Verhalten mit wirtschaftlich nachteiligen Folgen rechnen will, könne dies seinem Kontrahenten zugemutet werden.

Hinzuweisen ist darauf, dass die meisten Vertreter in der juristischen Literatur 23 die Haftungsprivilegierung an anderer Stelle verorten, wobei auch in der Literatur kein einheitlicher Weg gegangen wird. Für die Klausurbearbeitung empfiehlt es sich, das Problem der dogmatischen Verankerung der Haftungsprivilegierung für Sportler im Rahmen der Lösung darzustellen. Letztlich kann es nicht falsch sein, wenn der Bearbeiter der Rechtsprechung des BGH folgt. Allerdings empfiehlt es sich, ebenfalls wie hier dargestellt, die Argumentation des BGH in den Prüfungsaufbau des § 823 BGB einzubinden.

Die Haftungsprivilegierung des Sportlers gegenüber andern Sportlern lässt 24 sich mithin in folgendem Grundsatz fassen: Bei sportlichen Wettbewerben mit nicht unerheblichem Gefahrenpotential ist die Inanspruchnahme des schädigenden Sportlers durch einen geschädigten Mittbewerber ausgeschlossen, wenn er nicht die Regeln in gravierender Weise gebrochen hat. Von diesem Grundsatz gibt es eine wichtige, von der Rechtsprechung ausgearbeitete Ausnahme, soweit Versicherungsschutz im Rahmen einer Pflichtversicherung besteht.[5] Die Geltendmachung von Schadensersatzansprüchen ist in diesem Fall nicht als treuwidrig anzusehen.

Soweit der schädigende Sportler von der Haftung nicht befreit ist, muss weiter- 25 hin im Rahmen des **Mitverschuldens** geprüft werden, ob der geschädigte Sportler zumindest einen Teil des Schadens selbst zu tragen hat. Das ist der Fall, wenn er sich durch seine Teilnahme am Sport seinerseits dem Risiko gerade einer sportarttypischen Verletzung seines Körpers oder seiner Gesundheit ausgesetzt hat. Unterlässt es der Geschädigte, eigene Sicherungsmaßnahmen durchzuführen, wie z. B. das Tragen eines Kopfschutzes oder die verbandsrechtlich vorgeschriebene Überprüfung der Sportausrüstung vor deren Verwendung, so ist sein Versäumnis bei der Beurteilung der Schadensersatzpflicht des Schädigers zu berücksichtigen.

[5] BGH JZ 2008, S. 999 ff. (Motorsport).

Übersicht über die Haftung des Sportlers gegenüber anderen Sportlern

	Fahrlässigkeit	Vorsatz (in Bezug auf die Rechtsgutsverletzung)
regelkonformes Verhalten	–	+ (Ausnahme: Kampfsportarten)
geringfügige Regelübertretung	–	+ (Ausnahme: Kampfsportarten)
grobe Regelübertretung	+	+

= sportspezifische Haftungsprivilegierung

b) Haftung gegenüber Zuschauern, Helfern und Besuchern

26 Bei Sportveranstaltungen, Wettkämpfen oder im Training kann es vorkommen, dass **Zuschauer** oder **unmittelbar beteiligte Hilfspersonen** wie Balljungen, Absperrposten oder technisches Personal durch das Handeln eines Sportlers einen Schaden erleiden.

27 Vertragliche Schadensersatzansprüche des Zuschauers bzw. Helfers gegen den Sportler scheiden regelmäßig aus, da es an einem Vertrag zwischen Sportler und geschädigtem Dritten mangelt. Ein Vertrag zwischen dem Veranstalter und dem Sportler entfaltet regelmäßig keine Schutzwirkung zugunsten eines Dritten.

28 Im Hinblick auf die deliktischen Schadensersatzansprüche ist wiederum zu unterscheiden, ob der Schaden aus einer den Sportregeln entsprechenden Handlung resultiert, die im Einzelfall eine Haftungsprivilegierung des Sportlers rechtfertigt, oder ob eine rechtsgutsverletzende Handlung vorliegt, für die grundsätzlich die allgemeinen Haftungsmaßstäbe zur Anwendung kommen. Wirft beispielsweise ein Sportler nach Beendigung des Wettkampfs aus Frust mit einer Glasflasche nach einem Zuschauer, die diesen am Kopf trifft und eine Verletzung verursacht, so ist ein Anspruch auf Schadensersatz gem. § 823 Abs. 1 BGB anzunehmen. Trifft dagegen ein Sportler bei einem Torschussversuch den neben dem Tor stehenden Zuschauer, der durch den Ball verletzt wird, so ist fraglich, ob eine Inanspruchnahme des Sportlers gerechtfertigt ist. In der Literatur wird vielfach die Forderung erhoben, in solchen und ähnlichen Fällen den Sportler von der Haftung zu befreien, da er andernfalls in seiner sportlichen Entfaltung gehemmt würde. Wer bei der Ausübung des Sports ständig an mögliche Haftungsrisiken denkt, kann nicht mit vollem Einsatz kämpfen. Eine andere Argumentation zielt

dahin, dass Zuschauer oder Helfer im Nahbereich des Wettkampfs sich eigenverantwortlich einem erhöhten Risiko aussetzen und die Gefahr einer Schädigung bewusst in Kauf nehmen. Dogmatisch lässt sich eine Haftungsprivilegierung des Sportlers allerdings – anders als bei der Schädigung eines Konkurrenten – nicht aus widersprüchlichem Verhalten ableiten. Im Regelfall muss der Zuschauer nicht mit einer Schädigung rechnen, soweit er sich an die Anweisungen des Veranstalters hält. Ein Mitverschulden kann allenfalls in Extremfällen angenommen werden, beispielsweise wenn sich ein Zuschauer so nahe an eine Rennstrecke begibt, dass die Gefahr besteht, von Steinen oder Fahrzeugteilen verletzt zu werden oder wenn er gar die Absperrungen des Veranstalters unbeachtet lässt. Im Übrigen bleibt nur zu klären, inwieweit der Sportler durch ein Verschulden des Veranstalters entlastet wird.

Grundsätzlich obliegt dem Sportveranstalter die Verkehrssicherungspflicht 29
und er muss diese im Rahmen des für ihn Zumutbaren wahrnehmen. Darauf muss sich der Sportler, der häufig in einem Vertragsverhältnis zum Veranstalter steht, verlassen können.

Bei einer groben Regelübertretung oder bei Handlungen, die nicht mehr im 30
Zusammenhang mit der Sportausübung stehen, haftet der Sportler vollumfänglich, wobei ein mögliches Mitverschulden der Zuschauer stets zu berücksichtigen ist, z. B. wenn sich der Zuschauer in einen besonders gefährdeten Bereich begibt und das für ihn erkennbar ist.

Trifft der Sportler als auch Veranstalter ein Verschulden, so haften sie als **Ge-** 31
samtschuldner, d. h. der Geschädigte hat ein Wahlrecht, welchen von beiden er in Anspruch nimmt. Da sich der Sportler grundsätzlich darauf verlassen können muss, dass der Veranstalter alle erforderlichen Verkehrssicherungspflichten erfüllt hat, kann er, sofern er vom geschädigten Zuschauer in Anspruch genommen wird, Regress vom Veranstalter verlangen. Hierdurch ist sichergestellt, dass der Zuschauer unvorhersehbare Schäden nicht selbst tragen muss, der Sportler indessen bei einer Verletzung der Verkehrssicherungspflicht durch den Veranstalter im Regelfall entlastet wird. Dies ergibt sich aus den Tatbeiträgen der Täter gem. § 254 BGB. Abschließend ist nochmals darauf hinzuweisen, dass verschiedene Autoren eine Haftung des Sportlers in diesen Fällen von vorneherein ausschließen würden. Da allerdings keine dogmatische Verankerung für diese Privilegierung erkennbar ist und die Rechtsprechung keine weiteren Haftungsprivilegierungsgründe im Sportrecht anwendet, besteht insoweit faktisch ein Haftungsrisiko des Sportlers.

c) Haftung gegenüber Unbeteiligten

32 Bei **Unbeteiligten** gibt es keine Haftungsprivilegierung. Wird z. B. bei einem Wettkampf der Ball über das Spielfeld hinaus geschleudert und ein vorbeifahrendes Fahrzeug getroffen und beschädigt, so kommt grundsätzlich keine Haftungsprivilegierung in Betracht. Es wäre ungerechtfertigt, wenn dem vollkommen unbeteiligten Dritten, der sich in Bezug auf den Sport keinem höheren Risiko ausgesetzt hat, wegen der Haftungsprivilegierung des Sportlers das Schadensrisiko auferlegt würde.

33 Wenn neben der Schädigungshandlung des Sportlers auch eine Verletzung der Verkehrssicherungspflichten des Sportveranstalters zum Schadenseintritt geführt hat, so kommt für den Fall, dass der Sportler durch den Schädiger in Anspruch genommen wird, ein Regressanspruch des Sportlers gegen den Veranstalter in Betracht, da sich der Sportler auf Grundlage der vertraglichen Beziehung zum Sportveranstalter regelmäßig darauf verlassen kann, dass der Veranstalter alle erforderlichen und zumutbaren Sicherungsmaßnahmen durchführt.

2. Haftung des Trainers

34 Im Verhältnis zwischen Sportler und Trainer kann es ebenfalls zu schädigenden Handlungen kommen. Anspruchsgrundlage für einen Schadensersatzanspruch ist § 280 Abs. 1 BGB. Das Schuldverhältnis ergibt sich aus einem gesonderten Vertrag zwischen Sportler und Trainer. Besteht ein solcher nicht, sondern allein ein Vertragsverhältnis zwischen Sportverein bzw. -verband und Trainer, so können die Grundsätze des Vertrags mit Schutzwirkung zugunsten Dritter Anwendung finden.[6] Gleiches gilt auch für Trainer, die zwar nicht durch einen gesonderten Trainervertrag, aber als Mitglied an den Verein bzw. Verband gebunden sind, da auch die Mitgliedschaft ein Schuldverhältnis im Sinne von § 241 Abs. 1 BGB ist.[7]

35 Daneben können sich Ansprüche aus § 823 Abs. 1 BGB ergeben. Dies betrifft insbesondere Fälle, in denen der Trainer, obwohl ihn eine Rechtspflicht zum Handeln traf, durch Unterlassen einen Schaden verursacht hat. Aufgrund der besonderen Stellung des Trainers obliegt diesem eine Garantenstellung und hieraus eine Pflicht zur Vermeidung von Gefahren. In der Regel kann der Trainer aufgrund seines Fachwissens und seiner besonderen Fähigkeiten und Erfahrungen die Gefährdungspotentiale in Training und Wettkampf besser einschätzen. Deshalb obliegt ihm die Pflicht, im Rahmen der Aufsicht über den Sportler die Trainings- und Wettkampfabläufe angemessen zu gestalten und entsprechende An-

[6] Heermann, Haftung im Sport, Rdnr. 461.
[7] BGHZ 110, S. 323, 327.

weisungen zu geben. Dazu gehört z. B. Sportgeräte und -anlagen zu überprüfen oder bei gefährlichen Übungen für Hilfestellungen zur sorgen.

Bei **Nachwuchstrainern** kann darüber hinaus die Haftung des Aufsichtspflichtigen nach § 832 Abs. 1 BGB in Betracht kommen, soweit zwischen minderjährigem Nachwuchssportler und Trainer ein Vertrag besteht. 36

Bei der Haftung des Trainers gilt es das **Mitverschulden des Sportlers** zu berücksichtigen, das bei einem Nachwuchssportler regelmäßig als geringer einzuschätzen ist als bei erfahrenen Sportlern.

3. Haftung von Vereinen und Verbänden als Veranstalter

a) Haftung gegenüber Sportlern

Soweit zwischen Sportveranstalter und Sportler ein Schuldverhältnis wie z. B. ein Wettkampfteilnahmevertrag oder ein Sportleistungsvertrag besteht, kommt eine Haftung wegen Pflichtverletzung in Betracht. 37

Darüber hinaus liegen Fälle in der Praxis vor, bei denen deliktische Ansprüche von Sportlern gegen Veranstalter, insbesondere wegen des Unterlassens von Schutzmaßnahmen, in Betracht kommen. Hierbei sind die Verkehrssicherungspflichten, die einem Veranstalter im Einzelfall auferlegt sind, von Bedeutung. Da der Sportler durch seine Sportbetätigung ein erhöhtes Gefährdungspotential in Kauf nimmt, ist es Pflicht des Veranstalters, für die notwendigen Bedingungen, die für die Sportausübung erforderlich sind und die typischerweise in den Verantwortungsbereich des Veranstalters fallen, zu sorgen und sie zu kontrollieren, z. B. für die ordnungsgemäße Installation von Sportgeräten wie z. B. Reck, Barren oder Weitsprunggrube. Für den Veranstalter besteht daher die Pflicht, den Sportler vor typischen wie auch vor atypischen Gefahren zu bewahren. Im Ergebnis müssen die Verkehrssicherungspflichten danach beurteilt werden, was für den Veranstalter vorhersehbar war und welche Schutzmaßnahmen im Bereich des Zumutbaren liegen. Bei der Beurteilung können die Sportregeln der jeweiligen Sportverbände zur Hilfe gezogen werden.

Grundsätzlich kann der Sportler dagegen nicht Haftungsansprüche geltend machen, wenn die Schäden aus einer sportarttypischen Gefährdung resultieren. Insoweit sind die oben aufgezeigten Grundsätze zur Haftung der Sportler untereinander anzuwenden.[8] 38

[8] Vgl. Heermann, Rdnr. 331.

b) Haftung gegenüber Zuschauern

39 Bei der Haftung des veranstaltenden Sportverbandes bzw. -vereins gegenüber Zuschauern können sowohl vertragliche als auch deliktische Anspruchsgrundlagen in Betracht kommen.

40 Um Eintritt zu einer Sportveranstaltung zu erhalten, schließt der Zuschauer mit dem Sportveranstalter einen **Zuschauervertrag**, der meist gegen Entgelt zum Besuch der Veranstaltung berechtigt. Es handelt sich dabei um einen typengemischten Vertrag, der je nach Inhalt mehrere werk- und dienstvertragliche Rechte und Pflichten enthält. Wird eine Vertragspflicht verletzt, die dem Veranstalter obliegt, so kann der Zuschauer Schadensersatzansprüche nach § 280 Abs. 1 BGB fordern.

41 Bei der Haftung nach § 823 Abs. 1 BGB richtet sich die Verantwortlichkeit des Veranstalters insbesondere nach den Verkehrssicherungspflichten. Verkehrssicherungspflichten des Veranstalters ergeben sich aus dem Umstand, dass der Veranstalter einen Zustand mit erhöhtem Gefahrenpotential eröffnet. Welche Verkehrssicherungspflichten einen Veranstalter treffen, hängt vom Einzelfall ab. Der Veranstalter eines Straßenradrennens hat andere Pflichten zu erfüllen als z. B. der Veranstalter eines Turnwettbewerbs in einer Turnhalle.

42 Besondere Anforderungen sind an **Sportgroßveranstaltungen** zu stellen. Hier hat der Veranstalter aufgrund der großen Zuschauerzahlen und der großräumigen Einrichtungen wie Sportarenen oder Stadien zusätzliche Schutzmaßnahmen zugunsten der Zuschauer zu treffen.

c) Haftung gegenüber Helfern

43 Soweit die Helfer als Bestandteil der Sportausübung Aufgaben wahrnehmen, wie z. B. Punkterichter oder Schiedsrichter, sind die o.g. Haftungsprivilegierungen auf die Helfer übertragbar. Wenn die Helfer die Sportausübung unterstützen, ohne unmittelbar Teilnehmer der Sportausübung zu sein, wie z. B. Ordner, Balljungen, technisches Personal, gelten die Haftungsbeschränkungen nur bedingt. Es kommt dabei letztlich auf den Einzelfall an.

d) Haftung gegenüber Unbeteiligten

44 Werden vollkommen Unbeteiligte durch eine Sportveranstaltung geschädigt, so ist dem Geschädigten grundsätzlich ein Schadensersatzanspruch zuzusprechen. Es ist nicht gerechtfertigt, dem geschädigten Unbeteiligten das durch die Veranstaltung verwirklichte Risiko aufzuerlegen. So haftet bspw. ein Sportverein, der

einen Wettkampf veranstaltet, für den Schaden, den ein Fahrzeugeigentümer eines an der Sportstätte vorbeifahrenden Autos erleidet, weil ein Ball über die Anlage hinausgeschleudert wurde und das Fahrzeug beschädigt.

4. Haftung von Zuschauern

Haftungsfragen ergeben sich insbesondere auch, wenn Zuschauer auf Sportler unmittelbar einwirken (**Zuschauerausschreitungen** → *8* Rdnr. 17, 20ff.), z.B. beim Stürmen eines Spielfeldes und anschließender Gewaltanwendung gegenüber Sportlern, Helfern und anderen Zuschauern. Die o.g. Haftungserleichterungen kommen hier nicht zur Geltung. Es gibt keine Begründung, die eine Haftungsprivilegierung rechtfertigen würde. Der Zuschauer muss sich stets so verhalten, dass von ihm keine zusätzlichen Gefahren für den Sportler neben denen der Sportausübung selbst ausgehen. Wirft z.B. ein Zuschauer eine Flasche auf einen Sportler und verletzt diesen, kann der Zuschauer zum Schadensersatz herangezogen werden. Der gleiche Haftungsmaßstab ist bei schädigenden Handlungen gegenüber anderen Zuschauern anzulegen, z.B. wenn mittels eines pyrotechnischen Brennkörpers die Kleidung eines nebenstehenden Zuschauers beschädigt wird. 45

Bei Fangewalt kann es zu Problemen kommen, den wirklichen Schädiger herauszufinden, wenn mehrere als Schädiger an der Schadensverursachung mitgewirkt haben. Nach § 830 Abs. 1 BGB ist jeder als Gesamtschuldner für den Schaden verantwortlich, auch wenn der Schaden durch eine gemeinschaftlich begangene Tat verursacht wurde. 46

Neben den Zuschauern kann für den geschädigten Sportler auch der Veranstalter als Anspruchsgegner in Betracht kommen, wenn dieser eigene Verkehrssicherungspflichten verletzt hat und daher Schadensersatz leisten muss, etwa wenn nicht für eine ausreichende Absperrung für Zuschauer gesorgt wurde. 47

Zivilrechtliche Haftung im Sport kompakt

- Gesetzliche Haftungsfolgen sind für Sportler, die im Wettkampf gegeneinander antreten, eingeschränkt, damit der Sport leistungsorientiert ausgeübt werden kann.
- Die Spiel- und Sportregeln dienen als objektiver Maßstab für die Bewertung des Unrechtsgehalts der schädigenden Sporthandlung.

47

- Bei leichter Regelübertretung, die für die Sportart typisch ist, muss der Sportler grundsätzlich nicht mit Haftungsfolgen rechnen. Bei grober Regelwidrigkeit greifen die »üblichen« Haftungsfolgen.
- Bei Wettbewerben mit erhöhtem Gefahrenpotential ist die Inanspruchnahme des schädigenden Sportlers durch einen geschädigten Mitbewerber ausgeschlossen, wenn er die Regeln nicht in gravierender Weise gebrochen hat.
- Werden Unbeteiligte durch die Sportausübung geschädigt, kommt eine Haftungsprivilegierung für Sportler nicht in Betracht.

Vertiefende Literatur

Fritzweiler, Jochen: Sport, Schäden und Beeinträchtigungen, 5, Rdnr. 1–128, in: Fritzweiler / Pfister / Summerer, Praxishandbuch Sportrecht, 2007.

Schuld, Yvonne: Veranstalterpflichten bei Berglauf(extrem)-Events, SpuRt 2011, S. 90 ff.

Adolphsen, Jens: Sporthaftungsrecht, 8, Rdnr. 704 ff., in: Adolphsen / Nolte / Lehner / Gerlinger (Hrsg.), Sportrecht in der Praxis, 2012.

Buchberger, Markus: Fouls im Profi-Sport – Ohne Vorsatz kein Schadenersatz! – 2013, S. 108 ff.

6. Kapitel: Strafbarkeit im Sport

I. Grundlagen

Sportstrafrecht im hier verwendeten Sinn umfasst alle Handlungen mit Sportbezug, die strafrechtliche Relevanz aufweisen. Dabei steht das staatliche Strafrecht mit Sportrelevanz im Mittelpunkt der Betrachtungen und ist abzugrenzen von Sanktionsregeln der Sportvereine oder -verbände und den wettkampfspezifischen Ahndungsregeln (→ *3* Rdnr. 45 f.). Beide dienen zwar der Bestrafung bei Regelüberschreitungen, ihre Schutzzwecke sind jedoch verschieden. 1

Das **staatliche Strafrecht** als ein Teilgebiet des öffentlichen Rechts dient dem Zweck des Rechtsgüterschutzes für schuldhaft begangenes Unrecht und sieht staatliche Sanktionen vor. Es umfasst die Normen des Strafgesetzbuchs und strafrechtlicher Nebengesetze sowie das Strafverfahrensrecht (Strafprozessrecht, Gerichtsverfahrensrecht). 2

Dagegen dienen **Sanktionregeln** der Sportvereine und – verbände dem Zweck der Aufrechterhaltung von Fair Play sowie der Durchsetzung von Regeln im Sport inner- und außerhalb eines Wettkampfs durch die Verbände bzw. die Verbandsgerichtsbarkeit.[1] Bei den Sanktionsregeln ist auf die Wirkung der zu verhängenden Strafe abzustellen. Diese muss über das bloße Wettkampfgeschehen hinausgehen. 3

Ebenfalls verbandsrechtlich und damit privatrechtlich ausgestaltet sind **verbandsrechtliche Ahndungsregeln** der Vereine und Verbände, die dem Zweck der Einhaltung der Spielregeln bzw. der Durchsetzung von Regeln innerhalb eines Wettkampfs durch einen Schiedsrichter oder ein Kampfgericht dienen.[2] Die Wirkung von Strafen geht dabei nicht über den Wettkampfbetrieb hinaus. Rechtsgrundlagen des Ahndungsrechts sind die Spielregeln und Spielordnungen bzw. 4

[1] Ähnlich: Rössner/Adolphsen und Adolphsen/Huefer/Nolte, SidP, Rdnr. 15, 192 die die Sanktionen als »Sportstrafen« bezeichnen.

[2] Ähnlich: Rössner/Adolphsen, und Adolphsen/Huefer/Nolte, SidP, die die Sanktion im Ahndungsrecht als »Spielregelentscheidung« (Rdnr. 15) bzw. als »Spielstrafe« (Rdnr. 192) bezeichnen.

weiterführend konkretisierende Durchführungsbestimmungen der Sportverbände.[3]

II. Strafrechtliche Grundsätze

5 Die strafrechtliche Sanktion darf wegen des verfassungsrechtlichen Verhältnismäßigkeitsprinzips immer nur ultima ratio sein. Eine Rechtsgutsverletzung darf daher nur dann mit einer staatlichen Strafe bedroht werden, wenn sonstige Sanktionsmöglichkeiten nicht ausreichen, um den Schutz bestimmter Rechtsgüter zu garantieren

6 Die Prüfung, ob im konkreten Fall ein Straftatbestand erfüllt ist, erfolgt im Strafrecht im Rahmen eines dreistufigen Deliktsaufbaus. Dabei sind regelmäßig Tatbestand, Rechtswidrigkeit und Schuld zu erörtern. In Abhängigkeit davon, ob es sich um eine Vorsatz- oder Fahrlässigkeitstat handelt, variiert der Aufbau im Rahmen der einzelnen Prüfungspunkte.

1. Tatbestandsmäßigkeit

7 Im Rahmen der Tatbestandsmäßigkeit ist der objektive Tatbestand zu prüfen, bei Vorsatzdelikten kommt die Prüfung des subjektiven Tatbestands hinzu.

Im **objektiven Tatbestand** werden die nach außen wahrnehmbaren Elemente der Tatbestandsverwirklichung geprüft, also die Umstände, die das äußere Erscheinungsbild der Tat bestimmen, z. B. ob ein konkreter Erfolg (z. B. körperliche Misshandlung eines Menschen bei der Körperverletzung) eingetreten ist oder ob eine bestimmte Handlung begangen wurde. Zudem prüft man, ob ein Verhalten des Täters gegeben ist, das für den Eintritt der gesetzlich normierten Folge hinreichend ursächlich war (sog. Kausalität bzw. objektive Zurechnung).

8 Beim Prüfungspunkt des **subjektiven Tatbestands** ist die innere Einstellung des Täters zu prüfen. Hierbei ist bei der **Vorsatztat** das Wissens und Wollens im Hinblick auf die Verwirklichung der objektiven Tatbestandsmerkmale zu bestimmen. Bei der **Fahrlässigkeitstat** ist hingegen die Erkennbar- und Vermeidbarkeit zu prüfen. Die Abgrenzung zwischen Fahrlässigkeit und Vorsatz ist besonders sportrelevant, da diese gerade bei Verletzungshandlungen im Wettkampf nicht immer eindeutig ist.[4]

---

[3] Zu den Möglichkeiten der Überprüfbarkeit der Sanktions- und Ahndungsregeln → *3* Rdnr. 48.

[4] Insbesondere ist die oft schwierige Abgrenzung zwischen bedingtem Vorsatz und be-

2. Rechtswidrigkeit

Im Rahmen der Rechtswidrigkeit ist zu fragen, ob eine Handlung oder die Herbeiführung einer bestimmten Folge insgesamt gegen die Rechtsordnung verstößt. Grundsätzlich ist dies der Fall, wenn ein Gesetz diese unter Strafe stellt. Sobald ein konkreter Straftatbestand erfüllt ist, wird Unrecht verwirklicht. Man spricht insoweit davon, dass der Tatbestand die Rechtswidrigkeit indiziert. 9

Ausnahmsweise wird jedoch nicht gegen die Rechtsordnung verstoßen, wenn sog. **Rechtfertigungsgründe** vorliegen. Diese führen dazu, dass das unter Strafe gestellte Handeln im Einzelfall rechtmäßig ist. Im Sport ist die sog. **Einwilligung** als Rechtfertigungsgrund von besonderer Bedeutung.[5]

3. Schuld

Schließlich ist die Schuld Voraussetzung für eine Strafbarkeit des Täters. Schuld im strafrechtlichen Sinne bedeutet die individuelle Vorwerfbarkeit vorsätzlichen oder fahrlässigen Verhaltens.[6] Die Rechtswidrigkeit des Verhaltens indiziert grundsätzlich die Schuld. Dennoch ist auch hier zu prüfen, ob sog. **Entschuldigungsgründe** (z.B. entschuldigender Notstand § 35 StGB, Notwehrüberschreitung § 33 StGB) oder Schuldausschließungsgründe vorliegen. Ergibt die Prüfung, dass Tatbestandsmäßigkeit, Rechtswidrigkeit und Schuld vorliegen, ist eine Strafbarkeit gegeben. 10

Vorsatzstraftat
Prüfungsaufbau:

1. Tatbestand:
   a) Objektiver Tatbestand: Umstände, die das äußere Erscheinungsbild der Tat bestimmen (z.B. Täter, Tathandlung, Opfer, Taterfolg, Kausalität, Obj. Zurechnung)
   b) Subjektiver Tatbestand: Umstände, die der Vorstellungswelt des Täters angehören (Vorsatz hinsichtlich der objektiven Tatbestandsmerkmale)

---

wusster Fahrlässigkeit zu beachten. Nach Auffassung des Bundesgerichtshofs (BGH) ist der bedingte Vorsatz gegeben, wenn der Täter den Taterfolg für möglich gehalten und billigend in Kauf genommen hat. Demgegenüber soll nach herrschender Lehre und ständiger Rechtsprechung des BGH kein Vorsatz, sondern lediglich bewusste Fahrlässigkeit vorliegen, wenn der Täter ernsthaft auf den Nichteintritt eines tatbestandlichen Erfolgs vertraut.

[5] Vgl. dazu unten Rdnr. 35ff.

[6] BGHSt 2, S. 194, 200.

2. Rechtswidrigkeit: wird in der Regel durch den Tatbestand indiziert; Rechtswidrigkeit kann ausgeschlossen sein durch Rechtfertigungsgründe (z. B. Einwilligung, Notwehr u. a.)
3. Schuld: Schuldfähigkeit (Schuldunfähigkeit: Geisteskranke, § 20 StGB, Kinder, § 19 StGB); persönliche Schuldausschließungsgründe (z. B. Verbotsirrtum, § 17 StGB, entschuldigender Notstand § 35 StGB)

Fahrlässigkeitsstraftat
Prüfungsaufbau:

1. Tatbestand:
   a) Eintritt des tatbestandlichen Erfolgs durch Handlung des Täters
   c) Objektive Sorgfaltspflichtverletzung: Außerachtlassen der Sorgfalt, zu der der Täter nach den Umständen verpflichtet ist
   d) Objektive Vorhersehbarkeit: liegt vor, wenn der Kausalverlauf und der eingetretene Erfolg nicht außerhalb der Lebenserfahrung stehen und mit ihnen nicht gerechnet zu werden brauchte
   e) Objektive Zurechenbarkeit: rechtlich missbilligtes Verhalten des Täters muss sich in tatbestandsspezifischer Weise in der verursachten Folge niedergeschlagen haben
2. Rechtswidrigkeit: wird indiziert; Prüfung, ob Rechtfertigungsgründe vorliegen (z. B. Einwilligung, Notwehr u. a.)
3. Schuld: Prüfung, ob Schuldfähigkeit vorliegt; Schuldausschluss durch persönliche Schuldausschließungsgründe möglich

III. Grundsätzliche Geltung des Strafrechts im Sport

11 Das staatliche Strafrecht hat grundsätzlich Geltung im Sport. Es ist vor allem dort von Relevanz, wo staatlich **geschützte Rechtsgüter** (z. B. die körperliche Unversehrtheit oder das Vermögen) durch sportliche Betätigung berührt werden und damit der Rechtsfrieden bedroht ist. Dazu kommt es häufig, weil sportliche Ereignisse den **Anlass zu Straftaten** bieten.

12 Bei Handlungen, die ohne inhaltlichen Bezug zufällig in einem sportlichen Rahmen stattfinden oder solche, bei denen das sportliche Ereignis den Anlass einer strafrechtlichen Handlung begründet, entfaltet sich die Wirkung des staat-

lichen Strafrechts grundsätzlich auch im Sportbereich voll. Der gewöhnliche strafrechtliche Prüfungsaufbau[7] ist anzuwenden.

Als **Beteiligte** möglicher strafbarer Handlungen kommen alle nach dem Straf- 13
recht Verantwortlichen in Betracht. Voraussetzung ist die Schuldfähigkeit gem. §§ 19, 20 StGB. Das kann also gleichermaßen Sportler, Trainer und Betreuer, Vertreter von Vereinen und Verbänden sowie Zuschauer betreffen.

Zwar können auch die Vereine und Verbände im Rahmen ihrer Vollzugsgewalt 14
(→ *3* Rdnr. 37) zur Aufrechterhaltung der disziplinarischen Ordnung des Sports mit Hilfe von Sanktions- und Ahndungsregeln tätig werden. Geschützte Rechtsgüter des Staats bleiben im Zweifel hiervon jedoch unberührt, sodass der Staat mithilfe seiner strafrechtlichen Normen und strafprozessualen Ermittlungsmöglichkeiten trotz der den Vereinen und Verbänden gewährten Autonomie zum Eingreifen ermächtigt und verpflichtet ist. Ein Nebeneinander staatlicher und verbandsrechtlicher Sanktionen ist daher möglich (z. B. bei der Dopinbekämpfung → *7* Rdnr. 19 oder bei Maßnahmen gegen Fangewalt → *8* Rdnr. 3 ff.).

1. Sportmanipulation

Unter dem weit gefassten Begriff der Sportmanipulation sind Handlungen im 15
sportlichen Umfeld zu verstehen, die durch gezielte oder verdeckte Einflussnahme auf das Wettkampfgeschehen oder das sportliche Umfeld zu sportlichen oder monetären Vorteilen führen können und damit einen »sauberen Sport« gefährden.

Einen entsprechend umfassenden Tatbestand sieht das deutsche Strafgesetz- 16
buch (bislang) nicht vor, wenngleich eine anhaltende Debatte über die Einführung eines Straftatbestands »**Sportbetrug**« geführt wird[8] (→ *7* Rdnr. 159). Es werden lediglich einige Arten von Sportmanipulationen vom staatlichen Strafrecht umfasst.

a) Doping[9]

Einen Straftatbestand »Doping« gibt es im StGB nicht. Neben verbandsrechtli- 17
chen Sanktionen sind aber staatliche Strafen im Hinblick auf sog. Fremddoping grundsätzlich möglich. Denkbar ist eine Strafbarkeit wegen Betrugs, § 263 Abs. 1 StGB sowie gem. §§ 95 Abs. 1 Nr. 2a, b, 6a Arzneimittelgesetz (AMG; V → 32).

---

[7] Vgl. hierzu im Überblick: II.

[8] Vgl. u. a. Sportschutzgesetz – Pro und Contra, SpuRt 2010, S. 106 ff.

[9] Wegen der großen Bedeutung der Dopingproblematik wird die Strafbarkeit des Dopings in einem gesonderten Dopingkapitel behandelt (→ *7*).

Sofern es sich bei Dopingpräparaten um Betäubungsmittel im Sinne des Betäubungsmittelgesetzes (BtMG; V → 33) handelt, kann sich eine Strafbarkeit aus § 29 BtMG ergeben.

b) Wettmanipulation

18 Die unerlaubte Einflussnahme auf einen sportlichen Wettkampf hat nicht zwingend eine strafrechtliche Verantwortlichkeit zur Folge, da es oft an der Verletzung eines durch das Strafrecht geschützten Rechtsguts fehlt.

Eine Strafbarkeit wegen »Bestechung« eines Sportlers durch Geldzahlung zur Erreichung einer bestimmten Leistung scheidet regelmäßig aus, da kein passender Straftatbestand vorliegt. Zwar hält das StGB entsprechende Normen in den §§ 299 ff. StGB für Privatpersonen vor. Gem. § 299 Abs. 1 StGB macht sich strafbar, wer als Angestellter oder Beauftragter eines geschäftlichen Betriebs im geschäftlichen Verkehr einen Vorteil für sich oder einen Dritten als Gegenleistung dafür fordert, sich versprechen lässt oder annimmt, dass er einen anderen beim Bezug von Waren oder gewerblichen Leistungen im Wettbewerb in unlauterer Weise bevorzugt. Allerdings greift § 299 Abs. 1 StGB bei der Sportlerbestechung nicht, da die tatbestandlichen Voraussetzungen des § 299 Abs. 1 StGB (Bestechung und Bestechlichkeit im geschäftlichen Verkehr) nicht erfüllt sind. Derjenige, der einem Spieler oder sonstigen Beteiligten (z. B. Schiedsrichter) einen Geldbetrag für den Fall verspricht, dass dieser für einen bestimmten Spielausgang »sorgt«, steht mit anderen schon in keiner Wettbewerbssituation beim »Bezug von Waren oder gewerblichen Leistungen« i. S. d. § 299 Abs. 1 StGB, da ein Sportereignis in der Regel nicht als Ware oder gewerbliche Leistung eingeordnet werden kann.[10]

19 Eine strafrechtliche Sanktionierung von Manipulationen ist allerdings bei **Sportwetten** möglich. Geschütztes Rechtsgut ist dabei das Vermögen des Wettanbieters. Der BGH hat im Wettmanipulationsfall »Hoyzer« eine Strafbarkeit desjenigen, der die Wette platziert und gleichzeitig den Ausgang des Spiels durch »Schiedsrichterbestechung« manipuliert hat, wegen Betrugs zulasten des Wettanbieters gem. § 263 StGB angenommen.[11] Allerdings ist die Entscheidung nicht unumstritten. Insbesondere ist fraglich, ob durch die Abgabe eines Wettscheins durch den Täter auf ein von ihm beeinflusstes Spiel bereits eine Täuschung im Sinne des § 263 StGB vorliegt. Zumindest entfällt eine ausdrückliche Täuschung, da der Täter nicht explizit erklärt, keine Manipulationen vorgenommen zu ha-

---

[10] Vgl. Schlösser, NStZ 2005, S. 423, 424.
[11] BGH NStZ 2007, S. 151 ff.

ben. In Betracht kommt daher lediglich eine konkludente Täuschung durch Schweigen beim Abschluss der Wette. Diese Beurteilung würde aber zu der wenig lebensnahen Konsequenz führen, dass das Schweigen bei jeder marktüblichen Wette auch immer die Erklärung enthalten würde, keinen manipulativen Vorteil zu kennen.

2. Delikte im Zusammenhang mit Hospitalitymaßnahmen

Im Rahmen der Vermarktung von Sportveranstaltungen spielen sog. **Hospitality-Konzepte** eine bedeutende Rolle. Dabei handelt es sich um Pakete, die in der Regel das Angebot einer Logen- oder Business-Seat-Einladung und eines exklusiven Caterings in den jeweiligen Premium-Bereichen der Stadien umfassen.[12] Bei Großveranstaltungen wie Fußball-Weltmeisterschaften oder Olympischen Spielen werden darüber hinaus auch sog. Off-Site-Hospitality-Leistungen angeboten, die weitere Bestandteile wie Anreise, Unterkunft, Rahmenprogramm etc. enthalten.[13] 20

Vor allem in der Fußball-Bundesliga kommt es häufig vor, dass Sponsoren Geschäftspartner oder politische Persönlichkeiten in Stadionlogen einladen, um ihre eigenen Aktivitäten werbewirksam hervorzuheben bzw. bestehende Geschäftskontakte zu pflegen und neue Kontakte aufzubauen.[14] 21

Aus strafrechtlicher Sicht ist zu fragen, wer eingeladen werden darf und wie das rechtssicher realisiert werden kann. Lädt ein Sponsor einen Amtsträger zu einer Sportveranstaltung ein, kommt eine Strafbarkeit gem. §§ 331–334 StGB in Betracht. Diese Normen schützen die Lauterkeit des öffentlichen Dienstes bzw. das Vertrauen der Allgemeinheit in die Unkäuflichkeit staatlicher Entscheidungen. Gem. § 333 Abs. 1 StGB macht sich strafbar, wer einem Amtsträger oder einem Dritten einen Vorteil anbietet, verspricht oder gewährt. Aufgrund ihres Schutzzwecks sind die Normen restriktiv auszulegen. 22

Nach Ansicht des BGH kommt es vor allem auf das Tatbestandsmerkmal der Unrechtsvereinbarung an. Eine solche liegt dem BGH zufolge nur dann vor, wenn der Sponsor die künftige Dienstausübung des Amtsträgers beeinflussen oder dessen vergangene Dienstausführung honorieren will. Dabei reicht es für die Strafbarkeit bereits aus, dass der Vorteilsgeber beim Amtsträger generelles Wohlwol- 23

12 Von Appen, in: Hdb Fußball-Recht, Kap. 4, Rdnr. 5.

13 Vgl. von Appen, in: Hdb Fußball-Recht, Kap. 4, Rdnr. 6.

14 Vgl. Staschik, SpuRt 2010, S. 187, 188.

len hervorrufen will, welches er bei Gelegenheit aktivieren kann (sog. allgemeine Klimapflege).[15]

24 Sofern Adressat der Einladung eine **Privatperson** ist, kommt für den Sponsor eine Strafbarkeit gem. § 299 Abs. 2 StGB in Betracht. Danach macht sich strafbar, wer im geschäftlichen Verkehr zu Zwecken des Wettbewerbs einem Angestellten oder Beauftragten eines geschäftlichen Betriebs oder einem Dritten einen Vorteil dergestalt anbietet, verspricht oder gewährt, dass er ihn oder einen anderen beim Bezug von Waren oder gewerblichen Leistungen in unlauterer Weise bevorzugt. Dieses Delikt im Bereich der Wirtschaftskorruption ist jedoch nicht so restriktiv auszulegen wie das entsprechende bei Amtsträgern, da im Geschäftsverkehr auch höherwertige Zuwendungen als sozialadäquat und damit straflos betrachtet werden.[16] Eine Strafbarkeit bei derartigen Hospitality-Einladungen wird daher selten verwirklicht sein.

3. Stalking gegenüber Sportlern

25 Gem. § 238 Abs. 1 Nr. 1, 2 StGB macht sich strafbar, wer einem Menschen unbefugt nachstellt, indem er beharrlich seine räumliche Nähe aufsucht oder unter Verwendung von Telekommunikationsmitteln oder sonstigen Mitteln der Kommunikation oder über Dritte Kontakt zu ihm herzustellen versucht und dadurch seine Lebensgestaltung schwerwiegend beeinträchtigt.

26 Sportler sind verstärkt Opfer von Stalking, was nicht zuletzt auf deren Popularität und anhaltende Medienpräsenz zurückgeführt werden kann.[17] Opfer von Stalking kann jedoch jedermann sein, sodass sich keine sportspezifische strafrechtliche Bewertung ergibt.

4. Sexueller Missbrauch von Schutzbefohlenen im Sport

27 Gem. § 174 Abs. 1 Nr. 1 StGB macht sich strafbar, wer sexuelle Handlungen an einer Person unter sechzehn Jahren, die ihm zur Erziehung, zur Ausbildung oder zur Betreuung in der Lebensführung anvertraut ist, vornimmt oder an sich von dem Schutzbefohlenen vornehmen lässt. Bei Personen unter achtzehn Jahren macht sich strafbar, wer zudem ein durch Erziehungs-, Ausbildungs-, Betreu-

[15] Für Verunsicherung hat der Fall des ehemaligen EnBW-Vorstandsvorsitzenden Utz Claasen gesorgt, hierzu ausführlicher: Staschik, SpuRt 2010, S. 187, 188 sowie BGH NJW 2008, S. 3580 ff.

[16] Vgl. Staschik, SpuRt 2010, S. 187, 190.

[17] Vgl. den Fall der Hochspringerin Ariane Friedrich, die über ihre Facebook-Seite anzügliche Nachrichten erhielt und diese unter Nennung des Verfassernamens selbst postete.

ungs-, Dienst- oder Arbeitsverhältnis entstandenes Abhängigkeitsverhältnis ausnutzt, § 174 Abs. 1 Nr. 2 StGB.

Dieses Delikt kann im Sport vor allem im Rahmen des häufig bestehenden Abhängigkeitsverhältnisses zwischen jugendlichem Athlet und Trainer verwirklicht werden, ohne jedoch eine sporttypische Besonderheit darzustellen.

5. Fangewalt

Im Rahmen des vor allem im Fußball auftretenden Phänomens der Fangewalt 28
kommt es häufig zur Verletzung staatlich geschützter Rechtsgüter. Diese Verletzungshandlungen werden nach den herkömmlichen strafrechtlichen Grundsätzen sanktioniert. Daneben bestehen zur Eindämmung der Problematik eine Reihe präventiver und repressiver Maßnahmen, die von unterschiedlichen Beteiligten eingesetzt werden können.[18]

IV. Straflosigkeit bei sportimmanenten Handlungen

In bestimmten Situationen können gesellschaftliche Normen und Sportregeln die 29
strafrechtliche Bewertung sportlicher Handlungen beeinflussen. Das wird deutlich, wenn konkrete Verhaltensweisen im Wettkampf, die normalerweise – wegen der Verletzung eines geschützten Rechtsguts – zu einer Strafbarkeit führen würden, nicht bestraft werden.

Diese, als **sportimmanente Handlungen mit strafrechtlicher Relevanz** zu be- 30
zeichnenden Handlungen werden unmittelbar im sportlichen Wettkampf von den Athleten begangen. Wenn etwa der Boxer seinem Gegner einen kräftigen »punch« verpasst, macht er sich in der Regel nicht wegen eines Körperverletzungsdelikts strafbar. Gleiches gilt für den Fußballer, der absichtlich seinen Gegenspieler leicht foult, um den Spielfluss zu der konkurrierenden Mannschaft zu unterbinden.

1. Körperverletzung zwischen Sportlern im Wettkampf

a) Grundsatz der Strafbarkeit von Körperverletzungsdelikten

Körperverletzungen sind im Sport unumgänglich. Je nach Sportart können diese 31
vom Spielziel sogar umfasst und den jeweiligen Regeln entsprechend geduldet

[18] Vgl. zu diesem Thema, das auch strafrechtliche Aspekte aufweist, das gesonderte Kapitel in diesem Lehrbuch (→ *8*).

sein. So hängt z. B. bei den meisten Kampfsportarten der konkrete Erfolg der Disziplin vom körperlichen Niederringen des Gegners ab. In anderen Sportarten, wie z. B. den kontaktorientierten Mannschaftssportarten Fußball, Handball oder Eishockey sind körperliche Konfrontationen zwar nicht das Hauptziel des Sports, aber immerhin eine geduldete Begleiterscheinung und nicht selten sogar ein taktisches Mittel, um den Spielfluss des Gegners zu stören.[19] In wieder anderen Disziplinen ist ein Körperkontakt nicht vom Spielziel umfasst und es kommt nur zufällig und bedingt durch unaufmerksames Verhalten Einzelner zu körperlichen Beeinträchtigungen und Verletzungen, z. B. bei einem Massensturz beim Radrennen.

32 Grundsätzlich besteht in Deutschland ein **Körperverletzungsverbot**, ist doch der Körper des Menschen durch das Recht auf körperliche Unversehrtheit (Art. 2 Ab. 2 Satz 1 GG) in der Verfassung sowie einfachgesetzlich durch die Körperverletzungsdelikte des StGB (§§ 223 ff. StGB) geschützt. Körperverletzung ist der Eingriff in die körperliche Unversehrtheit einer Person in Form einer körperlichen Misshandlung oder einer Gesundheitsschädigung. Eine körperliche Misshandlung gem. § 223 Abs. 1, 1. Alt. StGB liegt bei jeder üblen und unangemessenen Behandlung eines anderen Menschen vor, die dessen körperliche Unversehrtheit oder das körperliche Wohlbefinden mehr als nur unerheblich beeinträchtigt. Eine Gesundheitsschädigung im Sinne des § 223 Abs. 1, 2. Alt. StGB ist das Hervorrufen oder Steigern eines pathologischen (krankhaften) Zustands (physischer oder psychischer Art). Krankhaft ist ein Zustand dann, wenn er nachteilig vom Normalzustand des Betroffenen abweicht. Zu unterscheiden ist zwischen vorsätzlichen (§§ 223–228 StGB) und fahrlässigen (§ 229 StGB) Körperverletzungsdelikten.

b) Straffreiheit bei Körperverletzungsdelikten im Sport

33 Häufig liegt im Sport – wie z. B. in den oben genannten Fällen – tatbestandlich eine Körperverletzung in Form einer körperlichen Misshandlung oder Gesundheitsschädigung vor. In der Praxis sind hingegen strafrechtliche Verfahren wegen der Verwirklichung von Körperverletzungsdelikten im Sport sehr selten.

34 Das liegt zum einen am **geringen individuellen Strafverfolgungsinteresse** der geschädigten Sportler selbst, über dessen Ursachen sich nur mutmaßen lässt. In jedem Fall scheint es eine gesteigerte Toleranz vieler Sportler zu geben, sodass ein strafrechtliches Vorgehen gegen einen sportlichen Konkurrenten als unfair emp-

[19] Vgl. das sog. »taktische Foul« beim Fußball oder z. B. »tripping« (Beinstellen) und »boarding« (Bandencheck) beim Eishockey.

funden wird. Zum anderen besteht in Rechtsprechung und Literatur Einigkeit darüber, dass in sportimmanenten Verhaltensweisen mit strafrechtlicher Relevanz keine strafbaren Handlungen zu sehen sind, da andernfalls die Aufrechterhaltung wesentlicher Spannungselemente und Regelbestandteile vieler Sportarten konterkariert würden. Umstritten ist, wie die »Straflosigkeit« im sportlichen Wettkampf dogmatisch zu begründen ist.

Ein Teil der Literatur[20] und die Rechtsprechung[21] gehen davon aus, dass der 35
Tatbestand der Körperverletzung jeweils erfüllt ist, der verletzte Sportler jedoch zuvor in die Möglichkeit der Verletzung eingewilligt hat. Das bedeutet, dass die Voraussetzungen einer Tatbestandsalternative (körperliche Misshandlung oder Gesundheitsschädigung) vorliegen und der verletzende Sportler diese auch vorsätzlich (§ 223 StGB) herbeigeführt hat. Dessen Straffreiheit ergibt sich dann aus einer sog. **rechtfertigenden Einwilligung** des Geschädigten.

Die Theorie der sog. **Risikoeinwilligung** geht davon aus, dass es in den meisten 36
Sportarten zu fahrlässigen Körperverletzungen kommt, d.h., dass eine Verletzungshandlung nicht mit Wissen und Wollen des Schädigers erfolgt, sondern lediglich unter Missachtung einer Sorgfaltspflicht und deren Erkennbarkeit. Handelt der Sportler demnach lediglich sorgfaltswidrig und führt somit fahrlässig eine Körperverletzung bei einem anderen Sportler herbei (§ 229 StGB), soll sich die Rechtfertigung aus der Risikoeinwilligung ergeben. Danach willigt der Sportler, der sich sehenden Auges auf die verletzungsträchtige Situation einlässt, in das Risiko einer auf Fahrlässigkeit des Gegners beruhenden Verletzung ein. Die Folge ist, dass Verletzungen, die (spiel)-regelkonform sind oder auf leicht fahrlässigen Regelverstößen beruhen, unabhängig von ihrer Schwere, gerechtfertigt sein sollen, wohingegen Verletzungen, die auf grob fahrlässigen oder vorsätzlichen (Spiel)-Regelverstößen beruhen sowie vorsätzliche körperliche Misshandlungen oder Gesundheitsschädigungen – außer bei Kampfsportarten – nicht gerechtfertigt sein sollen.

Geht man jedoch davon aus, dass Körperverletzungen im Sport vorsätzlich ge- 37
schehen, kommt die sog. **Erfolgseinwilligung** in Betracht, wonach das Opfer sowohl in die Tathandlung als auch in den Erfolgseintritt eingewilligt haben muss.[22] Allerdings findet sie nach h. M. nur bei solchen Sportarten Anwendung, die – wie z. B. Kampfsportarten – ihrer Natur nach auf die vorsätzliche Zufügung von Schmerzen angelegt sind. Beschränkungen sollen sich bei der Erfolgseinwilli-

20 Schimke, Sportrecht, S. 140.

21 BGHSt 4, S. 24, 33; BayOLGSt 1960, S. 266, 270; OLG Hamm JR 1998, S. 465 ff.; OLG Karlsruhe NJW 1982, S. 394 ff.

22 Vgl. Rössner, SidP, Rdnr. 1668 f.

gung aus §§ 228 und 216 StGB ergeben, wonach die Körperverletzung nicht gegen die guten Sitten verstoßen und keinen vorhersehbaren tödlichen Verlauf nehmen darf, was vor allem im Rahmen von Extremkampfsportarten wie »Ultimate Fighting« bzw. »Mixed Material Arts« zu thematisieren ist.[23]

38 Weil die Einwilligung in der Praxis aber nicht vor jeder einzelnen Wettkampfhandlung einzuholen ist, wird z. T. angenommen, dass der Sportler durch die Teilnahme am Wettkampf konkludent (stillschweigend) seine Einwilligung zu den Wettkampfbedingungen erteilt, was aber vor allem im Hinblick auf die Risikoeinwilligung nicht lebensnah erscheint.

39 Der Einwilligungslösung fehlt es an einer trennscharfen Unterscheidung zwischen Erfolgs- und Risikoeinwilligung. Sie beschränkt die Straflosigkeit auf eine fahrlässig herbeigeführte Regelverletzung, was nicht der sporttatsächlichen Realität entspricht, in der ein beachtlicher Teil der Körperverletzungshandlungen – zumindest bedingt – vorsätzlich begangen wird.

40 Nach einer weiteren Auffassung soll es bereits an der Verwirklichung der Tatbestandsmäßigkeit von Körperverletzungsdelikten im Sport fehlen. Die Vertreter der **tatbestandsausschließenden Theorie**[24] gehen von der Akzeptanz des Sports als einem vom staatlichen Recht anerkannten gesellschaftlichen Teilsystem aus.[25] Da man im Sport von anderen Sorgfaltspflichten als im Alltagsleben auszugehen habe, könnten Handlungen, die nach den jeweiligen Regeln anerkannter Sportarten zulässig seien, als **sozialadäquat** und damit als nicht pflichtwidrig gelten. Unvermeidliche Verhaltensweisen, zu denen auch Verletzungshandlungen im Sport zählen, dürften tatbestandlich daher nicht als Körperverletzungen behandelt werden.[26]

41 Ebenfalls zu einem Tatbestandsausschluss kommt eine Auffassung, die von einem **erlaubten Risiko** im Sport ausgeht.[27] Danach sei die Möglichkeit eines Schadens durch sportliches Verhalten den Wettkampfteilnehmern hinreichend bekannt. Diese sei hinzunehmen, da insbesondere die Sportregeln als Sorgfaltsnormen eine hinreichende Absicherung der körperlichen Integrität bieten würden.

42 Schließlich wird vertreten, dass eine sog. **Sportadäquanz** angenommen werden kann, die ebenfalls zu einem Tatbestandsausschluss führt.[28] Normativ gestützt auf die bestehenden verbandlichen Regelwerke und deren Anerkennung im DOSB sei der sportliche Wettkampf ein »rechtsentlassener Raum«, in dem

[23] Vgl. Jacobs, SpuRt 2012, S. 2 ff.

[24] Zipf, ZStW 1970, S. 663 ff.; Dölling, ZstW 1984, S. 36 ff.; Eser JZ 1978, S. 368, 368 ff.

[25] Vgl. Dölling, ZStW 1984, S. 36, 60.

[26] Vgl. Zipf, ZStW 1970, S. 663, 665.

[27] Eser, JZ 1978, S. 368, 372 f.

[28] Schild, Sportstrafrecht, S. 116 ff.

sportimmanente Handlungen nicht vom Tatbestand der Körperverletzung erfasst seien.[29]

Die Theorien des sozialadäquaten Verhaltens, des erlaubten Risikos und der Sportadäquanz nehmen zu Recht Bezug auf die verbandsinternen Regeln (Spielregeln). Hiergegen spricht auch nicht der unterschiedliche Regelungszweck von verbandlichen Spielregeln und staatlichem Recht. Während erstere zwar grundsätzlich für die Absicherung des Spielbetriebs und entsprechender Regeln zuständig sind und das staatliche Strafrecht dem Rechtsgüterschutz dient, kann die Körperverletzung im Sport nicht losgelöst von den sportarttypischen Besonderheiten erfasst werden, da es sonst zu Folgen käme, die eine Aufrechterhaltung des Spielbetriebes in vielen Sportarten unmöglich machen würde. 43

Die tatbestandsauschließenden Theorien machen die Straflosigkeit hingegen von einer fahrlässigen Erfolgsverursachung bzw. von (spiel)-regelkonformen bzw. ggfs. leicht fahrlässigen (spiel)-regelwidrigen Handlung abhängig, verkennen jedoch dabei den häufig im Sport anzutreffenden Fall der vorsätzlichen Körperverletzung. 44

Am überzeugendsten ist daher eine **vermittelnde Ansicht**,[30] die zwischen (vorsätzlicher) Körperverletzung im gegen den Körper des Gegners gerichteten Kampfsport und Körperverletzung als überwiegend fahrlässig verursachter Folge im sonstigen sportlichen Wettkampf differenziert. Während bei letzterer bereits auf tatbestandlicher Ebene bei objektiver Sorgfaltswidrigkeit durch Überschreiten der Spielregeln oder der sportartspezifischen Toleranz eine Straflosigkeit zu erfolgen habe[31], müsse bei vorsätzlichen Körperverletzungen im gegen den Körper des Gegners gerichteten Kampfsport die Straflosigkeit mit der (konkludenten) Einwilligung des Opfers auf Rechtfertigungsebene begründet werden. Demnach sei derjenige strafrechtlich nicht verantwortlich, der sich bei der Sportausübung an die Regeln halte bzw. diese sportüblich in geringem Maß überschreite.[32] Alle sonstigen vorsätzlichen Körperverletzungen im Sport sind demnach strafbar. 45

Dieser Ansatz wird einer sportnahen Betrachtung gerecht, indem er zwischen typischerweise auf vorsätzliche Körperverletzung und typischerweise auf fahrlässige Körperverletzung gerichtete Sportarten unterteilt und die übliche Dogmatik des Tatbestandsauschlusses oder der rechtfertigenden Einwilligung zumindest lebensnah durchbricht. 46

---

[29] Schild, Sportstrafrecht, S. 119.

[30] Vertreten von Wolters/Schmitz, Handbuch Sportrecht, S. 251 ff.; Rössner, SidP, Rdnr. 1667 ff.

[31] Vgl. Wolters/Schmitz, Handbuch Sportrecht, S. 251 f.; Rössner, SidP, Rdnr. 1671 ff.

[32] Vgl. Rössner, SidP, Rdnr. 1679.

c) Sachbeschädigung durch Sportler im Wettkampf

47 Auch Sachbeschädigungen können durch sportimmanente Handlungen verwirklicht werden. Das kommt vor allem im Motorsport in Betracht, weil hier nicht selten Fahrzeuge von hohem Wert im Wettkampf durch Kollisionen zerstört werden.

48 Gem. § 303 Abs. 1 StGB wird bestraft, wer rechtswidrig eine fremde Sache beschädigt. Bei der Privilegierung der Sachbeschädigung kommt es entscheidend darauf an, ob bei der Deliktshandlung (zumindest bedingter) Vorsatz oder Fahrlässigkeit vorliegt. Nimmt man Fahrlässigkeit an, erübrigen sich Ausführungen zur Dogmatik einer möglichen Straflosigkeit, da fahrlässige Sachbeschädigungen vom Gesetz nicht unter Strafe gestellt sind. Geht man dagegen von Vorsatz aus, ergibt sich entsprechend den Theorien zur Körperverletzung entweder auf Tatbestands- oder auf Rechtfertigungsebene eine Straflosigkeit dieses Delikts im Sport.

Strafbarkeit im Sport kompakt

- Der Sport bietet Anlass für eine Vielzahl von Straftaten.
- Das staatliche Sportrecht hat grundsätzlich Geltung im Sport.
- Staatliches Strafrecht mit Sportrelevanz ist abzugrenzen von den privatrechtlichen Sanktions- und Ahndungsregeln der Vereine und Verbände.
- Eine häufige Privilegierung ergibt sich insbesondere im Hinblick auf Körperverletzungsdelikte im sportlichen Wettkampf.

Vertiefende Literatur

Schild, Wolfgang: Sportstrafrecht, 2002.
Reinhart, Michael: Das »Hoyzer-Urteil« des BGH: Genugtuung für den Sport oder Gefahr für die Betrugsdogmatik?, SpuRt 2007, 52 ff.
ders.: Sport und Strafrecht, 8, Rdnr. 1 ff., in: Fritzweiler / Pfister / Summerer, Praxishandbuch Sportrecht, 2007.
Wolters, Gereon/ Schmitz, Moritz: Strafrecht, in: Nolte/ Horst, Handbuch Sportrecht, S. 247 ff.
Kaiser, Martin: Anerkannter Sport oder strafbare Handlung? – Zur Zulässigkeit von (Kampf-)Sport am Beispiel von Ultimate Fighting, SpuRt 2010, S. 98 ff.
Reinhart, Michael: Ist Korruption in Sportverbänden strafbar?, SpuRt 2011, 241 ff.
Rössner, Dieter: Sportstrafrecht, 11, Rdnr. 1679 ff. in: Adolphsen / Nolte / Lehner / Gerlinger, Sportrecht in der Praxis, 2012.

7. Kapitel: Doping

I. Doping als Thema des Rechts

Das **Streben nach Spitzenleistungen** und Rekorden ist ein wesentlicher Bestandteil des Sports. Hieran ist seine Attraktivität für den Veranstalter, die Zuschauer, die Medien und potenzielle Sponsoren zu bemessen. Auch staatliche Förderung ist im Spitzensport an den sportlichen Erfolg geknüpft.[1] 1

Im »Idealfall« werden diese Leistungen durch das Talent der Sportler, die Schaffung optimaler Rahmenbedingung, gute Sportförderung (→ *2* Rdnr. 33) sowie durch effiziente und moderne Trainingsmethoden erzielt. Doch auch Doping[2] kann Leistungssteigerungen herbeiführen. Nach heutiger Auffassung steht Doping allerdings im Widerspruch zum Geist des Sports. Der einzelne Sportler befindet sich daher im Spannungsfeld zwischen möglicher Leistungsoptimierung und der Forderung nach einem »sauberen Sport«.

Dabei ist Doping mehr als ein rechtliches Thema. Mit seiner langen Historie und der anhaltenden Diskussion um eine Legalisierung des Dopings[3] ist es ein gesamtgesellschaftliches Phänomen, das sich in der Forschung als interdisziplinäres Feld aus soziologischen, ökonomischen, philosophischen und vor allem medizinischen und juristischen Aspekten präsentiert.[4]

II. Verbreitung von Doping

Doping wird vor allem **im Spitzensport** wahrgenommen. Hier sind es einzelne, 2
primär auf intensive Ausdauerleistung angelegte Sportarten, in denen Dopingfäl-

[1] Vgl. die Diskussion über die Zielvereinbarung des Bundesministerium des Inneren (BMI) mit dem DOSB, wonach für die Olympischen Spiele in London 2012 insgesamt 86 Medaillen, davon 28 Goldmedaillen hätten erreicht werden sollen, Prokop, SpuRt 2012, S. 191 f. sowie allgemein zu Zielvereinbarungen im Sport Hümmerich, NJW 2006, S. 2294 ff.

[2] Zur Definition des Begriffs Doping siehe sogleich Rdnr. 9 ff.

[3] Siehe hierzu u. a. Steiner, in: SpuRt 2006, S. 244 ff. und weiterführend aus ökonomischer Sicht: Daumann, Die Ökonomie des Dopings, 2013.

[4] Die Darstellung in diesem Kapitel beschränkt sich im Wesentlichen auf eine juristische Betrachtungsweise. Für eine umfassende Auseinandersetzung empfiehlt sich weiterführende Lektüre.

le vermehrt aufgedeckt worden sind. Im Zentrum steht dabei der Radsport, aber auch im Schwimmen und der Leichtathletik werden regelmäßig Dopingvergehen nachgewiesen.[5] Bislang weniger im Fokus der Dopingverfolgung stehen – trotz wiederholt auftretender Spekulationen – Sportarten wie Fußball oder Tennis.

Das **Ausmaß der Verbreitung** von Doping im Sport ist nicht bekannt. Zwar stehen mittlerweile zahlreiche Kontrollmechanismen zur Verfügung. Danach war die Nachweisquote von Dopingfällen in Deutschland 2011 bei Trainings- und Wettkampfkontrollen mit ca. 1% relativ gering.[6] Indes muss von einer hohen »**Dunkelziffer**« nicht nachgewiesener oder nicht nachzuweisender Dopingvergehen ausgegangen werden.

3 Die Einnahme leistungssteigernder Substanzen ist aber ebenso **im Breitensport** verbreitet. Betroffen ist vor allem der Freizeit- und Fitnesssport. Neben der Einnahme anaboler Steroide bei Fitness-Studiobesuchern sind Dopingmittel mittlerweile auch im Freizeitausdauerbereich (z. B. Laufen, Radfahren) angekommen. Entgegen ursprünglicher Vermutungen,[7] geht man inzwischen davon aus, dass in Deutschland mehr als eine Million Menschen im Wettkampfsport regelmäßig zu verbotenen leistungssteigernden Mitteln greifen.[8]

III. Akteure der Dopingbekämpfung

4 Die Bekämpfung des Dopings ist ein zentraler Aspekt der Sportpolitik. Es besteht, trotz vereinzelter Forderungen nach einer Aufhebung des Dopingverbots[9] überwiegend Einigkeit, dass jeder Sportler »ein Recht auf Teilnahme an einem fairen, sauberen Sport«[10] hat.

Die Aufrechterhaltung dieser Chancengleichheit und Wahrung der Integrität des Sports ist in Deutschland nach aktueller Gesetzeslage und dem Prinzip der

---

[5] Erinnert sei exemplarisch an die spektakulären Dopingfälle der jüngeren Vergangenheit Armstrong (Radsport) oder Gay, Powell (Leichtathletik).

[6] Laut NADA-Jahresbericht gab es im Jahr 2011 in den DOSB-Verbänden 49 nachgewiesene Fälle, bei denen im Rahmen von insgesamt ca. 5100 Trainings- und Wettkampfkontrollen verbotene Substanzen gefunden wurden. Dazu gab es drei Verfahren aufgrund von versäumten Kontrollen und/oder Meldepflichtversäumnissen innerhalb eines Zeitraums von 18 Monaten.

[7] Vgl. die sog. »Kolibri-Studie« des Robert-Koch-Instituts von 2008, die Dopingaktivitäten bei lediglich unter 1% der Deutschen annahm.

[8] So gaben 2009 62 Prozent der mehr als 1.000 befragten Teilnehmer des Bonn-Marathons an, vor dem Start Schmerzmittel eingenommen zu haben.

[9] Zur weiteren Vertiefung zu dieser Frage: Höfling, in: Doping – warum nicht?, S. 3 ff.

[10] Geleitwort zum Nationalen Anti-Doping-Code, S. 1 f.

»Staatsferne« des Sports (→ *2* Rdnr. 1) **in erster Linie Aufgabe der Institutionen des Sports** (Sportverbände, Sportvereine) selbst. Im Rahmen eines effizienten Anti-Doping-Kampfs sind dabei verschiedene Akteure eingebunden. Neben den internationalen und nationalen Fachsportverbänden sind das vor allem die Welt-Anti-Doping-Agentur (WADA) und die nationalen Anti-Doping-Agenturen (in Deutschland: NADA). Aber auch die einzelnen **Staaten mit ihren Rechtsordnungen** und ihren unterschiedlich ausgestalteten Anti-Doping-Gesetzen sowie wissenschaftliche Einrichtungen unterstützen die Dopingbekämpfung aktiv.

1. Welt-Anti-Doping-Agentur (WADA)

Die Welt-Anti-Doping-Agentur (WADA) ist eine unabhängige Stiftung schweizerischen Rechts, die 1999 auf Initiative des IOC gegründet wurde und inzwischen ihren Hauptsitz im kanadischen Montreal hat. Ihre primären Aufgaben sind die Harmonisierung und Koordinierung von Programmen auf internationaler und nationaler Ebene im Hinblick auf die Entdeckung, Abschreckung und Verhinderung von Doping. 5

An der Spitze der WADA steht ein 38-köpfiger Stiftungsrat. Er ist mit Vertretern der olympischen Bewegung[11] und der Länderregierungen[12] besetzt. Der Stiftungsrat delegiert die Verwaltung und den Betrieb der WADA, einschließlich der Durchführung von Aktivitäten und Verwaltung von Vermögenswerten, an das Executive Committee der WADA, das sich wiederum aus 12 Vertretern zusammensetzt. Daneben fungieren WADA-Ausschüsse, die beratend tätig werden, insbesondere bei der Festlegung von Leitlinien für die Agentur-Programme.

2. Nationale Anti-Doping-Agentur (NADA)

In Deutschland werden die Anti-Doping-Aktivitäten institutionell durch die 2002 gegründete Nationale Anti-Doping-Agentur (NADA) koordiniert. Sie setzt die Vorgaben der WADA auf nationaler Ebene um. Die NADA ist eine selbständige privatrechtliche Stiftung nach deutschem Recht und hat ihren Sitz in Bonn. Sie 6

[11] Bestehend aus je vier Vertretern des IOC, der Vereinigung der Nationalen Olympischen Komitees (ANOC) und der Athleten-Kommission des IOC, drei Vertretern des Verbandes der internationalen Olympischen Sommersport-Verbände (ASOIF) und je einem Vertreter des Allgemeinen Verbands internationaler Sportverbände (SportAccord) sowie der Olympischen Wintersport-Verbände AIOWF; dazu Präsident und Vizepräsident.

[12] Jeweils vier Vertreter aus Afrika, Amerika, Asien sowie 5 aus Europa und zwei aus Ozeanien.

löste ihre Vorgängerinstitution, die »Anti-Dopingkommission des Deutschen Sportbunds und Nationalen Olympischen Komitees« (ADK DSB/NOK) ab.

Die NADA hat einen Vorstand, eine hauptamtliche Geschäftsleitung und ein Kuratorium, das aus Vertretern der Wirtschaft, des Bundesinnenministeriums und des organisierten Sports besteht und die Arbeit des Vorstands ähnlich wie ein Aufsichtsrat überwacht. Die Aufgaben und Ziele der NADA sind gem. § 2 Abs. 2 der Stiftungsverfassung der NADA die Umsetzung eines einheitlichen Dopingkontrollsystems für Deutschland, die Doping-Prävention, die Umsetzung des WADA-Code in einen NADA-Code, (Rechts-)Beratung für Verbände und Athleten, die Einrichtung eines unabhängigen Sportschiedsgerichts (seit 1. Januar 2008: Deutsches Sportschiedsgericht) sowie die Internationale Zusammenarbeit in Dopingfragen.

3. Internationale und nationale Fachsportverbände

7 Die internationalen und nationalen Fachsportverbände fungieren als »**Bindeglieder**« zwischen den Anti-Doping-Vorgaben der Dopingagenturen und den einzelnen Athleten. Mit Hilfe sog. Selbstverpflichtungen haben sich die Verbände bereit erklärt, die Anti-Doping-Regelungen durch Implementierung in ihre Satzungen und Ordnungen umzusetzen. Viele Verbände halten darüber hinaus eigene Anti-Doping-Kommissionen vor. So können einzelnen Verbänden auf der Grundlage von WADA- und NADA-Code eigene Pflichten bei Anti-Doping-Maßnahmen obliegen, z. B. bei der Durchführung von Wettkampfkontrollen.

4. Staaten

8 Die Einzelstaaten sind ebenfalls in den Anti-Doping-Kampf eingebunden. Art und Intensität sind dabei unterschiedlich. In einigen Ländern (z. B. Frankreich, Italien) gibt es spezielle Anti-Doping-Gesetze, in anderen zielen einzelne Regelungen in unspezifischen Gesetzen auf die Eindämmung von Dopingaktivitäten ab. So auch in Deutschland, wo der Staat im Arzneimittelgesetz (V → 32) und im Betäubungsmittelgesetz (V → 33) strafrechtliche Normen geschaffen hat, die insbesondere den Handel und den Besitz von Dopingmitteln unter Strafe stellen. Darüber hinaus gibt es Regelungen im StGB, die zwar nicht dopingspezifisch ausgestaltet sind, aber bestimmte Rechtsgüter schützen, welche durch Doping bedroht sein können.

IV. Dopingbegriff

Mit einer präzisen Definition des Begriffs Doping tat man sich lange schwer. Zu facettenreich und zu komplex sind die medizinischen und rechtlichen Aspekte. 9

1. Historische Dopingbegriffe

Die früheren Definitionen orientierten sich stark an der Wertanschauung der jeweiligen Zeit. So gab es bei der Bewertung des Dopings einen **Rezeptionswandel**. Von der gewünschten Möglichkeit der Leistungssteigerung in den 1950er und 1960er Jahren, über die politisch motivierte, aber aus Gründen des Gesundheitsschutzes bereits kritisch betrachtete Praxis in den nachfolgenden Jahrzehnten bis hin zur aus ökonomischen und moralischen Aspekten verwerflichen sowie sanktionierten Dopingaktivität heute hat sich der Blickwinkel auf Doping gewandelt. 10

Allerdings waren die Dopingdefinitionen lange Zeit kaum justiziabel. Zu unbestimmt waren die darin enthalten Begriffe. Erst später setzte eine »Verrechtlichung« des Dopingbegriffs ein. Mit der **Definition des Anti-Doping-Kodex des IOC**, die bei der Welt-Doping-Konferenz 1999 in Lausanne festgelegt wurde, war Doping erstmals über eine Liste der ausdrücklich verbotenen Mittel und Verhaltensweisen bestimmt.

2. Verbandsrechtlicher Dopingbegriff

Der heute verbindliche **verbandsrechtliche Dopingbegriff** entstammt dem Code der Welt-Anti-Doping-Agentur (WADA) von 2003[13] und wurde im NADA-Code (V → 58) entsprechend umgesetzt. Er zeichnet sich durch seine Objektivität und die konkret bestimmte und abschließende Aufzählung der verbotenen Methoden und Substanzen aus. Gem. Art. 1 des WADA-Codes wird Doping definiert als »das Vorliegen eines oder mehrerer der [...] in Art. 2.1 bis Art. 2.8 festgelegten Verstöße gegen Anti-Doping-Bestimmungen.« 11

Doping im Sinne des WADA-Codes ist demnach das Vorhandensein einer **verbotenen Substanz**, ihrer Metaboliten oder Marker in der Probe eines Athleten (Art. 2.1), der Gebrauch oder Versuch des Gebrauchs einer verbotenen Substanz oder Methode (Art. 2.2). 12

Des Weiteren liegt Doping vor bei Missachtung oder Manipulation des von der nationalen Anti-Doping-Agentur durchgeführten Kontrollsystems. Letzteres ist gegeben, wenn es ein Athlet ohne zwingenden Grund unterlässt bzw. sich weigert,

---

[13] Im Wesentlichen übernommen im WADA-Code 2009.

sich nach entsprechender Aufforderung einer nach anwendbaren Anti-Doping-Bestimmungen zulässigen Probeentnahme zu unterziehen (Art. 2.3). Ebenso stellen **Versäumnisse von Trainingskontrollen bzw. bezüglich Meldepflichten** Verstöße gegen die Doping-Bestimmungen dar (Art. 2.4). Auch die **unzulässige Einflussnahme** bzw. der Versuch der unzulässigen Einflussnahme auf irgendeinen Teil des Dopingkontrollverfahrens ist eine Dopinghandlung im Sinne des WADA-Codes (Art. 2.5).

13 Der WADA-Code will auch den Handel von Dopingmitteln und die Hilfeleistung bei der Anwendung von unerlaubten Methoden unterbinden und sanktioniert daher den **Besitz verbotener Substanzen** (Art. 2.6), das Inverkehrbringen oder den Versuch des Inverkehrbringens verbotener Substanzen oder verbotener Methoden (Art. 2.7) sowie die **Verabreichung oder den Versuch der Verabreichung** von Substanzen oder Anwendung von Methoden an Athleten, die außerhalb der Wettkampfs verboten sind (Art. 2.8).

14 Für die Beurteilung, was verbotene Substanzen oder Methoden im Einzelnen sind, veröffentlicht die WADA gem. Art 4.1 mindestens einmal jährlich eine aktualisierte Verbotsliste **(Prohibited List).**[14] Diese klassifiziert in drei Kategorien: jederzeit verbotene Substanzen und Methoden (z. B. Anabolika, Gendoping usw.), im Wettkampf verbotene Wirkstoffe und Methoden (z. B. Narkotika, Cannabinoide usw.) und für bestimmte Sportarten verbotene Stoffe (z. B. Alkohol für Motorsport). Problematisch an dieser abschließenden Aufzählung verbotener Substanzen und Methoden ist jedoch, dass eine Umgehung durch den Einsatz neuer Substanzen und Methoden jedenfalls bis zu deren Aufnahme in die Liste vorübergehend möglich ist.

3. Staatlicher Dopingbegriff

15 Im staatlichen Recht wird der Begriff des Dopings nicht definiert. Mit der Einführung der Besitzstrafbarkeit ins AMG gem. § 6a hat der deutsche Gesetzgeber aber einen indirekten Definitionsversuch vorgenommen. Aus § 6a Abs. 2a AMG ergibt sich der Verweis auf verbotene Arzneimittel oder Wirkstoffe, die in einem gesonderten Anhang im AMG aufgelistet sind. Insofern orientiert sich auch der Gesetzgeber am Prinzip der Verbotsliste und unterliegt damit einem ständigen Aktualisierungsbedarf.

[14] Die Liste ist in englischer Sprache jederzeit auf der Homepage der WADA (http://www.wada-ama.org) zu finden. Eine deutsche Übersetzung wird im Bundesgesetzblatt veröffentlicht und wird von der NADA auf ihrer Homepage eingepflegt (www.nada-bonn.de).

4. Abgrenzung zum mechanischen Doping

Fraglich ist, ob das sog. »mechanische Doping«[15] als Doping im Sinne der verbandsrechtlichen Vorgaben zu bewerten ist. Im Unterschied zum »medizinischen Doping«, das sich der Einnahme verbotener Substanzen und der Anwendung unerlaubter Methoden zur Leistungssteigerung bedient, erfolgt die Optimierung der Leistungen des menschlichen Körpers beim mechanischen Doping durch den **Einsatz von technischen Hilfsmitteln**. 16

Nicht hierunter fällt der aus rechtlicher Sicht unproblematische und mittlerweile weit verbreitete Einsatz von Technologien im Motorsport. Hier ist es Bestandteil des sportlichen Wettkampfs, die beste Technik zu verbauen, was u. a. an der Verleihung von Extra-Titeln deutlich wird.[16] Der Einsatz technischer Methoden ist auch in anderen Bereichen im Sport verbreitet. So werden bei der Optimierung von Sportgeräten neueste Methoden erprobt und angewandt, um im Rahmen des jeweiligen Reglements Höchstleistungen zu ermöglichen.[17] Nicht mehr zulässig sind spezielle Schwimmanzüge, die eng am Körper anliegen und durch einen geringen Strömungswiderstand für großen Auftrieb der Athleten sorgen.[18]

Umstritten ist der Einsatz von technischen Hilfsmitteln, die ein körperliches Handicap kompensieren. Hierbei verschwimmen – ähnlich wie beim »medizinischen Doping« – die Grenzen zwischen natürlicher Leistungsgrenze und beeinflussbarer Leistungssteigerung. Anders als im paralympischen Sport, wo Startberechtigungen von Athleten, die mit technischen Hilfsmitteln ihren Sport ausüben, gezielt zur Wahrung der Chancengleichheit eingesetzt werden,[19] ist diese im nicht-behinderten Bereich gefährdet. 17

Deutlich zeigt das der Fall des beidseitig unterschenkelamputierten südafrikanischen Sprinters Oscar Pistorius, der unter Verwendung von Carbonprothesen bei den Olympischen Sommerspielen 2012 in London am Wettkampf der Nichtbehinderten teilnahm und es als erster beinamputierter Athlet bis ins Halbfinale schaffte. Zur Wahrung der Chancengleichheit und um mögliche Wettbewerbsvorteile[20] etwa durch die Verwendung von Prothesen zu vermeiden, ist es jedoch 18

---

[15] Mechanisches Doping wird auch als »Techno-Doping« bezeichnet, vgl. Krähe, SpuRt 2008, S. 149 ff.

[16] Z. B. die Konstrukteurs-Weltmeisterschaft in der Formel 1.

[17] Der DOSB betreibt dafür über seinen Trägerverein IAT/FES das Institut für Forschung und Entwicklung von Sportgeräten (FES) in Berlin.

[18] Diese führten zu einer Reihe von Höchstleistungen und Rekorden und wurden im Juli 2008 durch den Internationalen Schwimmverband FINA endgültig verboten.

[19] Man unterscheidet in die sechs Wettkampfklassen Amputierte, Cerebralparetiker, Sehbehinderte, Rollstuhlsportler, Kleinwüchsige sowie »Les Autres«.

[20] Z. B. durch die Möglichkeit der Temposteigerung ohne stärkere muskuläre Belastung.

unumgänglich, eine klare Trennung zwischen Behinderten- und Nichtbehindertensport vorzunehmen.[21]

V. Regelungen und Verfahren der Dopingbekämpfung

19 Ein zentrales Anti-Doping-Regelwerk gibt es – wie bereits angedeutet – nicht. Die Rechtsgrundlagen finden sich in verschiedenen verbandsrechtlichen und staatlichen Normen.

1. Verbandsrechtliche Regelungen

20 Die »originäre« Zuständigkeit in der Dopingverfolgung liegt bei den Institutionen des Sports selbst, sodass die verbandsrechtlichen Anti-Doping-Regelungen den »Kernbereich« der Normen zur Dopingverfolgung bilden.

a) WADA-Code

21 Der WADA-Code wurde von den teilnehmenden Regierungen und Vertretern der internationalen Fachsportverbände aus 80 Ländern im Rahmen der zweiten Welt-Anti-Doping-Konferenz am 5. März 2003 in Kopenhagen unterzeichnet.[22] Damit wurde durch die WADA ein **überstaatlich anerkanntes Regelwerk** verabschiedet, das einheitliche Standards, Instrumente, Methoden und Sanktionen bei der Dopingbekämpfung durchsetzen soll, um die fundamentalen Werte des Sports zu sichern.

21 Der WADA-Code definiert einen einheitlichen Dopingbegriff, normiert das verbandliche Dopingkontrollverfahren mit konkreten Kontroll- und Nachkontrollmöglichkeiten und Sanktionen. Zudem enthält er Vorschriften zum Rechtsschutz. Ergänzt wird der Code durch eine Kommentierung sowie weiterführende Ausführungsbestimmungen, die sog. »International Standards«. Neben der Liste der verbotenen Substanzen und Methoden (»Prohibited List«) zählen hierzu die Standards zur Durchführung der Dopingkontrollen (»Testing«), die Standards zu den Dopingkontrolllaboren (»Laboratories«), zu medizinischen Ausnahmen

[21] So sah es 2008 auch der Internationale Leichtathletikverband IAAF, der Pistorius mit Verweis auf die IAAF-Regelung 144.2 von den Olympischen Spielen in Peking 2008 ausgeschlossen hatte.

[22] Im Jahr 2007 ist der WADA-Code überarbeitet und erneuert worden und trat als WADA-Code 2009 am 1. Januar 2009 in Kraft. Ab 2015 wird eine wiederum überarbeitete Version gelten.

(»Therapeutic Use Exemptions«) und zum Schutz von Persönlichkeitsrechten und der Privatsphäre der Athleten (»Protection of Privacy and Personal Information«). Daneben sind Empfehlungen der WADA im Regelwerk integriert, die sog. »Models of Best Practice and Guidelines«.

Der WADA-Code selbst ist weder Gesetz noch rechtsverbindliche Vorschrift, sondern ein allgemeiner Muster-Kodex. Es handelt sich nicht um einen völkerrechtlichen Vertrag, der unmittelbare **Bindungswirkung** für die unterzeichnenden Staaten entfaltet. Allerdings hat eine Vielzahl von Einzelstaaten das UNESCO-Übereinkommen gegen Doping im Sport unterzeichnet, womit Teile der internationalen Anti-Doping-Regeln des WADA-Codes durch Übernahme in die UNESCO-Konvention völkerrechtlichen Status erlangen. Mit diesem Übereinkommen verpflichten sich die Vertragsstaaten demnach, die Grundsätze des Codes einzuhalten. 22

Gegenüber den Sportfachverbänden überträgt der Code keine Zuständigkeiten und ist ebenfalls nicht unmittelbar verbindlich. Die Verbände waren daher aufgefordert, den Code in ihre jeweiligen Satzungen und Ordnungen zu übernehmen.[23] Dies erfolgte durch wörtliche Übernahme in die eigenen Satzungen und Ordnungen oder durch Einbeziehung unter Verweis auf die Wirksamkeit des Codes in die verbandsinternen Regelungen (sog. dynamische Verweisung). Dadurch erlangt der Code auch gegenüber den jeweiligen Sportlern Verbindlichkeit,[24] wobei unerheblich ist, ob das Verhältnis der Sportler zum Verband mitgliedschaftlich oder vertraglich (durch Lizenz- oder Arbeitsvertrag sowie Athletenvereinbarung) ausgestaltet ist (→ *3* Rdnr. 46). 23

b) NADA-Code

Der NADA-Code 2009 (V → 58) entspricht im Wesentlichen dem WADA-Code 2009 und enthält lediglich aufgrund der Übersetzung ins Deutsche leichte redaktionelle Änderungen. Auch der NADA-Code besteht aus den Anti-Doping-Regelungen selbst sowie einer Kommentierung und ergänzenden Standards entsprecht denen des WADA-Codes.[25] Im Gegensatz zum WADA-Code, der weltweit gilt, ist 24

---

[23] Bis Ende 2004 hatten nahezu alle internationalen Sportverbände der Olympischen Bewegung, das NOK und die NADA den WADA-Code angenommen und sich zu seiner Umsetzung verpflichtet.

[24] Zu einzelnen Fragen bei der Implementierung des Codes in die Verbandsregelwerke Jakob/Berninger, SpuRt 2008, S. 61 ff.

[25] Standard für Dopingkontrollen, Standard für Datenschutz, Annex Standard für Datenschutz (ab 1. Januar 2013), Standard für Meldepflichten sowie Standard für Medizinische Ausnahmegenehmigungen.

der NADA-Code für die deutschen Sportverbände verbindlich, soweit sie diesen ebenfalls in ihre Satzungen und Ordnungen eingebunden haben.

2. Verbandsrechtliches Kontrollverfahren

a) Kontrollzuständigkeiten

25 Gem. Art. 5.1 des WADA-Codes kann jede Anti-Doping-Organisation Dopingkontrollen durchführen und ist dabei an die Vorgaben der Standards zur Durchführung der Dopingkontrollen gebunden. Als Anti-Doping-Organisation definiert der Code in seinen Begriffsbestimmungen »einen Unterzeichner des WADA-Codes, der für die Einführung und Verabschiedung von Regeln zur Einleitung, Umsetzung oder Durchführung eines jeglichen Teils der Dopingkontrolle zuständig ist.« Dazu sollen u. a. »Veranstalter von großen Sportwettkämpfen«[26] sowie die nationalen Anti-Doping-Agenturen zählen. Gem. Art. 15 WADA-Code wird zwischen Dopingkontrollen bei Wettkampfveranstaltungen und Trainingskontrollen unterschieden.

b) Wettkampf- und Trainingskontrollen

26 In Deutschland sind die NADA und die Fachsportverbände für das Dopingkontrollverfahren zuständig. Während die NADA seit 2003 die **Trainingskontrollen** für die Mitgliedsverbände des Deutschen Olympischen Sportbundes, die Landessportbünde und für weitere Projektpartner durchführt, ist die Situation bei den **Wettkampfkontrollen** uneinheitlich. Trotz der Selbstverpflichtung in der Stiftungsverfassung der NADA, ein einheitliches Doping-Kontroll-System für Deutschland umzusetzen und mithin auch die Wettkampfkontrollen durchzuführen, zeichnen aktuell (noch) überwiegend die Fachsportverbände für diese verantwortlich. So ist im Fußball z. B. die Anti-Doping-Kommission des DFB für die Durchführung der Wettkampfkontrollen verantwortlich. Die NADA hat mit den Verbänden jedoch regelmäßig individuelle Vereinbarungen im Hinblick auf die Verbindlichkeit der Vorgaben des NADA-Codes getroffen (sog. Wettkampfkontrollvereinbarungen).

[26] Eine Definition und Abgrenzung zu »kleinen Veranstaltungen« nimmt der Code nicht vor, sodass hier eine Rechtsunsicherheit zurückbleibt, vgl. Lehner, SidP, 10, Rdnr. 1445.

c) Testpools

Im Rahmen der Organisation der Trainingskontrollen hat die NADA entsprechend den Vorgaben der Standards zur Durchführung der Dopingkontrollen verschiedene Risiko- und Kontrollgruppen festgelegt, die sog. **Testpools**. Dabei erfolgt eine Zuordnung einzelner Sportler zu einer sportartspezifischen Risikogruppe bzw. zu einem bestimmten Testpool, woran wiederum verschiedene Meldepflichten der Athleten geknüpft sind. 27

Am häufigsten kontrolliert wird der »Registered Testpool« (RTP), in den gem. Art. 2.5 des NADA Standard für Meldepflichten alle Athleten eingeteilt werden, die einem International Registered Testing Pool angehören sowie die A-Kader und A-Nationalmannschaften der »gefährdeten Sportarten« Risikogruppe A). Im »Nationalen Testpool« (NTP) sind vorrangig A-Kader-Athleten und Perspektivsportler der zweiten und dritten Risikogruppe (B und C) sowie die B-Kader der Risikogruppe A zu finden. Dem »Allgemeinen Testpool« (ATP) sind alle übrigen Sportler zugeordnet.[27] Die in die Testpools eingeordneten Athleten werden gezielt kontrolliert, sodass Topsportler, die sich im RTP befinden und damit zur höchsten Risikogruppe gezählt werden, intensiver kontrolliert werden als Athleten aus weniger gefährdeten Sportarten im NTP und ATP.[28]

d) Meldepflichten

Die Athleten müssen ihren **Meldepflichten** nachkommen. Damit sind die Pflichten der Sportler gemeint, Aufenthalts- und Erreichbarkeitsinformationen für Dopingkontrollen außerhalb des Wettkampfs zur Verfügung zu stellen.[29] Sportler des RTP und des NTP müssen vor Beginn eines jeden Quartals[30] Angaben über Aufenthaltsort und Erreichbarkeit machen (sog. »Whereabouts«). Gem. Art. 3.1.2 des NADA Standard für Meldepflichten müssen die Angaben eines RTP-Athleten für jeden Tag des folgenden Quartals ein 60-minütiges Zeitfenster zwischen 6 und 23 Uhr enthalten, zu dem der Athlet an einem bestimmten Ort für Dopingkontrollen erreichbar ist und zur Verfügung steht. Darüber hinaus können Tests auch außerhalb dieses Zeitfensters erfolgen. Ergeben sich kurzfristige Änderungen im Hinblick auf den angegebenen Aufenthaltsort, sind die Athleten verpflich- 28

[27] http://www.nada-bonn.de/doping-kontroll-system/trainingskontrollen/#.US9ALoEgxdg.

[28] http://www.nada-bonn.de/doping-kontroll-system/trainingskontrollen/#.US9ALoEgxdg.

[29] Berninger, Persönlichkeitsrechte, S. 47.

[30] Jeweils zum 25. des Vormonats.

tet, dies der NADA mitzuteilen. Sportler des ATP unterliegen hingegen nicht diesen strengen Meldepflichten. Bei ihnen genügen Angaben zur allgemeinen Erreichbarkeit (Kontaktdaten), zur Anschrift des Ortes, an dem sie sich gewöhnlich aufhalten sowie die Information über einen Rahmentrainingsplan, Art. 1.8 NADA Standard für Meldepflichten.

Die Angaben zum Aufenthaltsort und zur Erreichbarkeit sowie Abmeldungen und Änderungen sind gem. Art. 3.8 NADA Standard für Meldepflichten ausschließlich über das globale Informationssystem der WADA, **ADAMS**, vorzunehmen, einem webbasierten Datenmanagementsystem für Dateneingabe, Datenspeicherung, Datenaustausch und Berichterstattung.[31]

e) Datenschutz

29 Umstritten ist, ob im Rahmen des Doping-Kontrollverfahrens die **Rechte der Sportler**, insbesondere deren Grundrechte, noch hinreichenden Schutz erfahren.[32] In das privatrechtliche Verhältnis wirken die Grundrechte mittelbar hinein, sodass ein Konflikt zwischen der durch Art. 9 Abs. 1 GG gewährten Autonomie der Sportverbände (u. a. bei der Dopingbekämpfung) und dem allgemeinen Persönlichkeitsrecht der Sportler gem. Art. 2 Abs. 1 i. V. m. Art. 1 Abs. 1 GG entsteht. Insbesondere geht es um den Ausgleich des Interesses der Doping-Agenturen an den erhobenen Daten als Grundlage effizienter Dopingverfolgung und dem Interesse der Sportler am Schutz dieser persönlichen Daten als Ausfluss ihres Rechts auf informationelle Selbstbestimmung gem. Art. 2 Abs. 1 GG i. V. m. Art. 1 Abs. 1 GG. Dabei überwiegt das Verfolgungsinteresse der Verbände und Anti-Doping-Agenturen, da das Bestreben nach einem »sauberen Sport« einen legitimen Zweck darstellt und wegen zahlreicher Umgehungsmöglichkeiten auch nur durch unangekündigte Kontrollen sicherzustellen ist, dass keine Manipulationen vorgenommen werden. Zudem liegen durch Anti-Doping-Erklärungen der Sportler regelmäßig Einwilligungen in die Erhebung, Verarbeitung und Nutzung der Daten gem. § 4a Abs. 1 Bundesdatenschutzgesetz vor. Es fehlt dabei trotz der monopolartigen Struktur der Sportverbände wohl auch nicht an der erforderlichen Freiwilligkeit der Einwilligungen. Obwohl den Sportlern auf den ersten Blick durch die Unterwerfung unter die Verbandsregelungen nur die Möglichkeit zu bleiben scheint, die Vorgaben inklusive der Anti-Doping-Regelungen hinzunehmen oder auf die Ausübung ihres Sports im Wettkampfbereich zu verzichten, muss man im Profisport davon ausgehen, dass die Sportler sich der »Strukturen

[31] Definition der Begriffsbestimmungen zu den NADA Standards für Meldepflichten.
[32] Ausführlich hierzu: Nolte, Persönlichkeitsrecht, S. 59 ff.

des Sports« bewusst sind und diese, im Interesse ihrer Verdienstmöglichkeiten akzeptieren (Gefahr eines Zirkelschlusses).[33]

Ein Verstoß gegen das Datenschutzrecht und damit eine Verletzung von Art. 2 Abs. 1 i. V. m. Art. 1 Abs. 1 GG stellt hingegen wohl die Übermittlung der Daten auf den WADA-Server im kanadischen Montreal durch die Eingabe bei ADAMS dar. Hier fehlt es an rechtfertigenden Gründen im Sinne des § 4b Abs. 1 i. V. m. § 14 Abs. 2 BDSG, insbesondere liegt keine Einwilligung der Sportler oder ein wichtiges öffentliches Interesse an der Übermittlung vor.[34]

f) Dopingkontrolle und Nachweis von Dopingverstößen

Ob ein Verstoß gegen Anti-Doping-Regelungen vorliegt, wird in einem mehrstufigen Verfahren geprüft. Sofern sich dabei ein Verstoß bestätigt, ergeben sich verschiedene Sanktionsmöglichkeiten. 30

Die **Athletenauswahl** erfolgt auf Grundlage der International Standards for Testing (IST) bzw. des NADA Standard für Dopingkontrollen. Gem. Art. 2.3.1 NADA-Code wählt die Anti-Doping-Organisation Athleten zur Probenahme mittels Zielkontrollen und zufälliger Auswahl aus.[35]

Die **Probenahme** erfolgt in der Regel durch Urinabgabe oder Blutentnahme. Bei der Probenahme ist der ausgewählte Sportler nicht schutzlos, z. B. kann er einen Dolmetscher oder eine Vertrauensperson hinzuziehen.[36] Damit Manipulationsmöglichkeiten hier ausgeschlossen werden können, wird der Sportler im Rahmen der Wettkampfkontrollen von sog. Chaperons begleitet, die die Probenahme überwachen. Die damit verbundene Beeinträchtigung der Intimsphäre der Sportler – die umso schwerer wiegt als es sich bei den Chaperons in der Regel nicht um Ärzte handelt – ist grundsätzlich im Interesse eines »sauberen Sports« hinzunehmen.

Die von den Dopingkontrolleuren genommenen Proben werden gem. Art. 6 NADA-Code ausschließlich in von der WADA akkreditierten oder anderweitig von der WADA anerkannten Laboren[37] analysiert[38] (sog. **A-Probe**).

---

[33] Vgl. LG Hamburg, SpuRt 2009, S. 205 ff., das von einem freien Entschluss der Sportler vor dem Hintergrund der freiwilligen Entscheidung zum Leistungssport samt dessen Regelungen ausgeht, a. A.: Nolte, Persönlichkeitsrechte, S. 64.

[34] So auch Nolte, Persönlichkeitsrechte, S. 71 f.

[35] Zielkontrolle meint dabei die vorherige Festlegung bestimmter Athletengruppen (z. B. der Medaillengewinner eines Wettbewerbs). Die zufällige Wahl fällt in der Regel durch Los.

[36] Ausführlich und mit weiteren Nachweisen: Lehner, SidP, 10, Rdnr. 1467 ff.

[37] Die Labore müssen dem International Standard for Labore (ISL) entsprechen.

[38] In Deutschland gibt es momentan zwei WADA akkreditierte Labore: das Institut für

31 Ein Dopingverstoß liegt vor, wenn im Rahmen der Dopinganalyse ein von der Norm abweichendes oder atypisches Analyseergebnis festgestellt wird oder ein sonstiger Verstoß gegen Anti-Doping-Bestimmungen oder ein mögliches Meldepflichtversäumnis besteht. Man spricht ab dem Zeitpunkt der Kenntnis eines Verstoßes bis zur Durchführung eines Disziplinarverfahrens vom sog. **Ergebnismanagement**, Art. 7.1.1 NADA-Code.

32 Es ist hingegen kein Verstoß gegeben, wenn eine **medizinische Ausnahmegenehmigung** vorliegt, die aufgrund der WADA International Standard for Therapeutic Use Exemption bzw. des NADA Standards ausgestellt wurde, Art. 4.4 NADA-Code. Als solche kommen Wirkstoffe zur Behandlung typischer Erkrankungen, z. B. von Diabetis oder Asthma, in Betracht.

33 Gem. Art. 7.5 NADA-Code ist eine **vorläufige Suspendierung** auszusprechen, wenn bei der Analyse der A-Probe eines Athleten ein von der Norm abweichendes Analyseergebnis festgestellt wird.

Daraufhin obliegt es dem Athleten, die sog. **B-Probe** öffnen zu lassen. Er kann innerhalb von sieben Tagen nach Erhalt der schriftlichen Mitteilung des Ergebnisses der A-Probe die Analyse der B-Probe bei der zuständigen Anti-Doping-Organisation verlangen, Art. 8.1.3 NADA-Code. Tut er das nicht, gilt das Ergebnis der A-Probe als unwiderleglich vermutet (Art. 8.1.2 NADA-Code). Die B-Probe kann auch durch die NADA oder die zuständige Anti-Doping-Organisation geöffnet werden, Art. 8.1.1. Gem. Art. 8.3.1 NADA-Code muss die B-Probe im selben Labor analysiert werden, in dem bereits die A-Probe untersucht worden ist. Der Sportler hat das Recht, bei der Öffnung der B-Probe anwesend zu sein, ungeachtet der Tatsache, ob er selbst die Öffnung verlangt oder auf diese verzichtet hat. Ergibt sich aus der Analyse ein negatives Ergebnis, ist auch die A-Probe als negativ zu werten. In diesem Fall werden bereits verhängte Sanktionen und Konsequenzen aufgehoben und der Athlet wird keinen weiteren Disziplinarmaßnahmen unterworfen, Art. 8.6. Ist das Ergebnis hingegen positiv, wird ein Sanktionsverfahren gegen den Sportler eingeleitet.

Gem. Art. 6.5 NADA-Code können Proben, die bereits genommen wurden, zum Zweck der späteren Analyse jederzeit erneut analysiert werden (sog. **Nachkontrolle**). Dadurch soll es ermöglicht werden, neu entwickelte Analyseverfahren, die zum Zeitpunkt der Probenentnahme noch nicht bekannt waren, nachträglich zu berücksichtigen. Allerdings enthält die Norm keine hinreichenden

---

Biochemie an der Deutschen Sporthochschule Köln und das Institut für Dopinganalytik und Sportbiochemie Dresden in Kreischa.

Vorgaben für das Verfahren, sodass Zweifel im Hinblick auf die Bestimmtheit der Regelung bestehen.[39]

g) Verfahrensgrundsätze und Beweisführung bei Dopingsanktionen

Ist ein Doping-Verstoß festgestellt, wird ein sportgerichtliches Disziplinarverfah- 34
ren vor dafür vorgesehenen Disziplinarorganen eingeleitet, Art. 12.1 NADA-Code. Als solches kann entweder ein Disziplinargericht des jeweiligen Sportverbands oder ein Schiedsgericht fungieren. Das hängt im Einzelfall von den entsprechenden Regelungen des jeweiligen Verbands bzw. von sog. Schiedsvereinbarungen zwischen dem Athleten und seinem Verband ab, Art. 12.1.3 (→ *3* Rdnr. 51). Grundsätzlich besteht die Möglichkeit, das Disziplinarverfahren aufgrund der satzungsgemäßen Entscheidung des jeweiligen Verbands als erstinstanzliches Verfahren durch das Schiedsverfahren vor dem Deutschen Sportschiedsgericht (DIS) zu ersetzen. Allerdings ist fraglich, ob hierdurch nicht der Rechtsweg des Sportlers unzulässig verkürzt wird.[40] Ist das Disziplinarorgan eine verbandliche Anti-Doping-Organisation, fungiert das DIS als Rechtsmittelinstanz. Es kann somit sowohl Disziplinargericht als auch Rechtsmittelinstanz in Dopingstreitigkeiten sein.

Im Disziplinarverfahren sind grundsätzlich staatliche **Verfahrensgrundsätze** zu beachten[41]. Allerdings erfolgt im Rahmen des verbandsrechtlichen Verfahrens eine strengere Handhabe, insbesondere beim Verschuldensmaßstab und der Beweisführung.

Die Beweislast wird bei Dopingverfahren nach zivilrechtlichen Grundsätzen 35
ermittelt. Gem. Art. 3.1 NADA-Code liegt die generelle Beweispflicht im Hinblick auf einen Verstoß gegen Anti-Doping-Regelungen bei den Anti-Doping-Organisationen. Dabei genügt der Nachweis, dass eine bestimmte Substanz im Sinne des Art. 2.1 NADA-Code im Körper eines Sportlers festgestellt worden ist. Über einen Verstoß wird daher **verschuldensunabhängig** geurteilt. Nach diesem sog. **Strict-Liability-Grundsatz** ist ein Verstoß unabhängig davon gegeben, ob der Sportler vorsätzlich, fahrlässig oder anderweitig schuldhaft dafür verantwortlich ist, dass eine verbotene Substanz in seinem Körper gefunden wurde. Es ist demnach Aufgabe des Sportlers, dafür zu sorgen, dass keine verbotene Substanz in seinen Körper gelangt.

---

[39] Vgl. Rössner, SpuRt 2009, S. 17; Lehner, SidP, 10, Rdnr. 1489.

[40] So auch: Lehner, SidP, 10, Rdnr. 1587.

[41] Vgl. → 3 Rdnr. 53.

36 Die dargestellte Regelung der Beweislast hat zur Konsequenz, dass es im Rahmen von Disziplinarverfahren im Doping zu einem **Anscheinsbeweis** kommt, den der Sportler erschüttern kann, indem er darlegt wie und warum bestimmte Substanzen in seinen Körper gelangt sind. Er hat damit die Möglichkeit, durch Entlastungsbeweis eine Strafe zu vermeiden bzw. eine Strafmilderung zu erhalten. Gem. Art. 10.4 NADA-Code kann eine Sperre aufgehoben werden, wenn ein Athlet nachweisen kann, wie ein spezieller Wirkstoff in seinen Körper gelangt ist. In der Praxis gelingt dieser Beweis nur selten. Eine Milderung der Sanktion kann insbesondere in Betracht gezogen werden, wenn der Athlet geständig ist. Gem. Art. 10.5.3 NADA-Code sind darüber hinaus auch sog. **Kronzeugenregelungen** vorgesehen, wonach ein Teil einer verhängten Sperre ausgesetzt werden kann, wenn ein Sportler einer Anti-Doping-Organisation oder einer staatlichen Ermittlungsbehörde substanzielle Hilfe bei der Aufklärung von Doping-Verstößen gegeben hat.[42]

37 Mittlerweile sind bei einigen Verbänden indirekte Nachweisverfahren eingeführt worden.[43] Mit Hilfe des sog. **Biologischen- oder Blutpasses**[44] können medizinische Befunde aus Kontrollen zu einem biologischen Profil des Sportlers zusammengeführt und so schneller festgestellt werden, ob eine Norm-Abweichung und damit eine mögliche Manipulation vorliegt. Dabei ergeben sich Fragen bzgl. der Kausalität in der Beweisführung.[45] Daneben besteht die Gefahr der Ausnutzung von Beweisführungsmöglichkeiten durch eine detaillierte Überwachung von Sportlern, wodurch wiederum ihre Persönlichkeitsrechte verletzt sein können.

h) Verbandsrechtliche Folgen von Dopingverstößen

38 Bei Dopingvergehen kommen als verbandsrechtliche Folgen die Annulierung von Wettkampfergebnissen sowie Maßnahmen gegen eine Einzelperson oder eine Mannschaft in Betracht. Unterschieden wird im Sanktionssystem zwischen Erst- und Wiederholungstätern.

---

42 Vgl. hierzu ausführlich: Lehner, SidP, 10, Rdnr. 1438.

43 So wurde das Dopingverfahren durch die Internationale Eislaufunion 2009 gegen die Eisschnellläuferin Claudia Pechstein auf der Grundlage eines indirekter Nachweise betrieben.

44 Diese werden auf der Grundlage der sog. WADA-Blutpass-Guidelines erstellt.

45 Z. B. bei den Grenzwerten, die auch durch kontaminierte Lebensmittel oder bei einigen Sportlern auch durch sonstige medizinische Normabweichungen ohne Doping überschritten werden.

Innerhalb eines Wettkampfs ist nach einem Dopingnachweis ein erzieltes Ergebnis zu annullieren, Art. 9 NADA-Code. Gem. Art. 10.1 NADA-Code kann die NADA die Annulierung auch auf weitere Wettkämpfe des dopenden Sportlers erstrecken, ohne dass ein Doping dabei nachgewiesen werden muss. Art. 10.2 ff. NADA-Code sieht verschiedene Trainings- und/oder Wettkampfsperren als Sanktionierung und u.a. auch die Verhängung finanzieller Sanktionen vor. Mannschaften, können, sofern mindestens zwei Mannschaftsmitglieder gegen Anti-Doping-Vorschriften verstoßen haben, auch mit Kollektivstrafen durch den Wettkampfveranstalter belegt werden, Art. 11.2 NADA-Code (z.B. Wettkampfsperren gegen Vereine).

Umstritten sind einzelne Sanktionen im Hinblick auf ihre **Verhältnismäßigkeit**. So schreibt Art. 10.10 NADA-Code vor, dass ein auf Grund eines Verstoßes gegen Anti-Doping-Bestimmungen gesperrter Athlet weder an Wettkämpfen noch an Trainingsmaßnahmen teilnehmen darf. Der Ausschluss vom Training lässt sich kaum rechtfertigen.[46] Daneben sind Strafen bereits bei Erstvergehen möglich.[47] In diesem Zusammenhang hatte bereits 1995 mit dem LG München ein staatliches Gericht eine zu lange Verbandsstrafe als unvereinbar mit der Berufsfreiheit des Art. 12 Abs. 1 GG erklärt.[48] 39

3. Rechtsschutz gegen erstinstanzliche Dopingsanktionen

Gegen die Entscheidungen der Disziplinarorgane kann Berufung eingelegt werden. Die Berufungsinstanz ist mittlerweile in fast allen Sportarten der Court of Arbitration for Sport (CAS) in Lausanne, Art. 13.2 ff.[49] Die vor dem CAS getroffene Entscheidung schließt den Verbandsrechtsweg regelmäßig ab und soll keine weitere Überprüfung durch staatliche Gerichte zulassen. Dennoch verbleibt die Möglichkeit der Aufhebung von Schiedssprüchen des CAS nach dem staatlichen Recht der Schweiz.[50] 41

4. Regelungen des staatlichen Rechts

Durch Doping können indes auch staatlich zu schützende Rechtsgüter in Gefahr geraten, etwa die Gesundheit der Sportler oder das Vermögen Dritter wie eines 42

46 Vgl. Berninger, Persönlichkeitsrechte, S. 46.

47 Z.B. könne gem. Art. 10.6 NADA-Code erschwerte Umstände bei einem Dopingverstoß zu einer Sperre von bis zu vier Jahren führen.

48 Vgl. den Fall »Krabbe«, SpuRt 1995, S. 166 ff.

49 Zum Verfahrensablauf: Lehner, SidP, 10, Rdnr. 1605 ff.

50 Näheres bei Lehner, SidP, 10, Rdnr. 1633 ff.

Wettkampfteams. Zudem versucht der Staat, kriminelle Strukturen im Dopinghandel zu bekämpfen. Alle staatlichen Anti-Doping-Regelungen sanktionieren jedoch lediglich das »Fremddoping«; das »Selbstdoping« ist straffrei. Zweck der staatlichen Strafverfolgung ist damit nicht die Herstellung der Chancengleichheit im Sport, die ausschließlich den Sportverbänden obliegt.

a) Strafbarkeit nach Arzneimittelgesetz (AMG)

43 Das AMG richtet sich gegen den Handel mit Dopingmitteln und dient dem Gesundheitsschutz. Es sanktioniert vor allem »Unterstützerhandlungen« beim Doping und die Beschaffungskriminalität. Dopingspezifische Regelungen finden sich dort seit 1998. Mit der Reform durch das Gesetz zur Verbesserung der Bekämpfung des Dopings stellt der Gesetzgeber seit 2007 neben dem Inverkehrbringen und dem Verschreiben von bestimmten Substanzen auch den Besitz von Dopingmitteln in nicht geringen Mengen unter Strafe.

Gem. § 6a Abs. 1 AMG ist es verboten, Arzneimittel zu Dopingzwecken im Sport in Verkehr zu bringen, zu verschreiben oder bei anderen Personen anzuwenden. Wer gegen dieses Verbot verstößt, macht sich gem. § 95 Abs. 1 Nr. 2a AMG strafbar. Mit der Aufnahme des § 6a Abs. 2a AMG ist auch der Besitz von Arzneimitteln und Wirkstoffen zu Dopingzwecken im Sport verboten. **Inverkehrbringen** meint gem. der Legaldefinition des § 4 Abs. 17 AMG das Vorrätighalten zum Verkauf oder zu sonstiger Abgabe, das Feilhalten und die Abgabe an andere. **Verschreiben** ist das Rezeptieren durch einen Angehörigen der Heilberufe.[51] **Anwenden** ist die Verabreichung des Arzneimittels zur Einnahme oder zur Injektion sowie die äußerliche Anwendung durch das Auftragen auf den Körper.[52]

44 Die Einführung des § 6a Abs. 2a AMG hat durch das Besitzverbot nicht geringer Mengen dazu geführt, dass die **Beschaffungskriminalität eingedämmt** werden konnte.[53] Praktisch erfasst werden durch diese Regelungen vor allem Vergehen, die den Breitensport betreffen, z. B. bei der Beschaffung größerer Mengen von Muskelaufbaupräparaten im Fitnesssport.[54] Im Hinblick auf eine Sanktionierung von Doping im Spitzensport gehen die Vorschriften jedoch meist ins Leere.

[51] Rehmann, AMG, § 6a Rdnr. 2.

[52] Rehmann, AMG, § 6a Rdnr. 2.

[53] Siehe »Jahn-Bericht«, http://www.bmi.bund.de/SharedDocs/Downloads /DE/Themen/ Politik_Gesellschaft/Sport/ bekaempfung_doping_sport. pdf?__blob=publicationFile.

[54] Das beweisen die Fall-Zahlen der 2009 neu eingeführten sog. Schwerpunktstaatsanwaltschaften für Doping, http://www.handelsblatt.com/allgemein-doping-schwerpunkt-staatsanwaltschaft-nur-drei-faelle/8153750.html.

b) Strafbarkeit nach Betäubungsmittelgesetz (BtMG)

Eine Strafbarkeit wegen Dopings ist auch nach den Vorschriften des BtMG möglich, allerdings hält auch das BtMG keine Sanktionen für »Selbstdoping« vor. Strafbar macht sich daher nach dem BtMG nur, wer andere beim Doping mit Betäubungsmitteln unterstützt. 45

Gem. § 1 Abs. 1 BtMG sind Betäubungsmittel die in den Anlagen I bis III des BtmG aufgeführten Stoffe und Zubereitungen. Die Anlagen umfassen eine Vielzahl von Substanzen, unter anderem verschiedene Amphetamine, Cannabis, Mescalin und Kokain.

Gem. § 29 Abs. 1 Nr. 3 BtMG ist der unerlaubte Betäubungsmittelbesitz strafbar. Beim Besitz in geringen Mengen kann gem. § 31a BtMG von der Strafverfolgung abgesehen werden. Zudem macht sich nach § 29 Abs. 1 Nr. 1 BtmG strafbar, wer Betäubungsmittel unerlaubt anbaut, herstellt, mit ihnen Handel treibt bzw. sie, ohne Handel zu treiben, einführt, ausführt, veräußert, abgibt, sonst in den Verkehr bringt, erwirbt oder sich in sonstiger Weise verschafft. 46

§ 29 Abs. 1 BtMG sanktioniert somit jeden Umgang mit Betäubungsmitteln, der nicht durch eine Erlaubnis nach § 3 BtmG gerechtfertigt ist. Der reine Konsum bleibt straflos. Als Rechtsfolge sieht das Gesetz bei einer Strafbarkeit eine Geldstrafe oder eine Freiheitsstrafe bis zu fünf Jahren vor. In besonders schweren Fällen droht eine Freiheitsstrafe von nicht unter einem Jahr.

c) Doping als Körperverletzung

Neben den dopingspezifischen Tatbeständen des AMG und BtMG kann sich eine Strafbarkeit auch aus den allgemeinen Strafnormen des StGB ergeben. In Betracht kommt eine Strafbarkeit wegen Körperverletzung durch die Verabreichung von Dopingmitteln. Geschütztes Rechtsgut ist dabei die Gesundheit der Athleten. 47

Nach der Systematik der Körperverletzungsdelikte der §§ 223 ff. StGB ist eine »Selbstverletzung« straffrei, während ein Einwirken auf einen anderen, etwa durch einen Arzt, Betreuer oder Kollegen (sog. »Fremddoping«), zu einer Strafbarkeit führen kann.

Ob eine solche im Einzelfall gegeben ist, ist anhand der üblichen Strafrechtsdogmatik (→ 6 Rdnr. 5 ff.) zu prüfen. Auf tatbestandlicher Seite muss eine der beiden selbständig nebeneinander stehenden Tatmodalitäten des § 223 Abs. 1 StGB, körperliche Misshandlung bzw. Gesundheitsschädigung, vorliegen. Eine **körperliche Misshandlung** liegt insbesondere vor, wenn die Verabreichung von Substanzen mittels Injektionen vorgenommen wird. Das ist z. B. beim sog. »Eigenblutdoping« oder bei der Anwendung von EPO (Erythropoetin) regelmäßig der Fall. Die zweite Tatbestandsalternative der **Gesundheitsschädigung**[55] liegt hingegen selten vor. Zwar sind einige Nebenwirkungen oder Spätfolgen des Missbrauchs von Dopingmitteln bekannt, wie z. B. Übelkeit, Kreislaufstörungen sowie beim EPO-Gebrauch vor allem die Bildung von Blutgerinnseln.[56] Regelmäßig wird der Nachweis des Eintritts ursächlicher Nebenwirkungen und Spätfolgen jedoch schwer zu führen sein.

48 Ist der Tatbestand der Körperverletzung erfüllt, entfällt eine Strafbarkeit, wenn der Athlet in die Dopingbehandlung rechtfertigend eingewilligt hat. Die Wirksamkeit der **Einwilligung** hängt davon ab, ob der Sportler über die medizinischen Folgen der Dopingbehandlung aufgeklärt wurde. Das ist anzunehmen, wenn er, ähnlich wie beim ärztlichen Heileingriff, sämtliche Wirkungen der Dopingmittelanwendung kennt. Unterbleibt eine Aufklärung bzw. ist sie unvollständig oder fehlt es dem Athleten (noch) an der Einsichtsfähigkeit,[57] scheidet der Rechtfertigungsgrund der Einwilligung aus.

49 Eine Einwilligung ist zudem hinfällig, wenn die Körperverletzung gegen die **guten Sitten** verstößt, § 228 StGB. Umstritten ist, ob **Doping grundsätzlich als sittenwidriges Verhalten** zu bewerten ist und eine Einwilligung daher per se ausscheidet. Dagegen spricht der Schutzzweck des § 223 Abs. 1 StGB, der vor allem der Erhaltung der körperlichen Integrität dient. Hingegen zielt Doping auf eine Beeinträchtigung der Chancengleichheit ab, was an sich noch nicht als sittenwidrig anzusehen ist. Ein Verstoß gegen die guten Sitten kommt trotz Einwilligung dennoch beim Eintritt schwerer Gesundheitsschäden oder dauerhafter Beeinträchtigung in Betracht, mit der Konsequenz, dass »Fremddoping« in solchen Fällen trotz des Vorliegens einer Einwilligung strafbar bleibt.[58]

d) Doping als Betrug

50 Sportler können sich durch Doping auch wegen Betrugs nach § 263 Absatz 1 StGB strafbar machen. Schützenswertes Rechtsgut der Betrugstatbestände ist dabei allein fremdes Vermögen.

---

[55] Eine Gesundheitsschädigung ist das Hervorrufen oder Steigern eines (vorübergehenden) pathologischen Zustands.

[56] So wurde davon berichtet, dass zu den Hochzeiten des EPO-Dopings der ein oder andere Rad-Profi bei der Tour de France nachts in Bewegung auf den Hotelfluren gesehen worden ist – aus Angst vor Verdickung des Bluts und einer damit verbundenen Embolie.

[57] Das ist der Fall bei minderjährigen Athleten im Alter unter 14 Jahren. Zwischen 14 und 18 Jahren ist die Einsichtsfähigkeit des jeweiligen Jugendlichen im Einzelfall zu prüfen.

[58] a. A. Rössner, SidP, 11, Rdnr. 1702, der wegen der Gesetzessystematik auch dann von einer wirksamen Einwilligung ausgeht.

Betrug durch Doping ist das Erregen eines Irrtums durch Vorspiegelung falscher Tatsachen oder Unterdrückung wahrer Tatsachen hinsichtlich eines »fairen und sauberen« Sports, mit der Absicht, Sponsoren, Arbeitgebern oder Veranstaltern dadurch einen Vermögensschaden (z. B. Zahlung von Sponsoren- oder Startgeldern, Prämien) zuzufügen. Der Vorteil aus der Vermögensverfügung muss dabei stoffgleich mit dem eingetretenen Schaden sein. Diese Definition scheint auf den ersten Blick wegen der immer stärker werdenden Verquickung sportlicher und wirtschaftlicher Interessen im professionellen und monetarisierten Sport auf vielerlei Fallkonstellationen zuzutreffen. Dennoch kommt es in der Praxis selten zu strafrechtlichen Verfahren wegen Betrugs aufgrund von Dopingvergehen. Dies ist vor allem darauf zurückzuführen, dass dem Täuschenden regelmäßig der Vorsatz der Irrtumserregung bzw. des Verschaffens eines Vermögensvorteils **schwer nachzuweisen** sein wird.[59] Zudem sind in den meisten Dopingkonstellationen die objektiven Tatbestandsmerkmale der Irrtumserregung bzw. des Vermögensschadens im Sinne des § 263 Abs. 1 StGB nicht erfüllt.

Ein Irrtum auf Seiten von Sponsoren, Arbeitgebern oder Veranstaltern wird 51
bereits deshalb pauschal angezweifelt, weil man wegen der anhaltenden Dopingdiskussion davon ausgeht, dass viele direkt oder indirekt eingebundene Akteure des Sportgeschäfts bzw. bestimmter Sportarten die »Ausmaße« von Dopingaktivitäten überblicken und damit auch die »Unsauberkeit« und »Unlauterkeit« des Sports insgesamt vor Augen haben.[60] Diese Vermutung geht jedoch zu weit. Selbst wenn der Getäuschte Zweifel hinsichtlich möglicher Dopingpraktiken hätte, steht ihm zunächst der Schutz der Rechtsordnung zur Seite.[61] Nur wenn er in Kenntnis der Praktiken auch Vermögensverfügungen trifft, entfällt dieser Schutz.

Am wahrscheinlichsten ist dennoch eine Dopingstrafbarkeit wegen Betrugs 52
bei **Täuschungen gegenüber potentiellen Geldgebern**, wie z. B. Arbeitgebern oder Sponsoren.[62] Das hat in der Praxis vor allem im Radsport bereits zu einigen Verfahren vor staatlichen Gerichten geführt. Voraussetzung einer ursächlichen Irrtumserregung **gegenüber dem Arbeitgeber** ist, dass der dopende Athlet etwa im Arbeits- oder Dienstvertrag ausdrücklich und wahrheitswidrig erklärt hat, dass er keine Dopingmittel einnimmt oder entsprechende Methoden anwendet. Diese Erklärung kann sich sowohl auf **vor Vertragsschluss** begangene Dopingaktivitäten als auch auf das Vorhaben beziehen, **während der Laufzeit** die eigene

---

59 Vgl. Kauerhof, S. 65, 89.

60 Vgl. Linck, NJW 1987, S. 2545, 2551; im Profi-Radsport spricht man in diesem Zusammenhang in Anlehnung an die Schweigegelübde der Mafia von einer »Kultur der Omertà«.

61 Vgl. Rössner, SidP, 11, Rdnr. 1705.

62 Im Folgenden wird ausschließlich der Begriff des Arbeitgebers verwendet. Gleiches gilt auch für sonstige Dienstverträge im Sport.

Leistung durch Doping zu steigern. Im ersten Fall handelt es sich um eine Täuschung, wenn die tatsächliche Leistungsstärke des Athleten ohne die Dopingaktivität nicht im Rahmen des vertraglich Vereinbarten einzustufen ist, er also über sein »natürliches Leistungsvermögen« täuscht.[63] Erklärt der Athlet bei Vertragsabschluss wahrheitswidrig, er werde während der Laufzeit nicht dopen, liegt unproblematisch ebenfalls eine Täuschung vor. Eine Täuschung scheidet hingegen aus, wenn der Arbeitgeber selbst eine Infrastruktur zum Doping vorhält, etwa Dopingärzte für die Sportler organisiert oder entsprechende Substanzen besorgt. Kein anderes Ergebnis ergibt sich in diesem Fall, wenn eine »Anti-Doping-Klausel« im Dienst- oder Arbeitsvertrag zwar vorgesehen ist, aber in »gegenseitigem Einvernehmen« inhaltlich ins Leere läuft.[64]

Als **Vermögensschaden** kommt die Verpflichtung des Arbeitgebers in Betracht, die vereinbarte Vergütung zu zahlen. Dabei muss die zu erbringende Gegenleistung, also der sportliche Wert des dopenden Athleten beim Vertragsschluss negativ abweichen. Das ist gegeben, wenn der Sportler zu diesem Zeitpunkt bereits dopt und insbesondere auch weiterhin dopen will.

53 Anders liegt der Fall, wenn die Entscheidung des Sportlers zu dopen erst nachträglich, also im Laufe des Arbeitsverhältnisses erfolgt. Hier ist fraglich, ob eine Strafbarkeit wegen Unterlassens vorliegt. Dafür müsste eine Aufklärungspflicht gegenüber dem Arbeitgeber bestehen,[65] was trotz des Vertrauensverhältnisses des Sportlers zu seinem Arbeitgeber nicht anzunehmen ist. Andernfalls würde sich ein Widerspruch zu arbeits- bzw. strafrechtlichen Grundsätzen ergeben, denn ein Arbeitnehmer ist nicht in jedem Fall verpflichtet, einen nachträglich aufgetretenen Umstand, der zu einer Vertragsverletzung führt, anzuzeigen.[66]

54 Für **die Strafbarkeit des Dopings wegen Betrugs gegenüber Sponsoren** gilt bei ausdrücklicher Anti-Doping-Erklärung im Sponsoringvertrag mit Blick auf die Täuschung im Wesentlichen das soeben zum Arbeitsverhältnis Gesagte. Abweichend ist jedoch die Frage nach dem Vorliegen eines Vermögensschadens zu bewerten. Zweck des Sponsoring- bzw. Vermarktungsvertrags ist die Erzielung eines Imagegewinns für den Sponsor, der nicht unmittelbar an eine bestimmte sportliche Leistung gekoppelt sein muss. Auf diese allein zielt aber das Doping ab, sodass fraglich ist, ob ein Zusammenhang zwischen Vertragsverletzung und Ver-

---

[63] Vgl. Rössner, SidP, 11, Rdnr. 1710.

[64] Vgl. sog. »Ehrenerklärungen« z.B. im Radsport (z.B. Fälle Ullrich, Schumacher), die insbesondere dem Image bzw. der Aufrechterhaltung der Glaubwürdigkeit in der Öffentlichkeit dienen sollen, jedoch keine Bindungswirkung im »Innenverhältnis« entfalten.

[65] Kindhäuser/Neumann/Paeffgen, StGB, § 263 Rdnr. 145 ff.

[66] Sofern eine strafrechtliche Relevanz vorliegt, ist der Grundsatz zu beachten, dass niemand sich selbst belasten muss (»nemo tenetur se ipsum accusare«).

mögensschaden besteht. Das hängt im Ergebnis von der Vertragsgestaltung im Einzelfall ab. Wird der Werbewert im Wesentlichen durch die vereinbarte natürliche Leistungsfähigkeit des gesponserten Athleten bestimmt und sind mit dem Dopingfall Imageverluste für den Sponsor verbunden, ist vom Vorliegen eines Vermögensschadens auszugehen.[67] Ist der Werbewert aber von der sportlichen Aktivität unabhängig, z. B. wegen der weit über die sportliche Leistung hinausgehenden Bekanntheit des Athleten, liegt kein Vermögensschaden vor.

Nicht in Betracht kommt ein **Betrug gegenüber unterlegenen Konkurrenten** 55
wegen Dopings.[68] Ob dabei eine Täuschung vorliegt, ist bereits fraglich. Ähnlich wie Arbeitgeber kennen die Konkurrenten untereinander zwar ihren Sport und die angewendeten Methoden. Aus der Vernetzung der Athleten untereinander zu folgern, dass diese über potentielle Dopingpraktiken des Konkurrenten Bescheid wüssten, erscheint jedoch realitätsfern.

Unabhängig von der Frage der Irrtumserregung fehlt es jedenfalls an der für 56
den Betrug erforderlichen Stoffgleichheit[69] zwischen Schaden und Vermögensvorteil. Zwar könnte als Schaden das entgangene Preisgeld angenommen werden. Allerdings erfolgt die Auszahlung nicht durch den dopenden Konkurrenten sondern durch den Veranstalter, sodass kein direkter Zusammenhang zwischen dem erlangten Vermögensvorteil und dem Schaden des unterlegenen Konkurrenten besteht. Ziel des dopenden Athleten ist nämlich nicht die Bereicherung am Konkurrenten, insbesondere an dessen Anspruch auf Preisgeld, sondern an dem durch den Spender des Preises geleisteten Wert.[70]

Eine **Strafbarkeit wegen Betrugs gegenüber Zuschauern** ist gleichermaßen zu 57
verneinen. Hier fehlt es ebenfalls an einem Vermögensschaden, da der Zuschauer zwar in der Regel ein vertraglich vereinbartes Entgelt für eine Sportveranstaltung mit Eventcharakter bezahlt, diese aber auch als Gegenleistung erhält – unabhängig davon, ob ein gedopter oder nichtgedopter Sportler den ausgetragenen Wettkampf für sich entscheidet.

Zu differenzieren ist bei der Prüfung einer möglichen **Strafbarkeit wegen Be-** 58
trugs gegenüber dem Veranstalter. Im Hinblick auf ein durch den Veranstalter ausgelobtes Preisgeld wird ebenfalls hinterfragt, ob wegen des möglichen Wissens der Veranstalter von Dopingaktivitäten der Sportler überhaupt eine Täu-

67 Vgl. Rössner, SidP, 11, Rdnr. 1710; Cherkeh/Momsen, NJW 2001, S. 1745, 1749; Schild, S. 168 f.

68 Vgl. auch Grotz, SpuRt 2005, S. 93, 95.

69 Stoffgleichheit liegt vor, wenn Schaden und Vorteil durch ein- und dieselbe Vermögensverfügung hervorgerufen sind und der Vorteil die Kehrseite des Schadens ist.

70 Vgl. Wolters/Schmitz, Handbuch Sportrecht, S. 263 f.; Cherkeh/Momsen, NJW 2001, S. 1745, 1749.

schung vorliegen kann.[71] Jedenfalls fehlt es an einem Schaden des Veranstalters, wenn dieser das Preisgeld ohnehin vergibt – wenn nicht an den dopenden Sieger, dann an den nächstfolgenden nichtgedopten Athleten.[72] Dagegen liegt wohl ein Schaden vor, wenn sich ein Veranstalter wegen eines Dopingfalls im Nachhinein gegen die Vergabe des Titels entscheidet, das Preisgeld jedoch bereits ausgezahlt hat.[73] Bei der Zahlung von Antrittsprämien entsteht dem Veranstalter ebenfalls kein Vermögensschaden. Denn die Attraktivität der Veranstaltung als zweckgebundener Gegenwert der Prämie entfällt nicht wegen des nachträglichen Bekanntwerdens eines Dopingfalls.[74]

VI. Diskussion über ein Anti-Doping-Gesetz

59 Umstritten ist, ob es in Deutschland eine **erweiterte Doping-Strafbarkeit** geben und daher eine Ausweitung der staatlichen Verantwortlichkeit erfolgen soll. Hierzu gab es bereits konkrete Gesetzgebungsvorhaben.[75] Zu Gesetzesänderungen ist es bislang jedoch nicht gekommen, sodass die strafrechtliche Relevanz von Doping nach aktueller Gesetzeslage vor allem anhand der Regelungen des AMG zu beurteilen ist, die – wie bereits gezeigt – ausschließlich das »Fremddoping« unter Strafe stellen.

60 Zum Teil wird daher mit dem Argument einer bestehenden Strafbarkeitslücke weiterhin die Einführung eines Straftatbestands gefordert, der auch das »Selbstdoping« unter Strafe stellt. Doping sei – zumindest im Profisport – als »Angriff auf den freien Wettbewerb« zu werten, der den besonderen Schutz des Strafrechts verdiene. Richtigerweise wird darüber hinaus ein **Vollzugsdefizit** der privatrechtlich organisierten Institutionen der Dopingverfolgung festgestellt,[76] da diese in ihrer Sanktions- und Ermittlungsgewalt beschränkt sind und es ihnen im Gegensatz zu den staatlichen Ermittlungsbehörden an strafprozessualen Mitteln

---

[71] Vgl. Kauerhof, S. 65, 85; Schild, S. 164.

[72] Vgl. Linck, NJW 1987, S. 2545, 2551; a.A: BGH NJW 1995, S. 539 f.

[73] Vgl. die Entscheidung des Internationalen Welt-Radsportverbands UCI, der im Oktober 2012 infolge des Dopingskandals um Lance Armstrong bekanntgab, die Tour-de-France-Titel der Jahre 1999–2005 nicht neu zu vergeben.

[74] So auch Wolters/Schmitz, in: Handbuch Sportrecht, S. 164; a. A.: Kauerhof, S. 65, 88 f.; Cherkeh/Momsen, NJW 2001, 1745, 1748.

[75] Vgl. Bayerns Entwürfe eines Gesetzes zur Bekämpfung des Dopings im Sport (2006, BR-Drs. 658/06) sowie eines »Sportschutzgesetz« (2009), das auch sonstige Manipulationen im Sport (z. B. Wettbetrug) mit unter Strafe stellen sollte, http://www.justiz.bayern.de/media/entwurf_sportschutzgesetz_30112009.pdf.

[76] Prokop, SpuRt 2006, S. 192 f.

fehlt, mit denen sie Dopingvergehen effektiv feststellen könnten, wie z. B. Durchsuchungsbefugnisse.

Dem steht die Auffassung entgegen, dass eine weitergehende Strafbarkeit nicht 61
der Systematik des Strafrechts entspreche.[77] Ein vom Staat zu schützendes Rechtsgut, welches eine staatliche Verfolgung des Dopings rechtfertigen würde, sei nicht ersichtlich. Die Aufrechterhaltung der Chancengleichheit und Fairness des sportlichen Wettkampfs sei Aufgabe der Institutionen des Sports und bedürfe keines gesonderten strafrechtlichen Schutzes.[78] Durch ein Tätigwerden des Staates bestehe vielmehr die Gefahr, dass die grundrechtlich geschützte Freiheit des Sports unterlaufen werde. Eine gesonderte Strafbarkeit von Doping könne wegen des unterschiedlichen Verschuldensmaßstabs im Strafrecht und im verbandsrechtlichen Dopingverfahren gem. WADA-Code zudem zu voneinander abweichenden Ergebnissen führen, welche Haftungsfolgen für die Instanzen der Sportgerichtsbarkeit haben könnten.

Doping kompakt

- Der Begriff des Dopings war lange Zeit nicht einheitlich definiert. Heute findet man eine verbandsrechtliche Definition in Art. 2 Abs. 1 WADA-Code.
- Der Anti-Doping-Kampf verteilt sich auf verschiedene Akteure: Verbände, Anti-Doping-Agenturen und den Staat.
- Bei den von Verbänden und Doping-Agenturen verantworteten Trainings- und Wettkampfkontrollen gibt es insbesondere persönlichkeitsrechtlich umstrittene Maßnahmen.
- Das StGB enthält keinen Dopingstraftatbestand. Es sind lediglich bestimmte Rechtsgüter geschützt, die bei Doping-Aktivitäten verletzt sein können (körperliche Unversehrtheit, Vermögen Dritter).
- In strafrechtlichen Nebengesetzen (AMG, BtMG) finden sich Normen, die Unterstützungshandlungen sowie den Besitz von Dopingmitteln unter Strafe stellen. Selbstdoping ist (noch) nicht strafbar.

Vertiefende Literatur

Musiol, Stephanie: Verschärfung der Meldepflichten im Dopingkontrollverfahren, SpuRt 2009, S. 90 ff.

[77] Krähe, SpuRt 2006, S. 194.
[78] Heger, SpuRt, 2007, S. 153 ff.

61

Korff, Niklas: Meldepflichten des WADA-Codes und Persönlichkeitsrechte – Europäische Menschenrechtskonvention sowie Gesetzeslage in Österreich, Italien, Spanien und Frankreich, SpuRt 2009, S. 94 ff.

Emanuel, Bernd: Dopingnachweis durch indirekte Nachweismethoden »Biologischer Pass«, SpuRt 2009, S. 195 ff.

König, Peter: Pro: Argumente für ein Sportschutzgesetz, SpuRt 2010, S. 106 f.

Kudlich, Hans: Contra: Argumente gegen ein Sportschutzgesetz, SpuRt 2010, S. 108 f.

Berninger, Anja: Die WADA-Blutpass-Guidelines und deren nationale Umsetzung für den indirekten Dopingnachweis, SpuRt 2010, S. 228 ff.

Jakob-Milicia, Anne: Die WADA Operating Guidelines für den Athlete Biological Passport, SpuRt 2010, S. 149 ff.

Kudlich, Hans: Der dopende Sportler als Betrüger?, SpuRt 2012, S. 54 f.

Lambertz, Paul/ Longrée, Sebastian: WADA-Code 2015 – Abschaffung der B-Probe: Angriff auf die Athletenrechte?, SpuRt 2012, S. 143 ff.

Rössner, Dieter: Der Sport im Strafrecht und Strafprozessrecht, 11, Rdnr. 1692 ff., in: Adolphsen / Nolte / Lehner / Gerlinger (Hrsg.), Sportrecht in der Praxis, 2012.

Lehner, Michael: Das Dopingverfahren und seine Sanktionen, 10, Rdnr. 1349 ff., in: Adolphsen / Nolte / Lehner / Gerlinger (Hrsg.), Sportrecht in der Praxis, 2012.

Jahn, Matthias: Strategien und Instrumente in Dopingverfahren aus Sicht des deutschen Strafrechts, SpuRt 2013, S. 90 ff.

Maihold, Dieter: Strategien und Instrumente zivil- und verbandsrechtlicher Dopingverfahren in Deutschland, SpuRt 2013, S. 95 ff.

8. Kapitel: Fangewalt

Das Phänomen gewalttätiger Ausschreitungen von Fans ist vor allem im Fußball zu beobachten. Die Ursachen sind mannigfaltig und zum Teil bereits durch soziologische Untersuchungen ergründet worden.[1] Dennoch kann Fangewalt scheinbar nicht gänzlich aus den Stadien verbannt werden. Zwischen den Spielzeiten 1997/98 und 2011/12 haben sich die Strafverfahren gegen Fußballfans bei Fußballspielen der 1. Bundesliga und 2. Bundesliga sogar mehr als verdoppelt.[2] 1

Das wiegt besonders schwer, weil mit der medialen Präsenz und der besonderen Rolle des Fußballs eine Vorbildwirkung einhergeht, die durch eine anhaltende Berichterstattung über Auseinandersetzungen und Gewalt in Stadien konterkariert wird. Hinzu kommen negative Folgen für die Wertschöpfung des Sports, insbesondere der Marke »Fußball«, da Gewaltszenarien imageschädigende Auswirkungen haben und damit auch potentielle Sponsoren und Investoren verschrecken dürften. Es besteht daher ein spürbares Interesse verschiedener Akteure daran, gewalttätige Zuschauerausschreitungen zu verhindern.

I. Akteure bei Fangewalt

Im Rahmen der Fanproblematik haben sich verschiedene Gruppen gebildet, die wegen der z. T. unterschiedlichen Interessenlagen in einem Spannungsverhältnis zueinander stehen. Die **Zuschauer bzw. Fans** möchten ein möglichst uneingeschränktes Sporterlebnis konsumieren, bei dem verschiedene Elemente der Fankultur Berücksichtigung finden sollen. Die **Vereine und Verbände** haben Interesse an einem ausgewogenen Nebeneinander von spektakulären Fanchoreographien und dem reibungslosen Ablauf von Sportveranstaltungen. Daneben verfolgen sie im Profisportbereich auch ein wirtschaftliches Interesse, weswegen sie einerseits auf (Zuschauer)-Masse setzen, andererseits kein Interesse an Negativschlagzeilen haben. Der **Staat** ist verpflichtet, Sportveranstaltungen abzusichern, die 2

[1] Vgl. u. a. Pilz, Zuschauergewalt im Fußball – Vorurteile und Diskriminierung: Hooligans, Ultras und Hooltras, S. 214 ff. in: Strauß, Sportzuschauer, 2012.

[2] So die Zahlen der im Nordrhein-Westfälischen Innenministerium angegliederten Zentralen Informationsstelle Sporteinsätze (ZiS), http://www.polizei-nrw.de/artikel__68.html.

körperliche Unversehrtheit der Teilnehmer sowie die öffentliche Sicherheit und Ordnung allen seinen Bürgern gegenüber (auch den Nicht-Teilnehmern) zu gewährleisten.

II. Maßnahmen bei Fangewalt

3 Um negative Effekte auf den Sport durch Zuschauergewalt zu verhindern, ist eine Vielzahl von Maßnahmen erforderlich. Neben rechtlichen Möglichkeiten, die meist als ultima ratio herangezogen werden, gibt es weitere Gestaltungsmöglichkeiten, vor allem aus dem Bereich der Sozialarbeit. Im Fußball leisten **Fanprojekte** wichtige Arbeit. Sie werden durch eine Teilfinanzierung der Verbände (DFB/DFL), den Bundesländern und der jeweiligen Kommune getragen und sind meist als unabhängige Einrichtungen der Jugendhilfe organisiert.

4 Aus rechtlicher Sicht steht die Gewährleistung der Sicherheit im Rahmen von Sportveranstaltungen im Fokus. Dies stellt, vor allem wegen der geteilten Verantwortlichkeit zwischen privaten Sportveranstaltern und dem Staat eine große Herausforderung dar.

1. Präventive Maßnahmen bei Fangewalt

Durch eine Vielzahl **präventiver Maßnahmen** wird versucht, bereits im Vorfeld von Randalen auf potentielle »Unruhestifter« einzuwirken. Den regelmäßig als Veranstalter agierenden Vereinen steht dabei als Gestaltungsmittel vor allem das sog. Stadionverbot zur Verfügung. Auf staatlicher Seite kommen konkrete polizeirechtliche Maßnahmen in Betracht, die im Vorfeld oder im Verlauf von Sportveranstaltungen angewendet werden können.

a) Maßnahmen der Vereine

5 Vereine können als Veranstalter von Sportereignissen auf der Grundlage des sog. Hausrechts gem. §§ 1004, 903 BGB bzw. §§ 862, 859 BGB (→ *10* Rdnr. 14) bereits vor oder beim Zutritt der Zuschauer ins Stadion Sorge dafür tragen, dass mögliche gewaltbereite Fans fern bleiben. Dabei macht der Hausrechtsinhaber einen Unterlassungsanspruch als sog. berechtigter Besitzer gem. § 823 Abs. 1 i. V. m. § 1004 Abs. 1 BGB geltend, da er aufgrund der bereits konstatierten Gewaltbereitschaft eines Zuschauers mit erneuten Verfehlungen rechnet. Das Hausrecht kann durch spezielle Verbandsrichtlinien konkretisiert werden. Eine entsprechende

Konkretisierung findet sich im Fußball in den DFB-Richtlinien zur einheitlichen Behandlung von Stadionverboten (sog. Stadionverbotsrichtlinie).

Gem. § 1 StadionverbotsRL ist ein **Stadionverbot** eine gegen eine natürliche Person wegen sicherheitsbeeinträchtigenden Auftretens anlässlich einer Fußballveranstaltung festgesetzte Untersagung, bei vergleichbaren zukünftigen Veranstaltungen eine Platz- oder Hallenanlage zu betreten bzw. sich dort aufzuhalten. Unerheblich ist, ob sich das verwerfliche Verhalten dabei innerhalb oder außerhalb einer Platz- oder Hallenanlage sowie vor, während oder nach der Fußballveranstaltung zugetragen hat. § 1 Abs. 2 der StadionverbotsRL betont den Charakter des Stadionverbots als **Präventivmaßnahme** auf zivilrechtlicher Grundlage, das zukünftiges sicherheitsbeeinträchtigendes Verhalten vermeiden und den Betroffenen zur Friedfertigkeit anhalten will, um die Sicherheit anlässlich von Fußballveranstaltungen zu gewährleisten.

Dem Hausrechtsinhaber als einzig Berechtigtem für die Festsetzung, Reduzierung, Aufhebung oder Aussetzung eines Stadionverbots (§ 2 Abs. 1) steht es gem. § 4 Abs. 2, 3 frei, **ein örtliches oder überörtliches Stadionverbot** zu erteilen. Während ein örtliches Verbot bei Verstößen gegen die Stadionordnung ausgesprochen werden soll, müssen für ein überörtliches Stadionverbot weitere Voraussetzungen vorliegen. Insbesondere soll ein solches verhängt werden, wenn anlässlich einer Fußballveranstaltung ein Ermittlungs- oder sonstiges Verfahren nach staatlichem Strafrecht gegen eine Person eingeleitet worden ist. Durch eine schriftliche Erklärung haben sich alle Vereine von der ersten bis zur vierten Liga zur Einhaltung der Richtlinie verpflichtet, wodurch die Vereine überörtliche Stadionverbote verhängen können.

Gem. § 5 Abs. 1 beträgt die Dauer des Stadionverbots mindestens eine Woche und darf längstens bis zum Juni des dritten Jahres, das auf die laufende Spielzeit folgt, andauern, § 5 Abs. 2. Allerdings darf ein Verbot nur ausgesprochen werden, wenn die Einleitung eines strafrechtlichen Ermittlungsverfahrens aufgrund einer Handlung im Zusammenhang mit dem Fußballsport, insbesondere anlässlich einer Fußballveranstaltung der Lizenzligen, der 3. Liga oder der Regionalligen, des DFB oder Ligaverbandes oder eines Spiels des internationalen Wettbewerbs vorausgegangen ist.

Die **Rechtmäßigkeit von Stadionverbotenen** ist umstritten. Kritisiert wird zu- 6
nächst, dass zur Verhängung eines überörtlichen Stadionverbots die Einleitung eines strafrechtlichen Ermittlungsverfahrens genügt, was bereits aufgrund eines relativ schwachen Anfangsverdachts erfolgen kann.[3] Darüber hinaus hängt die Frage, ob ein Stadionverbot aufgehoben wird, entscheidend von der Art der Ein-

[3] Vgl. Breucker, Die Zulässigkeit von Stadionverboten, JR 2005, S. 135.

stellung nach der StPO ab. Gem. § 153 StPO kann ein Verfahren wegen Geringfügigkeit gem. § 153 a StPO gegen Erfüllung einer Auflage oder Weisung eingestellt werden; § 170 Abs. 2 StPO regelt die Einstellung für den Fall, dass kein hinreichender Tatverdacht vorliegt. Die StadionverbotsRL lässt in § 6 jedoch ein Fortbestehen des Stadionverbots zu für die Fälle des § 153 bzw. § 153a StPO. Das ist problematisch, weil sich in der Praxis Abgrenzungsschwierigkeiten ergeben, da Einstellungen oft nicht trennscharf unterschieden werden und insbesondere kein Rechtsmittel gegen die Art der Einstellung zur Verfügung steht.[4]

7 Umstritten ist darüber hinaus, ob es sich beim bundesweiten Stadionverbot tatsächlich um eine Präventivmaßnahme handelt, wovon die StadionverbotsRL in § 1 Abs. 2 ausgeht. Der BGH hat dies bestätigt. Nach seiner Auffassung ist die Zugehörigkeit des Adressaten eines Stadionverbots zu einer Gruppe, von der nach einer Prognoseentscheidung zukünftige Gewalttaten zu erwarten ist, ausreichend, um eine solche Maßnahme zu rechtfertigen. Auf ein konkretes aktives Auffälligwerden des Verbotsempfängers komme es dabei nicht an.[5] Dagegen wird in der Literatur nicht zu Unrecht eingewandt, dass es sich bei Stadionverboten um Repressivmaßnahmen handelt. Dies ergebe sich schon aufgrund der Konstruktion der einzelnen Normen der StadionverbotsRL, die einen typischen Strafcharakter aufwiese, indem sie den üblichen strafrechtlichen Mustern folge.[6]

b) Staatliche Maßnahmen (polizeirechtliche Befugnisse)

8 Dem Staat kommt im Rahmen der ihm obliegenden Gewähr von öffentlicher Sicherheit und Ordnung auch bei Sportveranstaltungen eine Schlüsselrolle zu. Im nationalen Recht finden sich daher einige polizeiliche Einzelbefugnisse, die regelmäßig bei Sportgroßveranstaltungen, insbesondere bei Fußballspielen, als Präventivmaßnahmen im Rahmen der Gefahrenabwehr angewendet werden. Rechtlich problematisch ist, dass dabei regelmäßig in Grundrechtspositionen der Zuschauer eingegriffen wird, sodass im Einzelfall zu klären ist, ob die Maßnahme überhaupt auf eine gesetzliche Grundlage (Ermächtigungsnorm) gestützt werden kann und ob deren Voraussetzungen eingehalten wurden.

---

[4] Orth/Schiffbauer, S. 193, 194.

[5] BGH, NJW 2010, S. 534, 536.

[6] Z. B. durch die Verwendung von Regelbeispielen oder die Kategorisierung in »schwere Fälle« usw., vgl. Orth/Schiffbauer, S. 195.

aa) Verbunddateien

9 Im Rahmen sog. Vorfeldmaßnahmen liegt der polizeiliche Schwerpunkt auf der frühzeitigen Erkennung potentieller Straftäter bei Sportveranstaltungen.

10 Auf **Landesebene** werden zu diesem Zweck Dateien angelegt, in denen personenbezogene Daten von »Problemfans« erhoben, gespeichert und weitergeben werden dürfen. Die Länder haben zur besseren Koordinierung sog. »Landesinformationsstellen Sporteinsätze« eingerichtet. Auf **Bundesebene** überwacht und registriert die Zentrale Informationsstelle Sporteinsätze (ZIS) Fußball-Gewalttäter. Die ZIS wurde 1991 eigerichtet und ist dem Landesamt für Zentrale Polizeiliche Dienste NRW (LZPD NRW) in Nordrhein-Westfalen mit Sitz in Duisburg angegliedert. Die ZIS führt seit 1994 die **Verbunddatei Gewalttäter Sport**, die ähnlich den Landesdateien Daten potentieller Störer zusammenfasst. Die Datei kann bundesweit von allen Polizeidienststellen abgefragt werden, der DFB und die Sportvereine als nichtstaatliche Stellen haben jedoch keinen Zugriff. Die ZIS steht darüber hinaus mit anderen Ländern über den internationalen Datenaustausch in Verbindung.

11 Gespeichert werden Daten von Personen, die im Zusammenhang mit Ausschreitungen bei Sportveranstaltungen auffällig geworden sind. Es muss gegen sie entweder ein strafrechtliches Ermittlungsverfahren eingeleitet worden sein oder bereits eine rechtskräftige Verurteilung vorliegen. Als Straftaten in diesem Zusammenhang sind relevant: Widerstand gegen Vollstreckungsbeamte (§ 113 StGB), Gefährliche Eingriffe in den Verkehr (§§ 315 ff. StGB), Störung öffentlicher Betriebe (§ 316b StGB), Nötigung (§ 240 StGB), Verstöße gegen das Waffengesetz, Verstöße gegen das Sprengstoffgesetz, Landfriedensbruch (§§ 125 ff. StGB), Hausfriedensbruch (§ 123, § 124 StGB), Gefangenenbefreiung (§ 120 StGB), Raub- und Diebstahlsdelikte (§§ 242 ff. StGB), Missbrauch von Notrufeinrichtungen (§ 145 StGB), Handlungen nach § 27 Versammlungsgesetz, Verwenden von Kennzeichen verfassungswidriger Organisationen (§ 86a StGB) Volksverhetzung (§ 130 StGB) sowie Beleidigung (§ 185 StGB).

Die Eintragungen in das Register erfolgen in die drei Kategorien: A (friedlicher Fan), B (gewaltbereiter Fan) und C (gewaltsuchender Fan). Als Konsequenz der Eintragung können Meldeauflagen, Passbeschränkungen oder -entzug vorgenommen oder die Ausreise in ein bestimmtes Land untersagt werden.

12 Die Erhebung von Daten in diesem Zusammenhang stellt einen Eingriff in das allgemeine Persönlichkeitsrecht der Betroffenen, insbesondere in deren **Recht auf informationelle Selbstbestimmung** gem. Art. 2 Abs. 1 i. V. m. Art. 1 Abs. 1 GG dar. Umstritten ist, ob dies gerechtfertigt oder ob die Verwendung der Daten

möglicherweise verfassungswidrig ist. Die Polizeigesetze der Länder[7] sowie die DatenVO des Bundes[8] und mittlerweile[9] auch das BKA-Gesetz enthalten Rechtsgrundlagen, die eine Datenerhebung vom Erfordernis der Gefahrenabwehr, insbesondere der vorbeugenden Bekämpfung von Straftaten, abhängig machen. Dennoch bestehen Zweifel an der Verhältnismäßigkeit, was nicht zuletzt auf den intransparenten und uneinheitlichen Umgang der einzelnen Polizeidienststellen mit den Daten zurückzuführen ist. Darüber hinaus ist problematisch, dass die Daten auch bei eingestellten Ermittlungsverfahren (z.B. wegen Geringfügigkeit, § 153 StPO) weiter gespeichert werden können. Die Betroffenen werden zudem nicht über die Speicherung in der Datei Gewalttäter Sport in Kenntnis gesetzt, sodass potentielle Rechtsschutzmöglichkeiten hier verkürzt sind.

bb) Sonstige polizeirechtliche Maßnahmen

13 Zur Absicherung von Sportveranstaltungen werden zudem weitere polizeirechtliche Maßnahmen angewendet. Den Einsatzkräften ist es möglich, auf dem Weg zu einer Sportstätte sog. **Sicherheitskontrollstellen** einzurichten. An diesen können verschiedene polizeiliche Maßnahmen auf der Grundlage der entsprechenden länderspezifischen Ermächtigungsnormen durchgeführt werden. Häufig sind das rechtlich unproblematische Identitätsfeststellungen oder Sicherstellungen.

Sofern die Sicherheitskontrollen für **Leibesvisitationen** durch die Polizei genutzt werden, z.B. um zu verhindern, dass gefährliche Gegenstände wie Pyrotechnik o.ä. in Sportstätten mitgeführt werden, sind wegen der intensiven Grundrechtseingriffe in das allgemeinen Persönlichkeitsrecht (Art. 2 Abs. 1 i.V.m. Art. 1 Abs. 1 GG) bzw. die allgemeine Handlungsfreiheit (Art. 2 Abs. 1 GG) der betroffenen Zuschauer die Grenzen der Verhältnismäßigkeit zu wahren. Nicht mehr verhältnismäßig dürfte der Einsatz von Nacktscannern bzw. das Entkleiden bis auf die Unterhose sein, wenn keine erheblichen Gefahren drohen. Das Abbrennen von Pyrotechnik (bengalische Feuer etc.) im Stadion reicht für die Durchführung entsprechender Maßnahmen nicht aus. Zudem muss in diesem Zusammenhang auch das Willkürverbot berücksichtigt werden. Das bedeutet, dass die gezielte Durchsuchung von Fans oder Anhängergruppen nur zulässig ist, wenn von ihnen objektiv eine größere Gefahr ausgeht als von anderen Fangrup-

---

[7] Vgl. § 32 ThürPAG; § 31 BayPAG; § 20 PolG BW; § 19 ASOG Bln; §§ 29 ff. BbgPolG; §§ 25–27 SOG MV; § 37 f. SächsPolG; § 179 LVwG SH.

[8] Vgl. Verordnung über die Art der Daten, die nach den §§ 8 und 9 des Bundeskriminalamtgesetzes gespeichert werden dürfen, BGBl. I S. 716.

[9] Bis zur Schaffung der Verordnung 2010 erfolgte die Erhebung der Daten auf Bundesebene ohne Rechtsgrundlage.

pen. Hierfür müssen konkrete Anhaltspunkte vorliegen, die zurückliegende Verfehlungen im Zusammenhang mit Sportveranstaltungen belegen.

14 Liegen konkrete Anhaltspunkte für eine Gefährdung der öffentlichen Sicherheit und Ordnung vor, können im Rahmen der jeweiligen landesrechtlichen Ermächtigungsnormen[10] durch die Polizei auch **Bild- und Tonaufnahmen** von Fans angefertigt werden. Neben den damit verfolgten Beweiszwecken soll so auch mithilfe des Abschreckungseffektes der Begehung von Straftaten oder Ordnungswidrigkeiten von erheblicher Bedeutung vorgebeugt werden.

15 Umstritten ist hingegen der **Einsatz von verdeckten Ermittlern** in Stadien. An deren generellen Einsatz sind hohe verfassungsrechtliche und einfachgesetzliche Voraussetzungen zu stellen. Nach der Rechtsprechung von BVerfG und BGH dürfen sie nur bei besonders gefährlichen und schwer aufklärbaren Straftaten eingesetzt werden.[11] Gem. § 110 a StPO muss beim Einsatz verdeckter Ermittler der Polizei mindestens der Verdacht bestehen, dass ein Verbrechen begangen worden ist. Im Gegensatz zu Vergehen handelt es sich dabei gem. § 12 Abs. 1 StGB um alle gesetzlich normierten Delikte, die im Mindestmaß mit Freiheitsstrafe von einem Jahr oder darüber bedroht sind. (z.B. Raub, Körperverletzung mit Todesfolge, schwere Brandstiftung, schwerer sexueller Missbrauch, Rechtsbeugung). Bei der Vielzahl der typischerweise im Rahmen von Fangewalt verwirklichten Delikte dürfte es an dieser Voraussetzung fehlen.

16 Daneben stehen polizeilichen Einsatzkräften die in den Landespolizeigesetzen als Spezialermächtigung geregelten Standardmaßnahmen **Aufenthaltsverbot, Platzverweis und Ingewahrsamnahme** zur Verfügung. Letztere darf wegen des damit verbundenen Freiheitsentzugs nur als ultima ratio eingesetzt werden und ist zeitlich auf die Dauer von 24 Stunden begrenzt. Sie unterliegt grundsätzlich dem Richtervorbehalt, d.h. ein Handeln der zuständigen Verwaltungsbehörden (Polizei, Staatsanwaltschaft und andere Behörden) ist erst nach einer richterlichen Gestattung zulässig.[12]

---

10 Art. 32 BayPAG; § 21 BWPolG; §§ 24, 24a, 24b BerlASOG; § 31 BrandPolG; § 29 BremPolG; § 8 HambPolDVG; § 14 HessSOG; § 32 MVSOG; § 32 NdsSOG; §§ 15, 15a, 15b NWPolG; § 27 RhPfPOG; § 27 SaarlPolG; § 38 SächsPolG; § 16 SachsAnhSOG; § 184 SHVwG; § 33 ThürPAG.

11 BGH St 40, S. 211 ff.

12 Aus diesem Grund wird der Einsatz von Richtern vor Ort bei sog. Problemspielen immer wieder diskutiert.

2. Repressive Maßnahmen bei Fangewalt

Repressive Mittel werden von den Fußballverbänden angewandt, denen auf Grundlage der Vereinigungsfreiheit ein entsprechendes Tätigwerden gewährt ist. Neben den Verbänden können auch staatliche Verfolgungsbehörden tätig werden, sofern die Rechtsordnung durch Zuschauerausschreitungen in Gefahr ist. Dies ist der Fall, wenn Gefahren für fremdes Eigentum, Gesundheit und Leben von Beteiligten oder unbeteiligten Dritten bestehen.

a) Verbands- und zivilrechtliche Haftung des Vereins für Zuschauerausschreitungen

17 Vereine haben als private Veranstalter von Sportereignissen verbandsrechtliche und zivilrechtliche Rechte und Pflichten bezüglich der Sicherheit. Erstere ergeben sich aus ihrer Mitgliedschaft in den Verbänden, durch die sie sich deren Regel- und Vollzugsgewalt unterworfen haben. Die Verbände halten in ihren Ordnungen eigene Rechtsgrundlagen für die Gewährleistung der Sicherheit vor.

Im Fußball sind Vereine und ihre Tochtergesellschaften gem. der Zurechnungsnorm des § 9a der Rechts- und Verfahrensordnung des DFB (RuVO-DFB) u. a. für das Verhalten ihrer Anhänger und Zuschauer verantwortlich. Sie haften, sofern sie gastgebend sind, im Stadionbereich vor, während und nach dem Spiel für Zwischenfälle jeder Art. § 7 Nr. 1 c, d, Nr. 3 RuVO-DFB normiert zudem, dass bei Bundesligaspielen für nicht ordnungsgemäße Platzherrichtung und nicht ausreichenden Ordnungsdienst sowie für mangelnden Schutz des Schiedsrichters oder seiner Assistenten erhebliche Geldstrafen bzw. Total- oder Teilausschlüsse von Zuschauern ausgesprochen werden können.

18 Die Besonderheit dieser Regelungen liegt darin, dass die Haftung des Vereins verschuldensunabhängig (sog. **strict liability-Grundsatz**) ausgelöst wird. Dies widerspricht dem in § 276 Abs. 1 S. 1 BGB verankerten Verschuldensprinzip als zentralem Element der deutschen Rechtsordnung. Umstritten ist daher, ob derartige Vorschriften, die z. T. erhebliche Strafen unabhängig von einem Verschulden vorsehen, mit rechtstaatlichen Grundsätzen vereinbar sind. Im Ergebnis wird man davon ausgehen können, dass ein Verschulden auch bei Verbandsentscheidungen immer Voraussetzung einer Strafe sein muss, soweit damit ein erheblicher Unwert manifestiert wird. Dies ist in der Regel der Fall, wenn ihnen ein Strafcharakter innewohnt (z. B. bei Geldstrafen oder Zuschauerausschlüssen), nicht jedoch, wenn lediglich über wettbewerbserhaltende Dinge geurteilt wird (z. B. Spielwertungen etc.).

Für einen geschädigten Sportler oder Zuschauer kann auch der Veranstalter als Anspruchsgegner in Betracht kommen, wenn dieser eigene Verkehrssicherungspflichten verletzt hat, etwa wenn nicht für eine ausreichende Absperrung für Zuschauer gesorgt wurde. Zivilrechtliche Haftungserleichterungen (→ 5 Rdnr. 14 ff.) kommen dabei nicht zur Geltung. Es gibt keine Begründung, die eine Haftungsprivilegierung rechtfertigen würde. Veranstalter müssen sich stets so verhalten, dass von ihnen keine zusätzlichen Gefahren für den Sportler neben denen der Sportausübung selbst ausgehen. 19

b) Zivilrechtliche Haftung der Fans gegenüber dem Verein infolge von Verbandssanktionen

Muss ein Veranstalter gegenüber einem Dritten wegen des Verhaltens seiner Zuschauer Ersatz leisten (z. B. gegenüber dem Verband aufgrund einer Verbandssanktion, siehe soeben), kann er grundsätzlich gegenüber dem Verursacher Regress nehmen.[13] Problematisch ist dabei jedoch regelmäßig die Beurteilung der Frage des Mitverschuldens des Veranstalters. Dieses muss erheblich sein, damit Regress verlangt werden kann. Unzureichende Sicherheitsmaßnahmen, eine Vorbelastung wegen ähnlicher Vorfälle oder das Versäumnis des Veranstalters ein Rechtsmittel gegen die ihn belastende Entscheidung einzulegen, begründet ein solches noch nicht.[14] 20

c) Zivilrechtliche Haftung der Fans gegenüber Sportlern und anderen Zuschauern

Wenn Zuschauer auf Sportler und Dritte unmittelbar einwirken, z. B. beim Stürmen eines Spielfeldes und anschließender Gewaltanwendung gegenüber Sportlern, Helfern und anderen Zuschauern, ergeben sich weitere Haftungsfragen. Auch hier gibt es keine Haftungserleichterungen. Wirft z. B. ein Zuschauer ein Feuerzeug auf einen Sportler und verletzt diesen, kann der Zuschauer zur deliktischen Haftung gem. § 823 Abs. 1 BGB herangezogen werden. Das gleiche gilt bei schädigenden Handlungen gegenüber anderen Zuschauern, z. B. wenn mittels eines pyrotechnischen Brennkörpers die Kleidung eines nebenstehenden Zuschauers beschädigt wird. 21

---

[13] OLG Rostock, SpuRt 2006, S. 249, 250, das einen »Flitzer«, der aufs Feld gelangt war und den Schiedsrichter attackierte, zur Erstattung der dem Verein vom DFB auferlegten Geldstrafe von 20.000 € verurteilte.

[14] OLG Rostock, NJW 2006, S. 1819, 1821.

Oft ist es im Zusammenhang mit Fanausschreitungen jedoch schwierig, den wirklichen Schädiger herauszufinden, wenn mehrere Personen als Schädiger an der Schadensverursachung mitgewirkt haben. Nach § 830 Abs. 1 BGB ist jeder für den Schaden verantwortlich, auch wenn der Schaden durch eine gemeinschaftlich begangene Tat verursacht wurde.

d) Strafrechtliche Verantwortlichkeit der Fans

22 Neben der zivilrechtlichen Haftung können sich Fans strafbar machen, wenn staatlich geschützte Rechtsgüter verletzt werden. Voraussetzung strafrechtlicher Verantwortlichkeit ist das Vorliegen eines im StGB oder in einem strafrechtlichen Nebengesetz normierten Straftatbestands. Bei der Beurteilung gibt es keine Besonderheiten, insbesondere kommen keine Privilegierungen wie z. T. bei sportimmanenten Straftaten in Betracht (→ 6 Rdnr. 29).

Neben den in der Mehrzahl festzustellenden Straftaten gegen Leib und Leben (z. B. Körperverletzungsdelikte, §§ 223 ff. StGB) liegen oftmals Sachbeschädigungsdelikte (§§ 303 ff. StGB) sowie Widerstand gegen Vollstreckungsbeamte (§ 113 StGB) vor. Weitere typische Straftaten von Fans im Zusammenhang mit Zuschauergewalt sind: Verstöße gegen das Sprengstoff- bzw. Waffengesetz, Gefährliche Eingriffe in den Verkehr (§§ 315 ff. StGB), Landfriedensbruch (§§ 125 ff. StGB), Raub- und Diebstahlsdelikte (§§ 242 ff. StGB), Verwenden von Kennzeichen verfassungswidriger Organisationen (§ 86a StGB) Volksverhetzung (§ 130 StGB) sowie die Verletzung der persönlichen Ehre (§§ 185 ff. StGB).

e) Verantwortlichkeit der Vereine für die Kosten von Polizeieinsätzen im Rahmen von Sportveranstaltungen

23 Umstritten ist, ob Vereine wegen des erhöhten Sicherheitsbedürfnisses bei Fußballspielen (insbesondere der 1.–3. Liga) zur Begleichung von Einsatzkosten der Polizei herangezogen werden dürfen.[15]

Grundsätzlich ist der polizeiliche Einsatz zum Schutz der öffentlichen Sicherheit und Ordnung eine primäre Aufgabe des Staates. Allerdings entstehen bei Fußballspielen der Profiligen in Deutschland erhebliche Einsatzkosten der Polizei und die zum Teil erforderlichen Großaufgebote können dazu führen, dass der vom Staat zu gewährende Grundschutz der Bürger während dieser Zeiten ohne Kostenerstattung aus Kapazitätsgründen an anderer Stelle vernachlässigt werden

[15] Vgl. hierzu ausführlich Bernhardt, in: Verantwortlichkeiten und Haftung im Sport, S. 67 ff. sowie Stopper/Holzhäuser/Knerr, SpuRt 2013, S. 49 ff.

müsste. Als zusätzliches Argument für eine Kostenbeteiligung wird der kommerzielle Charakter des Profifußballs angeführt.[16]

Jedoch existiert nach bestehender Rechtslage keine Kostenvorschrift, die zur Kostenübernahme ermächtigen würde. Insbesondere enthalten die Verwaltungskostengesetze der Länder keine entsprechende Regelung. Einer Einführung dürften vor allem grundsätzliche Erwägungen entgegenstehen. So liegt es insbesondere nicht im Interesse des Staates, bei ähnlich oder gleich gelagerten Situationen im Zusammenhang mit anderen Großveranstaltungen für die Kosten aufzukommen. Das wiederum wäre jedoch im Hinblick auf die Wahrung der Gleichbehandlung im Sinne des Art. 3 Abs. 1 GG verfassungsrechtlich zu beanstanden.

Fangewalt kompakt

- Fangewalt ist ein fußballtypisches Phänomen.
- Es gibt sowohl verbandsrechtliche als auch zivil-, straf- und öffentlichrechtliche Möglichkeiten gegen Fangewalt vorzugehen.
- Zu unterscheiden sind Präventiv- und Repressivmaßnahmen.
- Die Präventivmaßnahme Stadionverbot ist umstritten. Der BGH hält sie für zulässig.
- Polizeiliche Maßnahmen wie das Führen von Verbunddateien (präventiv) bzw. sonstige Eingriffsbefugnisse (repressiv) sind an verfassungsrechtlichen Maßstäben zu messen.

Vertiefende Literatur

Haslinger, Bastian: Zuschauerausschreitungen und Verbandssanktionen im Fußball, 2011.

Klesczewski, Diethelm: Zur Rechtmäßigkeit bundesweiter Stadionverbote, in: Kauerhof/ Nagel/ Zebisch, Zuschauer als Störer, S. 69 ff.

Nolte, Martin: Die Gewährleistung der Sicherheit bei Fußballspielen durch staatliche Ordnungsbehörden und den ausrichtenden Verein, in: Verantwortlichkeit und Haftung im Sport, S. 55 ff.

Thumm, Frank: Verbandsrechtliche Haftung von Vereinen bei Zuschauerausschreitungen auf nationaler Ebene, in: Verantwortlichkeiten und Haftung im Sport, S. 9 ff.

Walker, Wolf-Dietrich: Zivilrechtliche Reaktionen auf Zuschauerausschreitungen, in: Verantwortlichkeit und Haftung im Sport, S. 87 ff.

ders.: Zur Rechtmäßigkeit bundesweiter Stadionverbote, in: Kauerhof/ Nagel/ Zebisch, Zuschauer als Störer, S. 51 ff.

[16] Bernhardt, in: Verantwortlichkeiten und Haftung im Sport, S. 67.

9. Kapitel: Sport und Medien

1 Sport und Medien stehen in einem untrennbaren Zusammenhang. Erst die Medien machen Wettkämpfe zu beachteten Ereignissen und das Medieninteresse führt zu einer Kommerzialisierung des Sports. Die an diesen Medienereignissen Beteiligten haben unterschiedliche Interessen, die durch das rechtliche Regelungswerk zu einem Ausgleich gebracht werden sollen. Der Sportler hat ein Interesse an einer sachgerechten Darstellung des Wettkampfs und seiner Person, die Veranstalter haben vor allem das Interesse an einer guten Vermarktung der von ihnen organisierten Ereignisse und die Rezipienten wollen möglichst umfassend über die sportlichen Ereignisse und ihre Protagonisten informiert werden.

I. Medien

1. Aufgabe und grundrechtliche Absicherung der Medien

2 Aufgabe der Medien ist es, die Allgemeinheit zu informieren und zwar auch über sportliche Ereignisse.[1] Steht in der Praxis die Berichterstattung über die Wettkämpfe als solche im Vordergrund, so ist es die eigentliche Aufgabe der Medien, auf **politische und gesellschaftliche Missstände** aufmerksam zu machen. Auf den Sport bezogen heißt das, die Medien haben zu beobachten, ob staatliche Stellen in unzulässiger Weise versuchen, den Sport für politische Zwecke zu instrumentalisieren und ob Sportvereine und -verbände sich an gesetzliche Vorgaben, aber auch an anerkannte sportinterne Regeln halten. Zu den Aufgaben der Medien zählt daher insbesondere, Verhaltensweisen aufzudecken, die mit einem regelgerechten Sport nicht vereinbar sind, wie »erkaufte« Wettkampfergebnisse oder andere Manipulationen, etwa durch Doping.

3 Um ihrer »**Wachhundfunktion**« nachkommen zu können, sind die Medien grundrechtlich abgesichert. Art. 5 Abs. 1 Satz 2 GG gewährleistet eine umfassende Medienfreiheit, die primär Schutz gegen staatliche Einflussnahmen auf die medialen Inhalte gewährleistet, darüber hinaus aber auch eine »mittelbare Dritt-

[1] Allgemein zum Medienrecht: Frank Fechner, Medienrecht, 15. Aufl. 2014.

wirkung« gegenüber anderen Bürgern entfaltet und daher beispielsweise auch im Verhältnis der Medien zu Sportverbänden zu beachten ist (→ *1* Rdnr. 37).

Durch die »Medienfreiheit« werden dem Wortlaut des Art. 5 Abs. 1 GG zufolge Presse, Rundfunk und Film geschützt. Tatsächlich ist der Anwendungsbereich der Norm weiter und bezieht alle Formen medialer Darstellung in ihren Anwendungsbereich ein, insbesondere auch den Multimediasektor. Eingebettet ist die Medienfreiheit in die anderen Kommunikationsfreiheiten, die Meinungsfreiheit und die Informationsfreiheit (Art. 5 Abs. 1 Satz 1 GG). Damit ist auch die Kommunikation in sozialen Netzwerken verfassungsrechtlich abgesichert. 4

Der **Schutzbereich** des Art. 5 Abs. 1 GG ist weit auszulegen. Insbesondere die Beschränkung des Wortlauts auf die »Freiheit der Berichterstattung durch Rundfunk und Film« ist zu eng und auf sämtliche Inhalte auszudehnen, so dass gerade auch wertende Stellungnahmen erfasst sind. Besonderheiten ergeben sich hinsichtlich des Rundfunks, da die öffentlichrechtlichen Sender in besonderer Pflicht stehen, die Bevölkerung umfassend zu informieren, dafür aber nicht wie die Privatsender allein auf Werbeeinnahmen angewiesen sind, sondern zur Durchführung ihrer Aufgaben durch Rundfunkbeiträge finanziert werden. Diese Pflicht der öffentlichrechtlichen Sender wurde vom Bundesverfassungsgericht aus der Rundfunkfreiheit abgeleitet und ursprünglich als **Grundversorgungsauftrag**, in den letzten Jahren überwiegend als **Funktionsauftrag** bezeichnet. Er bedeutet, dass der Gesamtheit der Bevölkerung Programme angeboten werden müssen, die umfassend und in der vollen Breite des klassischen Rundfunkauftrags informieren und dass Meinungsvielfalt in der verfassungsrechtlich gebotenen Weise gesichert ist.[2] Das Bundesverfassungsgericht hat diese weite Umschreibung des Funktionsauftrags der öffentlichrechtlichen Rundfunkanstalten auch nach der Entwicklung und Entfaltung der Privatsender nicht verkürzt. Dennoch wird immer wieder darüber gestritten, inwieweit Spitzensport der Bevölkerung unter Aufwendung großer Teile der Rundfunkbeiträge zur Verfügung gestellt werden muss. Dagegen sprechen die hohen Kosten für die Übertragungsrechte, dafür die Notwendigkeit für Rundfunkanstalten, attraktiv zu bleiben, die gesellschaftliche Bedeutung von Sportgroßveranstaltungen und die Möglichkeit der Zuschauer, mitreden zu können. 5

Die Kommunikationsfreiheiten im Allgemeinen und die Medienfreiheit im Besonderen sind **nicht schrankenlos** gewährleistet. Gem. Art. 5 Abs. 2 GG kann der Gesetzgeber sie durch »**allgemeine Gesetze**« einschränken, d. h. durch Gesetze, die sich nicht gegen eine bestimmte Meinung richten. Für die Praxis beson- 6

[2] BVerfGE 74, S. 297, 325.

ders wichtig sind die Normen des Strafgesetzbuchs, wie die Ehrschutzdelikte (§§ 185 ff. StGB), Volksverhetzung (§ 130 StGB) etc.

7 Für bestimmte Formen der Medienberichterstattung können weitere, z. T. speziellere Grundrechte einschlägig sein. Die Meinungsäußerung eines Journalisten ist über die Meinungsfreiheit des Art. 5 Abs. 1 Satz 1, 1. Alt. GG geschützt. Im Falle einer satirischen Darstellung von Sportlern muss die Kunstfreiheit des Art. 5 Abs. 3 GG mit in die Abwägung einfließen.[3] Eine Grenze satirischer Darstellungen stellen das Verbot unzulässiger Schmähkritik oder Beleidigungen dar. Ist die Menschenwürde verletzt, ist keine Abwägung möglich.[4]

2. Europarecht

8 Die Einzelheiten medialer Betätigung sind in unterschiedlichen Gesetzen geregelt, die z. T. auch sportrelevante Normen enthalten. Oftmals sind die nationalen Regelungen durch europarechtliche Vorgaben geprägt, die im Rang über dem nationalen Recht stehen und daher nicht zur Disposition des Gesetzgebers stehen. Dies gilt vor allem für den Rundfunk, der im nationalen Recht im Rundfunkstaatsvertrag ausgestaltet ist, der jedoch die EU-Richtlinie über audiovisuelle Medieninhalte (**AVMD-Richtlinie**) zu beachten hat, die konkrete Vorgaben hinsichtlich des Kurzberichterstattungsrechts (Art. 15 AVMD) und für die Übertragung von Großereignissen (Art. 14 AVMD) enthält und auch Werbung, Sponsoring (Art. 19 ff. AVMD) sowie Product-Placement (Art. 11 AVMD) reglementiert. Die Regelungen haben den Zweck, das nationale Recht der Mitgliedstaaten so weit zu vereinheitlichen, dass die Dienstleistungsfreiheit des Art. 56 ff. AEUV gewährleistet ist, die Rundfunksendern ermöglicht, ihre Programme ungehindert in anderen Mitgliedstaaten anzubieten.

II. Einfachgesetzliche Regelungen für die Medien

1. Presse

9 Rechte und Pflichten der Presse sind in den **Landespressegesetzen** geregelt.[5] Maßgeblich ist das Landespressegesetz am Sitz des betreffenden Verlags. Die Landespressegesetze sind sich weithin ähnlich. Sämtliche Pressegesetze enthalten

[3] OLG München, ZUM-RD 2009, S. 551 »Jürgen Klinsmann« (Darstellung als Gekreuzigter auf dem Titelblatt einer Tageszeitung).

[4] BVerfGE 75, S. 369 ff. »Strauß-Karikatur«.

[5] Zusammenstellung der einzelnen Landespressegesetze sowie ein Musterpressegesetz

einen Auskunftsanspruch, der sich gegen Behörden richtet.[6] Private Stellen wie Sportverbände und -vereine sind daher nicht nach PresseG auskunftspflichtig.

Wichtig ist die Regelung der **Impressumpflicht** in den Landespressegesetzen (§ 7 MPresseG). Damit wird gewährleistet, dass diejenigen, die durch einen Pressebericht in ihren Persönlichkeitsrechten verletzt sind, ihre Abwehransprüche durchsetzen können, indem ihnen eine ladungsfähige Anschrift zur Verfügung steht. Aus demselben Grund verlangen die Landespressegesetze die Benennung eines **verantwortlichen Redakteurs**, der in Deutschland vollumfänglich zivil- und strafrechtlich verantwortlich ist (§ 8 MPresseG).

2. Rundfunk

Besondere sportrelevante Regelungen finden sich im Rundfunkrecht. Von sportrechtlicher Bedeutung sind dabei vor allem das Kurzberichterstattungsrecht und die Pflicht von Fernsehveranstaltern zur kostenlosen Übertragung bestimmter Großereignisse. 10

Das Recht auf **Kurzberichterstattung** (§ 5 RStV) bedeutet, dass Fernsehveranstalter zu eigenen Sendezwecken das Recht auf eine zeitlich begrenzte Berichterstattung über Veranstaltungen und Ereignisse haben, die öffentlich zugänglich und von allgemeinem Informationsinteresse sind. Es steht allen in Europa zugelassenen Fernsehveranstaltern zu und umfasst auch das Recht auf Zugang zum Ort der Veranstaltung. Insoweit wird das **Hausrecht** des Ereignisveranstalters durch das Recht auf Kurzberichterstattung **eingeschränkt**. Allerdings ist die Möglichkeit zur Darstellung des Ereignisses umfangmäßig beschränkt auf eine dem Anlass entsprechende nachrichtenmäßige Kurzberichterstattung, regelmäßig nicht mehr als **anderthalb Minuten** (§ 5 Abs. 4 Satz 3 RStV). War das Recht der Kurzberichterstattung in § 5 RStV zunächst unentgeltlich vorgesehen, wurde die Unentgeltlichkeit später vom BVerfG für verfassungswidrig befunden.[7] Daher gestattet § 5 Abs. 7 RStV den Ereignisveranstaltern, ein billiges Entgelt für die Berichterstattung über berufsmäßig durchgeführte Veranstaltungen zu verlangen. Das Kurzberichterstattungsrecht besteht nur für solche Großveranstaltungen, an denen kein urheberrechtlicher Leistungsschutz über § 81 UrhG besteht. Während das Kurzberichterstattungsrecht sich damit nicht auf Darbietungen

---

finden sich bei Fechner/Mayer, Medienrecht, Vorschriftensammlung, 10. Aufl. 2014, Nr. 19, im Folgenden als MPresseG abgekürzt.

[6] Weitergehende Ansprüche finden sich in den Informationsfreiheitsgesetzen des Bundes und der Länder.

[7] BVerfGE 97, S. 228, 252 ff. »Kurzberichterstattung«.

ausübender Künstler wie Theateraufführungen, Opern, Konzerte etc. erstreckt,[8] sind gerade Sportgroßveranstaltungen wie z. B. Bundesligaspiele erfasst. Ein Recht auf Fernsehkurzberichterstattung besteht nur dann, wenn mindestens einem anderen Fernsehsender ein Übertragungsrecht eingeräumt worden ist. Lässt ein Ereignisveranstalter überhaupt keine Fernsehberichterstatter zu, so besteht kein Recht auf Kurzberichterstattung (§ 5 Abs. 5 Satz 4 RStV).

11 Das Recht auf Kurzberichterstattung ist nicht nur in umfangmäßiger Hinsicht eingeschränkt (§ 5 Abs. 4 RStV), sondern auch in zeitlicher Hinsicht im Verhältnis zum Ende der Veranstaltung. Könnte die Kurzberichterstattung während der Laufzeit oder sofort im Anschluss an das Ereignis gesendet werden, bestünde die Gefahr einer Entwertung der vom Lizenznehmer vertraglich erworbenen Übertragungsrechte. Wurde eine Karenzzeit zwischen Ereignisveranstalter und Lizenznehmer vereinbart, darf auch der aus dem Kurzberichterstattungsrecht Berechtigte nicht vor Ablauf der Karenzzeit mit der Ausstrahlung seiner Zusammenfassung beginnen.[9]

12 Für bestimmte **Großereignisse** wird das Recht der Fernsehkurzberichterstattung nicht als ausreichend zur Wahrung der Zuschauerinteressen angesehen. Große Teile der Bevölkerung wollen bestimmte Ereignisse insgesamt ansehen, wie beliebte Sportarten der Olympischen Spiele und die Endspiele der Fußballweltmeisterschaften. Die Interessen der Allgemeinheit sind gefährdet, wenn einzelne Sender Exklusivrechte der Veranstaltung erworben haben und der Empfang dann nur gegen Entgelt im Wege des Pay-TV oder des Pay-per-view möglich ist. Diese Gefahr wurde auch auf europäischer Ebene erkannt und in der AVMD-Richtlinie geregelt, dass jeder Mitgliedstaat eine Liste von Veranstaltungen aufstellen kann, die unverschlüsselt übertragen werden müssen. Diese Listen können in den Mitgliedstaaten unterschiedliche Inhalte haben – beispielsweise steht in Frankreich die Tour de France auf der Liste. Dabei sind die Mitgliedstaaten nicht auf Sportveranstaltungen beschränkt, sondern können neben dem Sport auch kulturelle Ereignisse einbeziehen. In Deutschland sind auf nur Sportereignisse aufgelistet.

13 In Umsetzung der Richtlinie ist die Übertragung von Großereignissen in § 4 RStV geregelt. Die Ausstrahlung von Großereignissen im Fernsehen mit erheblicher gesellschaftlicher Bedeutung ist danach im Pay-TV nur zulässig, wenn die

[8] Ein Leistungsschutzrecht für Sportveranstalter gibt es im geltenden Urheberrechtsgesetz nicht. Hilty/Henning-Bodewig, Gutachten »Leistungsschutz für Sportveranstalter«, http://www.dosb.de/fileadmin/fm-dosb/downloads/recht/Hilty_Gutachten_Leistungsschutzrechte.pdf

[9] BVerfGE 92, S. 228, 261.

Ausstrahlung in einem frei empfangbaren und allgemein zugänglichen Fernsehprogramm zu angemessenen Bedingungen ermöglicht wird.

Der Rundfunkstaatsvertrag erklärt folgende **Sportveranstaltungen** zu Großereignissen: Olympische Sommer- und Winterspiele, bei Fußballwelt- und -europameisterschaften alle Spiele mit deutscher Beteiligung sowie unabhängig von einer deutschen Beteiligung das Eröffnungsspiel, das Halbfinale und das Endspiel; das Halbfinale und das Endspiel um den Vereinspokal des Deutschen Fußball-Bundes; Heim- und Auswärtsspiele der deutschen Fußballnationalmannschaft und Endspiele der europäischen Vereinsmeisterschaften im Fußball (Champions League, Europa League) bei deutscher Beteiligung. 14

Eine starke Einschränkung für Inhaber von Exklusivrechten stellt die Vorgabe des § 4 Abs. 1 RStV dar, der zufolge die Ausstrahlung in der Regel **zeitgleich** erfolgen muss oder wenn dies wegen parallel laufender Einzelereignisse nicht möglich ist, mit geringfügiger Zeitversetzung. Die Ausstrahlung im nicht entgeltlichen Free-TV kann allerdings von einer angemessenen **Vergütung** abhängig gemacht werden.

Der Rundfunkstaatsvertrag unterwirft die **Werbung, das Teleshopping und das Sponsoring** besonderen Regelungen (§§ 7 ff., 15 ff. RStV), die sowohl für öffentlichrechtliche als auch für private Rundfunkveranstalter gelten. Für den öffentlichrechtlichen Rundfunk werden die Werbemöglichkeiten ferner in den §§ 15 ff. RStV sowie in den Landesrundfunkgesetzen ausführlich reglementiert. Für den privaten Rundfunk gelten ferner die Vorgaben der §§ 44 ff. RStV und die Regelungen der Landesmediengesetze. 15

Werbung oder Werbetreibende dürfen das übrige Programm inhaltlich und redaktionell nicht beeinflussen (§ 7 Abs. 2 RStV). Damit soll verhindert werden, dass die Werbeindustrie das Programmumfeld für ihre Produkte gestalten kann. So darf ein Sportartikelhersteller nicht verlangen, dass nur von bestimmten Sportarten berichtet wird.

Eine weitere Vorschrift bezieht sich auf das Verhältnis der Werbung zum übrigen Programm. Werbung muss als solche klar erkennbar sein und eindeutig von anderen Programmteilen getrennt werden (§ 7 Abs. 3 RStV). Durch den Grundsatz der **Trennung von Werbung und Programm** sollen die Zuschauer vor einer Täuschung über den werbenden Charakter einer Sendung geschützt werden. Zugleich soll der Rundfunk von sachfremden Einflüssen und der Markt vor ungleichen Wettbewerbsbedingungen bewahrt werden. Der Grundsatz der Trennung von Werbung und Programm wird ergänzt durch das **Verbot der Schleichwerbung** (§ 7 Abs. 6 RStV). Ausdrücklich geregelt ist die Einfügung von Werbung und Teleshopping in § 7a RStV. Einzeln gesendete Werbe- und Teleshopping-Spots im Fernsehen müssen die Ausnahme bleiben. Eine solche Ausnahme sind Über- 16 tragungen von Sportveranstaltungen, bei denen mithin die Einfügung von Werbespots im Allgemeinen zulässig ist (§ 7a Abs. 2 RStV). Eine Sonderregelung gibt es jedoch für öffentlichrechtliche Rundfunkanstalten, die nach 20.00 Uhr und an Sonn- und bundesweiten Feiertagen keine Werbesendungen ausstrahlen dürfen.

17 Zulässig ist eine **Teilbelegung** des ausgestrahlten Bilds mit Werbung, wenn die Werbung vom übrigen Programm eindeutig optisch getrennt und als solche gekennzeichnet ist (§ 7 Abs. 4 RStV, »split screen«). Zulässig ist auch die Möglichkeit der **virtuellen Werbung**. Bei dieser Form der Werbung handelt es sich um Werbebotschaften, die erst im Nachhinein auf elektronischem Wege beispielsweise in eine Sportübertragung eingefügt werden. Virtuelle Werbung ist zulässig, wenn am Anfang und am Ende der betreffenden Sendung darauf hingewiesen wird und durch sie eine am Ort der Übertragung ohnehin bestehende Werbung ersetzt wird (§ 7 Abs. 6 Satz 2 RStV). Das bedeutet, dass zwar keine zusätzliche Werbung eingefügt werden darf, dass jedoch reelle Werbung vom Sender durch virtuelle Werbung ersetzt werden darf. Zulässig ist gem. § 7 Abs. 6 RStV, wenn bei einem Fußballspiel die vorhandene Bandenwerbung z. B. für ein lokales Autohaus durch eine andere Werbung, z. B. für ein bundesweit bekanntes Fruchtsaftgetränk ersetzt wird. Der Zuschauer im Fernsehen sieht dann nicht die real im Stadion vorhandene Werbung für das Autohaus, sondern nimmt nur die Getränkewerbung wahr. Unzulässig wäre es hingegen, ein Firmenemblem auf dem Rasen erscheinen zu lassen, wenn der Rasen tatsächlich keine Werbebotschaft trägt. Nicht zulässig wäre es außerdem, wenn im Stadion lediglich Plakate mit der Aufschrift »Werbung« aufgestellt und diese dann durch virtuelle Werbung belegt würden. Lediglich real vorhandene Werbung darf durch virtuelle Werbung ersetzt werden. Inhaltliche Beschränkungen der Werbung können sich auch aus anderen Gesetzen ergeben, beispielsweise aus § 6 JMStV, der die körperliche und seelische Beeinträchtigung von Kindern und Jugendlichen ebenso verbietet wie Kaufapelle an diese Altersgruppe.

18 In gewissem Umfang ist **Product-Placement** zulässig. Nicht einfach ist die Abgrenzung von Produktplatzierung und Schleichwerbung. Der Legaldefinition des § 2 Nr. 8 RStV zufolge handelt es sich um Schleichwerbung, wenn Waren, Dienstleistungen und Marken usw. vom Veranstalter absichtlich zu Werbezwecken in Sendungen erwähnt werden und wenn sie mangels Kennzeichnung die Allgemeinheit hinsichtlich des eigentlichen Zwecks dieser Erwähnung oder Darstellung irreführen können. Gem. der gesetzlichen Vermutung ist dies anzunehmen, wenn die Erwähnung oder Darstellung gegen Entgelt oder eine ähnliche Gegenleistung erfolgt. Demgegenüber ist die Produktplatzierung gem. § 2 Nr. 11 RStV die gekennzeichnete Erwähnung solcher Waren u.s.w. gegen Entgelt oder eine ähnliche Gegenleistung mit dem Ziel der Absatzförderung. Die kostenlose Bereit-

stellung von Waren oder Dienstleistungen ist der Zuordnung des Staatsvertrags zufolge Produktplatzierung, sofern die betreffende Ware oder Dienstleistung von bedeutendem Wert ist.

In § 7 Abs. 7 RStV sind allgemeine Voraussetzungen der Produktplatzierung normiert, die von öffentlichrechtlichen wie privaten Sendern beachtet werden müssen. Demzufolge muss vor allem die redaktionelle Verantwortung und Unabhängigkeit hinsichtlich Inhalt und Sendeplatz unbeeinträchtigt bleiben, das Product-Placement darf nicht unmittelbar zu Kauf, Miete oder Pacht von Waren oder Dienstleistungen auffordern und das Produkt darf nicht zu stark herausgestellt werden, selbst wenn es sich um kostenlos zur Verfügung gestellte geringwertige Güter handelt (§ 7 Abs. 7 Nr. 1–3 RStV). Weiterhin muss auf Produktplatzierungen eindeutig hingewiesen werden. 19

Für den öffentlichrechtlichen Rundfunk ist die Produktplatzierung in § 15 RStV geregelt, demzufolge Product-Placement in bestimmten Sendungen zulässig ist. Dies sind u. a. Sportsendungen. Produktplatzierung ist ferner zulässig, wenn kein Entgelt geleistet wird, sondern lediglich bestimmte Waren oder Dienstleistungen im Hinblick auf ihre Einbeziehung in eine Sendung kostenlos bereitgestellt werden. Die entsprechende Vorschrift für Privatsender findet sich in § 44 RStV, die weithin wortgleich ist, allerdings nicht voraussetzt, dass es sich um Fremdsendungen handeln muss. Bei Privatsendern ist somit im Gegensatz zu öffentlichrechtlichen Sendern in Eigenproduktionen Product-Placement zulässig. 20

Neben der Werbung spielt das **Sponsoring** im Bereich des Sports eine große Rolle. Beim Sponsoring wird von einem außerhalb des Rundfunksenders stehenden Sponsor ein Beitrag zur Finanzierung einer Sendung geleistet, um seinem Ansehen oder dem seiner Produkte zu dienen. Im Gegensatz zur Werbung erfolgt kein unmittelbarer Kaufappell, vielmehr kann der Sponsor lediglich auf einen Imagegewinn hoffen. Sponsoring wird umschrieben als jeder Beitrag einer natürlichen oder juristischen Person oder einer Personenvereinigung, die an Rundfunktätigkeiten nicht beteiligt ist, zur direkten oder indirekten Finanzierung einer Sendung, um den Namen, die Marke, das Erscheinungsbild der Person oder Personenvereinigung ihre Tätigkeit oder ihre Leistungen zu fördern (§ 2 Abs. 2 Nr. 7 RStV). 21

Die Möglichkeiten des Sponsoring werden durch den Rundfunkstaatsvertrag **beschränkt**. § 8 RStV gilt für den öffentlichrechtlichen wie für den privaten Rundfunk gleichermaßen. Der Sponsor darf nicht die Verantwortung und die Unabhängigkeit des Veranstalters beeinträchtigen (§ 8 Abs. 2 RStV). Die gesponserte Sendung darf nicht zum Kauf von Produkten oder zur Inanspruchnahme von Leistungen des Sponsors anregen (§ 8 Abs. 3 RStV). Bei gesponserten Sendungen muss zu Beginn und am Ende auf die Finanzierung durch den Sponsor in 22 vertretbarer Kürze und in angemessener Weise deutlich hingewiesen werden (§ 8 Abs. 1 RStV). Dieser Sponsorenhinweis dient der Aufklärung der Zuschauer über die finanzielle Beteiligung des Sponsors, er ermöglicht jedoch auch dem Sponsor, sich bei den Zuschauern zu erkennen zu geben. Weitergehende Werbeeffekte sind beim Sponsoring grundsätzlich unzulässig.[10]

3. Multimediabereich

23 Die Sportberichterstattung im Internet hat grundsätzlich zwei unterschiedliche Regelungskomplexe zu beachten. Die grundlegenden Regelungen finden sich im **Telemediengesetz** (TMG), einem Bundesgesetz, das für alle elektronischen Informations- und Kommunikationsdienste gilt, soweit sie nicht reine Telekommunikation oder Rundfunk sind (§ 1 TMG). Soweit es sich, was der Regelfall sein wird, um journalistisch-redaktionell gestaltete Telemedien handelt, sind zusätzlich die Bestimmungen der **§§ 54 RStV** zu beachten, die weitergehende Informationspflichten (§ 55), Regelungen über Werbung und Sponsoring (§ 58) und einen eigenen Gegendarstellungsanspruch (§ 56) enthalten.

III. Sportler

1. Kommunikationsgrundrechte

24 Sportler können sich – wie andere Bürger auch – auf die Kommunikationsfreiheiten des Art. 5 Abs. 1 GG berufen. Da diese im Wege der mittelbaren Drittwirkung auch gegenüber anderen Bürgern zur Anwendung kommen können, ist die Meinungsfreiheit des Sportlers etwa auch bei der Auslegung eines Vertrags zwischen ihm und einem Veranstalter zu beachten, der ihn verpflichtet, sich nicht oder in bestimmter Weise gegenüber den Medien zu äußern. Das heißt nicht, dass z. B. aus dem Arbeitsvertrag nicht die Pflicht zur Zurückhaltung bei Kritik am Arbeitgeber resultieren könnte, indessen wird eine vollständige Abschottung gegenüber den Medien oder ein Verbot jeglicher politischer Äußerungen z. B. Regel 51 Nr. 3 der OCh bzw. durch sog. »social media guidelines«, wie diese von einigen Sportverbänden verwendet werden,[11] nicht wirksam vertraglich vereinbart werden können, da dies eine zu starke Beeinträchtigung der Meinungsfreiheit des Sportlers darstellen würde. Die umgekehrte Pflicht, eine bestimmte Meinung zu ver-

---

[10] BGHZ 117, S. 353, 357 f.

[11] Vgl. für Olympia 2012 http://www.olympic.org/Documents/Games _London_2012/ IOC_Social_Media_Blogging_and_Internet_Guidelines-London.pdf.

treten, wäre darüber hinaus auch mit dem Persönlichkeitsrecht des Sportlers unvereinbar.

2. Allgemeines Persönlichkeitsrecht

Sportler sind in verschiedener Hinsicht durch das allgemeine Persönlichkeitsrecht geschützt, das verfassungsrechtlich in Art. 2 Abs. 1 i. V. m. Art. 1 Abs. 1 GG verankert ist. Medien haben die privaten Angelegenheiten des Athleten zu achten und dürfen grundsätzlich nicht über **Intimes, Privates und Geheimes** berichten. Eine Ausnahme kann nur bei einem besonders großen öffentlichen Interesse bestehen, wobei dieses nicht mit Sensationslust und Neugier gleichgesetzt werden darf. Im Einzelnen ist die Abgrenzung schwierig und letztlich unmöglich; erforderlich ist es vielmehr, in jedem Einzelfall eine Abwägung der widerstreitenden Grundrechte vorzunehmen. Angaben über den Gesundheitszustand eines Menschen zählen zu dessen Intimsphäre und dürfen daher regelmäßig nicht veröffentlicht werden. Anders zu beurteilen ist dies bei der Mitteilung über unzulässige Substanzen im Blut eines Sportlers im Zusammenhang mit einem Dopingverfahren. Das Gewicht eines Sportlers kann für die Einteilung in eine bestimmte Gewichtsklasse relevant sein. Eine höchstpersönliche Frage ist die nach einer Geschlechtsumwandlung.[12] Im Rahmen von Paralympics kann die Behinderung eines Sportlers zulässigerweise zum Gegenstand medialer Berichte gemacht werden. Je stärker der Bezug zum Wettkampfgeschehen und je größer das daraus resultierende Interesse der Öffentlichkeit, umso eher darf über einen solchen dem Kernbereich der persönlichen Lebensgestaltung zugehörigen Aspekt berichtet werden. Fehlt dieser Zusammenhang, so ist ein Bericht grundsätzlich unzulässig, beispielsweise bei einem Artikel über die Heiratsabsichten einer Sportlerin, selbst wenn diese tatsächlich bestehen.[13] 25

Ähnliche Überlegungen gelten auch für die anderen Ausprägungen des allgemeinen Persönlichkeitsrechts wie das **Recht auf informationelle Selbstbestimmung**. Beispiele sind die Nennung des Alters, die im Hinblick auf die Beteiligung an einer Jugendmeisterschaft von Bedeutung sein kann oder der Links- bzw. Rechtshändigkeit. Aufgrund entwickelter technischer Möglichkeiten ist es möglich, weitere Daten über einen Sportler zu generieren, die dem Recht auf informationelle Selbstbestimmung zuzuordnen sein können, beispielsweise die Laufleistung eines Fußballspielers. 26

[12] Vgl. den Fall der südafrikanischen Mittelstreckenläuferin Caster Semenya.

[13] BVerfG BVerfGE 97, S. 125 ff. »Heiratsabsichten« (u. a. van Almsick).

27 Der aus dem Recht auf informationelle Selbstbestimmung abgeleitete **Datenschutz** ist auch bei der Bekämpfung von Doping zu beachten. Problematisch erscheinen aus diesem Aspekt Meldepflichten von Spitzenathleten in einem sog. »Registerd Testpool« und die Weitergabe der Daten über das elektronische Meldesystem »Adams« (→ *7* Rdnr. 28 f.). Die hiermit verbundenen Pflichten für Sportler, ihr gesamtes Privatleben über drei Monate im Voraus anzugeben und Änderungen hinsichtlich dieser Angaben mitzuteilen, sind mit dem Schutz von personenbezogenen Daten im Sinne des § 3 Abs. 1 Bundesdatenschutzgesetz (BDSG; → V 46) nur schwer vereinbar. Zweifelhaft ist, ob von einer freiverantwortlichen Einwilligung zur Speicherung der persönlichen Daten ausgegangen werden kann. Das Interesse an einem von Doping unberührten Sport kann wohl nicht rechtfertigen, den Aufenthalt unbescholtener Sportler rund um die Uhr zu überwachen. Ein weiteres datenschutzrechtliches Problem ergibt sich bei einer Übermittlung personenbezogener Daten an den im Ausland befindlichen Server der WADA als verantwortlicher Stelle der Datenerhebung (§ 4b BDSG).

Die Medien haben die **Ehre** der Sportler zu achten. Insoweit können die Ehrschutzdelikte der §§ 185 ff. StGB sogar eine strafrechtliche Sanktionierung von Zuwiderhandlungen ermöglichen. Die Beleidigung ist ein Antragsdelikt, so dass sie nur verfolgt wird, wenn der in seiner Ehre gekränkte Sportler einen Strafantrag gestellt hat (§ 194 StGB).

28 In bestimmtem Umfang gibt es ein **Verfügungsrecht über die Darstellung der eigenen Person**, das insbesondere diejenigen schützt, die nicht selbst ins Licht der Öffentlichkeit getreten sind. Bei Prominenten wie bekannten Sportlern, die selbst die Medienöffentlichkeit aufsuchen, ist dieses Recht stark eingeschränkt. Das Bestimmungsrecht über Darstellungen der eigenen Person schützt einen Profi nicht davor, Gegenstand der Berichterstattung zu werden. Es gibt mithin kein »Recht auf Anonymität«[14] und der Sportler hat nicht das Recht, nur so dargestellt zu werden, wie es ihm genehm ist.[15] So kann es ein Sportler nicht verhindern, dass er nach einem Sportunfall mit Krücken abgebildet wird, wenn die Abbildung im Zusammenhang mit einem Bericht über seine Teilnahmeabsicht an einem bevorstehenden Wettkampf veröffentlicht wird oder eine abfällige Geste gegenüber Fans in einem Bericht über die Haltung zu seinen Anhängern.

29 Eine für die Praxis besonders wichtige Ausprägung des allgemeinen Persönlichkeitsrechts ist das **Recht am eigenen Bild**, dessen im Kunsturhebergesetz (KUG) geregelt ist. Grundsätzlich bedarf es für die Veröffentlichung eines Fotos oder einer Filmsequenz einer Person deren **Einwilligung** gem. § 22 KUG. Diese

[14] BVerfG GRUR 2011, S. 255, 257 »Party-Prinzessin«.
[15] BVerfG GRUR 2010, S. 544, 545.

wird bei Wettkämpfen entweder ausdrücklich oder zumindest stillschweigend durch die Teilnahme an einer im Fokus des Medieninteresses stehenden Sportveranstaltung erklärt. Bei Minderjährigen ist die Einwilligung der Erziehungsberechtigten erforderlich, bei Jugendlichen zusätzlich auch die des Minderjährigen selbst.

Liegt keine Einwilligung vor, ist eine Veröffentlichung nur zulässig, wenn es 30
sich um ein **Bildnis aus dem Bereich der Zeitgeschichte** i. S. d. § 23 Abs. 1 Nr. 1 KUG handelt. Ein solches Ereignis ist regelmäßig auch eine öffentlich zugängliche Sportveranstaltung. Anzunehmen ist dies unzweifelhaft bei großen Sportveranstaltungen, an denen ein öffentliches Interesse besteht und bei denen mit medialer Aufmerksamkeit gerechnet werden muss. Handelt es sich lediglich um lokal bedeutsame Sportereignisse, so muss dennoch zumindest mit der Präsenz der örtlichen Presse gerechnet werden, die üblicher Weise auch im Internet über das Ereignis berichtet. Die Zulässigkeit der Berichterstattung über Personen, die an einem lediglich lokal bedeutsamen Sportereignis teilgenomen haben, hat der BGH eindeutig bejaht.[16]

Außerhalb sportlicher Wettkämpfe, von Preisverleihungen etc. hingegen ist 31
ein Sportler, selbst wenn er sehr bekannt ist, grundsätzlich **vor einer Bildberichterstattung geschützt**. Außerhalb der Sportveranstaltung selbst, also auch beim Training und insbesondere in seinen eigenen vier Wänden, hat der Profisportler das Recht, sich vor den Medien zu schützen. Bei einer beharrlichen Nachstellung des Sportlers etwa durch einen Fotoreporter kann der **Stalking**tatbestand des § 238 StGB erfüllt sein. Bereits das Aufnehmen von Fotos und Bewegtbildern kann strafbar sein, wenn der Sportler sich in einer Wohnung oder in einem gegen Einblicke besonders geschützten Raum wie einer Umkleidekabine oder einem ärztlichen Behandlungszimmer befindet und dadurch sein höchstpersönlicher Lebensbereich verletzt wird (§ 201a StGB, »**Spannerschutz**«).

Bilder aus dem Privatleben des Sportlers dokumentieren regelmäßig kein »zeit- 32
geschichtliches Ereignis«. Ihre ungenehmigte Veröffentlichung muss der Sportler nicht hinnehmen. Ausnahmen sind denkbar und können sich auch aufgrund einer Verbindung von Wort- und Bildberichterstattung ergeben, etwa wenn ein Nationalspieler die Nacht vor einem wichtigen Länderspiel auf einer Party feiert und sein Verhalten durch Fotos belegt wird.

Auf das allgemeine Persönlichkeitsrecht können sich auch die **Partner und Be- 33
gleiter** von Sportlern berufen. Ihr Persönlichkeitsrecht wird nicht geschwächt, nur weil sie in Verbindung mit dem prominenten Sportler stehen. Eine Abbildung ist ohne deren Einwilligung nur zulässig, wenn das Bild einen Beitrag zu einer

---

[16] BGH NJW 2013, S. 2890 ff., »Eisprinzessin Alexandra«.

Diskussion von zeitgeschichtlicher Bedeutung leistet. Das ist der Fall, wenn der Partner zusammen mit dem Athleten einen Sportlerball besucht, nicht jedoch, wenn ohne einen derartigen Zusammenhang über die Freundin eines verheirateten Fußballspielers berichtet wird.[17] Besonderen Schutz genießen die **Kinder von Sportlern**, die zusätzlich über Art. 6 GG (Ehe und Familie) geschützt sind und ohne Einwilligung nur ganz ausnahmsweise abgebildet werden dürfen.

In beschränktem Umfang kann der Sportler sogar sein Domizil vor Medienberichten schützen. Wird die Außenansicht seines Hauses oder Grundstücks von einer allgemein zugänglichen Stelle aus fotografiert, so ist gegen eine Veröffentlichung im Regelfall nichts einzuwenden.[18] Demgegenüber muss er grundsätzlich nicht hinnehmen, dass seine Privatsphäre gegen seinen Willen und durch Überwindung entgegenstehender Hindernisse oder mit geeigneten Hilfsmitteln wie Teleobjektiven, Leitern oder Flugzeugen gleichsam »ausgespäht« wird, wenn daraus ein Geschäft gemacht und die so gewonnen Einblicke Dritten gegen Bezahlung zur Verfügung gestellt werden.[19]

34 Fotos, die im Rahmen eines zeitgeschichtlichen Ereignisses aufgenommen worden sind, dürfen nicht veröffentlicht werden, wenn dadurch ein berechtigtes Interesse des Abgebildeten verletzt wird (§ 23 Abs. 2 KUG). Das ist grundsätzlich anzunehmen, wenn der Sportler lediglich als **Werbeträger** benutzt wird. In besonderem Maße gilt das, wenn es sich um einen ehrverletzenden Zusammenhang handelt, wie er einem der ersten Fälle zugrunde lag, an dem der Bundesgerichtshof das Persönlichkeitsrecht entwickelte. In diesem Fall wurde das Bildnis eines Reiters für ein Potenzmittel eingesetzt.[20]

Der Sportler hat auch das Recht, Exklusivverträge mit einzelnen Medien abzuschließen und damit Geld zu verdienen. Er muss aber wissen, dass die Bereiche, die er einem Medienvertreter geöffnet hat, wie sein Haus oder seine Familie, dann auch für andere Medien nicht mehr »tabu« sind.

35 Eine weitere Ausprägung des allgemeinen Persönlichkeitsrechts ist das **Namensrecht**, das in § 12 BGB seinen einfachgesetzlichen Schutz erfährt. Produkte können nicht ohne Willen des Namensträgers mit seinem Namen in Verbindung gebracht werden. In diesen Zusammenhang gehört auch die Verwendung des Faksimiles der **Unterschrift** eines Sportlers. Geschützt ist ein bekannter Sportler darüber hinaus gegen ungenehmigte Nachahmung seiner Person durch Doubles, sofern die **Imitation** nicht satirisch erfolgt, sondern aus kommerziellen Interes-

---

[17] BGH NJW 2008, S. 749 ff. »Oliver Kahn«.

[18] Dieses Ergebnis wird aus einer Parallelwertung zu § 59 UrhG abgeleitet.

[19] BGH ZUM 2004, S. 207, 208 f.; BVerfG ZUM 2006, S. 631 ff. – ungenehmigte Luftbildaufnahmen von Feriendomizilen Prominenter; »Prominentenvilla«.

[20] BGHZ 26, S. 349 ff. »Herrenreiter«.

sen, beispielsweise in einem Werbespot oder vor einem Baumarkt, um Kunden anzulocken.

3. Abwehransprüche

36 Bei einer Verletzung des allgemeinen Persönlichkeitsrechts hat der Sportler Abwehransprüche gegen die Medien. Können diese auch nicht alle Folgen einer bereits eingetretenen Persönlichkeitsverletzung rückgängig machen, so stellen sie doch insgesamt ein effektives System zur Abwehr medialer Rechtsverletzungen dar.

Gegen eine drohende persönlichkeitsrechtsverletzende Veröffentlichung kann ein Anspruch auf **Unterlassung** gerichtlich geltend gemacht werden (§§ 1004 Abs. 1 analog i. V. m. §§ 823 ff. BGB). Der Unterlassungsanspruch beinhaltet die Verpflichtung, bestimmte Äußerungen nicht oder nicht mehr zu veröffentlichen. Der Unterlassungsanspruch besteht in erster Linie gegenüber unrichtigen Tatsachenbehauptungen.[21] Ein Unterlassungsanspruch besteht ausnahmsweise auch gegen eine ursprünglich richtige Tatsachenbehauptung, wenn sich mittlerweile deren Fehlerhaftigkeit herausgestellt hat. In der Praxis wird der Unterlassungsanspruch bei einer unmittelbar bevorstehenden Veröffentlichung im Wege des einstweiligen Rechtsschutzes geltend gemacht.

37 Der Anspruch auf **Gegendarstellung** ermöglicht dem von einer Darstellung in den Medien betroffenen Sportler, diesem Bericht mit seiner eigenen Sachverhaltsversion in demselben Medium entgegenzutreten. Der Anspruch auf Gegendarstellung ergibt sich aus dem einschlägigen Landespressegesetz (§ 10 MPresseG) bzw. aus § 56 RStV. Diesen Normen zufolge ist der verantwortliche Redakteur verpflichtet, eine Gegendarstellung der Person oder Stelle zur Veröffentlichung zu bringen, die durch eine in den Medien aufgestellte Tatsachenbehauptung betroffen ist. Die Behauptung »Bürgermeister B tut nichts, um ausländischen Fußballspielern zu einem Spielort zu verhelfen«, ist eine auf überprüfbare Tatsachen gegründete Sachaussage; eine wertende Äußerung hingegen, er tue »zu wenig« oder »nicht genug«.[22]

38 Auf den Wahrheitsgehalt der Erstmitteilung kommt es nicht an. Der Anspruchsverpflichtete muss der Auffassung des Anspruchstellers daher auch nicht folgen, er kann sich im Gegenteil davon distanzieren, indem er darauf hinweist, dass er durch Gesetz oder Richterspruch zur Wiedergabe der Gegendarstellung

---

[21] Ein Beispiel findet sich bei OLG Karlsruhe NJW 1994, S. 1963 »Steffi Graf« (im Bezug auf den Text eines Liedes).

[22] BVerfG NJW 2004, S. 1235 ff. »Fussballverein«.

verpflichtet ist. Die Wahrheit des Inhalts der Gegendarstellung ist für den Anspruch ebenfalls unerheblich. Durch die Gegendarstellung soll der Betroffene lediglich die Möglichkeit erhalten, die Öffentlichkeit über seine Gegenposition zu informieren.

39 Die Pflicht zur Wiedergabe einer Gegendarstellung ist in bestimmten Fällen ausgeschlossen, etwa wenn und soweit die betroffene Person oder Stelle kein berechtigtes Interesse an ihrer Verbreitung hat, wenn die Gegendarstellung ihrem Umfang nach nicht angemessen ist oder wenn es sich um eine Anzeige handelt, die ausschließlich dem geschäftlichen Verkehr dient. Die Gegendarstellung gilt nach allen Pressegesetzen als angemessen, wenn sie den Umfang des beanstandeten Texts nicht überschreitet. Dies entspricht dem sog. **Grundsatz der Waffengleichheit**, d.h. der Betroffene darf nicht schlechter gestellt werden als die Medien. Ist die erste Veröffentlichung auf der Titelseite erschienen, so muss auch die Gegendarstellung auf der Titelseite wiedergegeben werden.[23] Die Gegendarstellung muss sich auf tatsächliche Angaben beschränken. Sie darf keinen strafbaren Inhalt haben. Sie bedarf der Schriftform und muss vom Betroffenen unterschrieben sein. Zudem muss die Gegendarstellung unverzüglich dem betreffenden Medienorgan zugehen. Beachtet der Anspruchsteller die genannten Voraussetzungen nicht, so ist er in Gefahr, zumindest vor Gericht insgesamt mit einem Anspruch abgewiesen zu werden (es gilt das »**Alles-oder-Nichts-Prinzip**«.)

40 Weitergehend als der Gegendarstellungsanspruch ist der Anspruch auf **Berichtigung**, denn dieser verpflichtet den Verletzer, seine Äußerung entweder ganz aus der Welt zu schaffen (Widerruf), diese abzuändern (Richtigstellung) oder den Äußerungen wesentliche Tatsachen hinzuzufügen (Ergänzung). In allen drei Fällen hat der Anspruchsgegner selbst eine Erklärung abzugeben und sich von seiner Erstmitteilung zu distanzieren. Es handelt sich daher um einen sehr stark in Mediengrundrechte eingreifenden Anspruch. Der Widerrufsanspruch ist aus allgemeinen Normen des Zivilrechts entwickelt worden. Er ergibt sich regelmäßig aus § 1004 Abs. 1 BGB analog in Verbindung mit den §§ 823 ff. BGB. Der Berichtigungsanspruch wird nur gegen **unrichtige Tatsachenbehauptungen** gewährt. Hierzu werden alle dem Beweis zugänglichen Sachverhalte der Vergangenheit und der Gegenwart gezählt. Reine Meinungsäußerungen können keinen Widerrufsanspruch auslösen. Sie unterfallen der Freiheit der Meinungsäußerung und werden vom Leser oder Zuhörer als solche verstanden. Ein Beispiel ist die Behauptung, ein Handballer habe sich bestechen lassen, um einen Wettbetrug zu ermöglichen. Hingegen gibt es keine Berichtigung gegen die Behauptung, der Handballer habe »schlecht gespielt«.

---

[23] BVerfG NJW 1998, S. 1381 ff. »Heiratspläne«.

Der Berichtigungsanspruch setzt die erweisliche Unwahrheit der Tatsachenbehauptung voraus. Andernfalls könnte sich eine Pflicht zum Widerruf einer wahren Behauptung ergeben. Die Unwahrheit der Tatsachenbehauptung muss von demjenigen bewiesen werden, der den Widerruf verlangt. Da ein solcher Beweis vielfach sehr schwer oder nicht zu führen ist, wird von der Rechtsprechung verlangt, dass der Medienvertreter seine Vorwürfe substantiiert darlegt, d.h. insbesondere zeitlich und örtlich präzisiert. 41

Schadensersatzansprüche gegen Medienberichte können sich aus den §§ 823 ff. BGB ergeben. Erforderlich ist ein **materieller Schaden**, der beispielsweise darin liegen kann, dass einem Sportler oder Trainer aufgrund eines unzutreffenden Medienberichts gekündigt wird. 42

Eine Besonderheit des Medienrechts ist die von der Rechtsprechung entwickelte Alternative, in der Verletzung des Persönlichkeitsrechts direkt einen materiellen Schaden zu sehen. Das kann allerdings nur in solchen Fällen angenommen werden, in denen bestimmte Teile des Persönlichkeitsrechts »kommerzialisiert« sind. Ein prominenter Sportler kann für den Abdruck eines Fotos von sich (wenn es sich nicht um ein Foto von »zeitgeschichtlichem Interesse« handelt) eine Lizenzgebühr verlangen. Sein Recht am eigenen Bild ist mithin kommerzialisiert. Wer ein solches Foto ohne Einwilligung abdruckt, greift in das kommerzialisierte Persönlichkeitsrecht ein und muss Schadensersatz dafür zahlen.

Erforderlich für einen Schadensersatzanspruch ist die Erfüllung eines Haftungstatbestands (häufig § 823 Abs. 1 BGB i.V.m. Art. 2 Abs. 1, Art. 1 Abs. 1 GG oder § 823 Abs. 2 BGB i.V.m. einem Schutzgesetz, z.B. §§ 185 ff. StGB). Dabei muss das Handeln des Schädigers für den Schadenseintritt **kausal** gewesen sein. Der Schadensersatzanspruch ist nicht nur im Falle von unwahren Tatsachenbehauptungen anwendbar, sondern bei allen Arten unzulässiger persönlichkeitsrechtsverletzender Veröffentlichungen. Schadensersatz kann mithin auch in der Folge von wahren Tatsachenbehauptungen und Fotos wie auch bei Werturteilen verlangt werden, wenn durch die Behauptung das Persönlichkeitsrecht des Betroffenen verletzt wurde und hierdurch ein materieller Schaden eingetreten ist. Wird ein Schadensersatzanspruch gem. § 823 Abs. 2 BGB i.V.m. §§ 186, 187 StGB geprüft, ist zu beachten, dass im Zivilrecht der Schädiger die Beweislast für die Wahrheit der Behauptung trägt, die die Ehre des Geschädigten beeinträchtigt hat.

Die Rechtswidrigkeit einer Äußerung entfällt, wenn sich der Medienmitarbeiter auf die **Wahrnehmung berechtigter Interessen** gem. § 193 StGB berufen kann. Das ist der Fall, wenn überwiegende Interessen der Allgemeinheit an einer Berichterstattung bestehen. Indessen muss der Journalist die publizistische Sorgfaltspflicht wahren. Das bedeutet in der Praxis vor allem, dass er dem Betroffenen Gelegenheit zur Stellungnahme geben muss. Ist beides gegeben, so kann der Ver- 43 letzte selbst dann keinen Ersatz seines Schadens verlangen, wenn sich im Nachhinein herausstellt, dass die aufgestellte Behauptung unwahr gewesen ist.

44 Probleme können sich bei der **Schadensberechnung** ergeben. Das ist insbesondere dann der Fall, wenn sich ein konkreter Schaden nur schwer nachweisen lässt, beispielsweise bei einem erfundenen Interview mit einem bekannten Sportler. Als Schaden i. S. d. § 823 BGB lässt die Praxis aus diesem Grund **eine fiktive Lizenzgebühr** zu. Sie entspricht der Höhe des Entgelts, das üblicherweise von Vertragspartnern für eine entsprechende Veröffentlichung zu zahlen gewesen wäre. Eine derartige Schadensermittlung im Wege der »Lizenzanalogie« lässt sich notfalls mit Hilfe von Sachverständigen durchführen.

45 Beim Anspruch auf **Geldentschädigung** wird für eine nicht in Geld messbare Beeinträchtigung des Persönlichkeitsrechts des geschädigten Sportlers ein Ausgleich in Geld gewährt. Der Anspruch auf Geldentschädigung dient in erster Linie der **Genugtuung** des Verletzten. Der Anspruch wird entweder aus richterlichem Gewohnheitsrecht oder besser aus § 823 Abs. 1 BGB i. V. m. dem allgemeinen Persönlichkeitsrecht gem. Art. 2 Abs. 1, Art. 1 Abs. 1 GG (als »sonstiges Recht« i. S. d. § 823 Abs. 1 BGB) abgeleitet.

46 Nicht jeder Eingriff in das allgemeine Persönlichkeitsrecht führt zu einem Anspruch auf Geldentschädigung. Neben einem **immateriellen Schaden** ist erforderlich, dass es sich um eine **nicht unerhebliche Persönlichkeitsrechtsverletzung** handelt. Kleinere, sozialadäquate Eingriffe in die Persönlichkeit sind ohne Entschädigung hinzunehmen. Schwere Persönlichkeitsverletzungen liegen bei Verletzungen von Intimem und Privatem vor, sowie bei der Behauptung, eine Person habe eine Straftat begangen. Eine schwere Persönlichkeitsrechtsverletzung stellt häufig die Veröffentlichung von Fotos dar, die ohne Wissen oder ohne Einwilligung des Abgebildeten aufgenommen wurden und ihn in einer lächerlichen oder kompromittierenden Situation zeigen.

47 Ein Anspruch auf Geldentschädigung setzt ein **Verschulden** des Rechtsverletzers voraus. Das bedeutet, es muss Vorsatz oder Fahrlässigkeit des Schädigers gegeben sein. Schließlich erfordert der Anspruch, dass eine zumutbare anderweitige und den Umständen des Einzelfalls angemessene Ausgleichsmöglichkeit nicht besteht. Der Anspruch auf Geldentschädigung ist gegenüber anderen Möglichkeiten des Rechtsschutzes **subsidiär**.

Die im Rahmen der Geldentschädigung zugesprochenen Beträge sind in den vergangenen Jahren gestiegen und haben daher auch eine gewisse Präventivwirkung. So erhielt Boris Becker 2006 1,2 Millionen € für eine ungenehmigte Werbekampagne mit seinem Bild.[24]

---

[24] LG München I ZUM-RD 2006, S. 465, 469; eine Verletzung des Persönlichkeitsrechts

III. Veranstalter von Sportereignissen

1. Hausrecht

Veranstalter von Sportereignissen können sich gegenüber medialen Zugriffen auf die von ihnen organisierten Wettbewerbe auf ihr Hausrecht berufen (→ *10* Rdnr. 64) Das Hausrecht resultiert entweder direkt aus dem Eigentum, wenn der Veranstalter Eigentümer der Sportstätte ist oder es wird vom Eigentümer auf den externen Veranstalter übertragen. 48

Das Hausrecht ermöglicht es dem Ereignisveranstalter, unliebsame Medienvertreter von der Sportveranstaltung auszuschließen. Der Gleichbehandlungsgrundsatz, der von Behörden zu beachten ist, trifft ihn grundsätzlich nicht. Etwas anderes könnte allenfalls bei einer Monopolstellung angenommen werden, wie dies bei großen Sportwettkämpfen regelmäßig der Fall ist. Der Gesetzgeber hat aus diesem Grund bestimmte Formen der Medienbeteiligung vorgesehen, wie sie in Gestalt des Kurzberichterstattungsrechts und der Übertragung von Großereignissen im Rundfunk niedergelegt sind. Darüber hinausgehende Zugangsrechte lassen sich kaum begründen. 49

Auf sein Hausrecht kann sich ein Ereignisveranstalter auch gegenüber den Zuschauern berufen und daher eine fotografische oder filmische Aufzeichnung des Ereignisses und dessen Veröffentlichung auch dann untersagen, wenn es, wie ein Fußballspiel, nicht urheberrechtlich geschützt ist.[25]

2. Recht zur Vergabe von Sendelizenzen

Die Befugnis zur Fernsehübertragung einer Sportveranstaltung ist von erheblicher wirtschaftlicher Bedeutung. Die Einnahmen durch Sportübertragungsrechte übersteigen regelmäßig die Höhe der Zuschauereinnahmen. Die Veranstaltung selbst setzt eine erhebliche wirtschaftlich-organisatorische Leistung voraus. Durch das Recht auf Fernsehkurzberichterstattung wird die Dispositionsfreiheit des Ereignisveranstalters über die von ihm erbrachte Leistung eingeschränkt. Es spricht einiges dafür, die geldwerten Exklusivübertragungsrechte nicht lediglich als Gewinnchancen, sondern als Eigentum i. S. d. Art. 14 Abs. 1 GG geschützt anzusehen, so dass das Recht auf Kurzberichterstattung an diesem Grundrecht zu messen wäre. Das Bundesverfassungsgericht prüfte die Verfassungsmäßigkeit des Kurzberichterstattungsrechts ausschließlich am Grundrecht der Berufsfreiheit 50

dieses Sportlers durch ein in das Internet gestellte Computerspiel führte 2001 zu einer Geldentschädigung von 90.000.– €, LG München NJW-RR 2002, S. 689.

[25] BGH K&R 2011, S. 339, 340 »Hartplatzhelden.de«.

der Ereignisveranstalter gem. Art. 12 Abs. 1 GG und sah dieses im Ergebnis als nicht verletzt an. Durch die Kurzberichterstattung soll der Bildung von Informationsmonopolen entgegengewirkt und eine Pluralität der Informationsquellen gewährleistet werden. Der freie Zugang zu Informationen und das Informationsinteresse der Allgemeinheit sind Gemeinwohlgründe von erheblichem Gewicht, die einen Eingriff in die Berufsfreiheit rechtfertigen. Zur Erreichung dieser Zwecke ist allerdings nicht erforderlich, dass die Kurzberichterstattung unentgeltlich gewährt wird. Das Informationsinteresse der Allgemeinheit wird bei Zahlung eines Entgelts nicht eingeschränkt. Ein unentgeltliches Kurzberichterstattungsrecht würde eine unverhältnismäßige Verkürzung der Rechte des Ereignisveranstalters darstellen. Allerdings darf der Rechteinhaber das Recht auf Kurzberichterstattung nicht durch überhöhte Entgeltforderungen verunmöglichen.

51 Das Bestehen exklusiver Verwertungsrechte ist grundsätzlich anerkannt. Der Europäische Gerichtshof hat zwar in dem Verfahren »Karen Murphy« festgestellt, dass Sportveranstaltungen als solche urheberrechtlich nicht geschützt sind[26] und auch der Bundesgerichtshof hat in seinem Urteil »Hartplatzhelden«[27] ausgeführt, dass ein Sportveranstalter in Deutschland nur eingeschränkten Schutz um Hinblick auf seine Verwertungsrechte genießt. Das eigentliche Vermarktungsrecht von Sportereignissen leitet sich jedoch nach wie vor aus dem Hausrecht des Veranstalters gem. §§ 859, 903, 1004 BGB ab (→ *10* Rdnr. 14).

3. Allgemeines Persönlichkeitsrecht

52 Auch juristische Personen können Träger von Persönlichkeitsrechten sein.[28] Das Bundesverfassungsgericht stützt das allgemeine Persönlichkeitsrecht juristischer Personen indessen nicht auf den Menschenwürdegehalt des Art. 1 Abs. 1 GG, sondern allein auf Art. 2 Abs. 1 GG. Damit stehen Sportverbänden und -vereinen auch Gegenansprüche gegen sie beeinträchtigende Medienberichte zu, wie sie im Zusammenhang mit den Sportlern dargestellt wurden.

4. Jugendschutz

53 Beim Zugang zu Veranstaltungen hat der Veranstalter auch den Jugendschutz zu beachten. Dies kann etwa bei besonders brutalen Sportarten dazu führen, dass nur Zuschauer über 18 Jahren eingelassen werden dürfen.

---

[26] EuGH U. v. 4. 10. 2011 Rs. C-429/08 »Karen Murphy«.
[27] BGH U. v. 28. 10. 2010, Az. I ZR 60/09 »Hartplatzhzelden.de«.
[28] BVerfGE 106, S. 28 ff. »Mithörvorrichtung«.

5. Urheberrecht

An der einzelnen Sportveranstaltung besteht kein Urheberrecht. Ihr fehlt der 54
Werkcharakter, der von § 2 UrhG gefordert wird und eine persönliche geistige Schöpfung eines Menschen voraussetzt. Da der Ablauf etwa eines Fußballspiels in nicht unerheblicher Weise vom Zufall abhängig ist, besteht kein urheberrechtlich relevantes Werk. Anders stellt sich dies in solchen Bereichen des Sports dar, in denen vom Sportler bestimmte Bewegungsabläufe dargeboten werden, wie im Bereich des Tanzsports, des Eiskunstlaufs und des Eistanzes, der rhythmischen Sportgymnastik etc. Eine Choreographie kann urheberrechtlich geschützt sein, wenn sie einen eigenschöpferischen Charakter aufweist (§ 2 UrhG). Die Anforderungen an die **Schöpfungshöhe** sind im Urheberrecht nicht sehr hoch, was mit dem Begriff der »kleinen Münze« umschrieben wird. Allerdings wird man bei der bloßen Aneinanderreihung bekannter Bewegungselemente keine eigenschöpferische Gestaltung annehmen können, ebenso wenig wie dies bei einer einzelnen neuen Figur der Fall sein wird (z. B. »Biellmann-Pirouette«).

In der Praxis werden urheberrechtlich nicht geschützte Sportereignisse häufig 55
mit urheberrechtlich oder leistungsschutzrechtlich geschützten Elementen vermischt, etwa durch das Einfügen von ligaspezifischen Hymnen oder Grafiken. Diese Elemente weisen einen Werkcharakter i. S. d. § 2 UrhG auf oder unterfallen einem Leistungsschutzrecht wie dem ausübender Künstler gem. § 81 UrhG. Hierdurch soll das gesamte Ereignis urheberrechtlich unter Schutz gestellt und damit einer Übertragung durch Dritte entzogen werden.

Urheberrechtliche Probleme werden im Zusammenhang mit dem **Public Vie-** 56
wing von Sportereignissen diskutiert. Sportverbände versuchen immer wieder, Veranstalter von Public Viewing-Angeboten mittels Lizenzverträgen zur Zahlung von Entgelten zu verpflichten. Dieses Geschäftsmodell steht im Widerspruch zu Art. 87 Abs. 1 Nr. 3 UrhG, demzufolge Sendeunternehmen das Recht haben, Funksendungen an Stellen, die der Öffentlichkeit nur gegen Zahlung eines Eintrittsgeldes zugänglich sind, öffentlich wahrnehmbar zu machen. Im Umkehrschluss wird daraus gefolgert, dass für kostenlose Public-Viewing-Angebote keine Lizenzgebühren anfallen. Umstritten ist in diesem Zusammenhang, ob »indirekte Eintrittsgebühren« wie Mindestverzehrgutscheine oder höhere Getränkepreise etc. als »Eintrittsgeld« i. S. d. § 87 UrhG zu werten sind. Geht man vom Wortlaut der Norm aus, spricht dies eher gegen die Entgeltpflichtigkeit kostenloser Public-Viewing-Angebote. Solange das Urheberrechtsgesetz nicht geändert wird, ist daher nicht von einer Entgeltpflichtigkeit auszugehen.

IV. Zuschauer

57 Bei der medialen Wiedergabe von Sportereignissen dürfen die Persönlichkeitsrechte der Zuschauer nicht missachtet werden. Zulässig ist es, Bilder zu veröffentlichen, »auf denen die Personen nur als Beiwerk neben einer Landschaft oder sonstigen Örtlichkeit erscheinen« (§ 23 Abs. 1 Nr. 2 KUG). Diese Vorschrift ist auch auf Stadionaufnahmen anwendbar, auf denen Zuschauer erkennbar sind oder auf Aufnahmen von Zuschauern an einer Laufstrecke. Unzulässig wäre es hingegen, wenn einzelne Zuschauer aus der Menge »herausgegriffen« und ihr Bild in Großaufnahme gezeigt würde. In der Praxis erteilen die Zuschauer jedoch regelmäßig eine konkludente Einwilligung im Rahmen des Ticketvertrags.

Datenschutzrechtliche Anforderungen sind im Zusammenhang mit der Erhebung von »Fan-Daten« z. B. bei der »Verbunddatei Gewalttäter Sport« zu erfüllen (→ *8* Rdnr. 9).

Sport und Medien kompakt

- Die Medien machen sportliche Wettkämpfe zu beachteten Ereignissen und bieten damit die Plattform für eine Kommerzialisierung des Sports.
- Die Arbeit der Medien ist verfassungsrechtlich geschützt durch die »Medienfreiheit« des Art. 5 Abs. 1 GG, die alle Formen medialer Darstellung in ihren Anwendungsbereich einbezieht, neben Presse, Rundfunk und Film insbesondere auch den Multimediasektor.
- Einfachgesetzliche Regelungen zu den Medien finden sich in den Landespressegesetzen sowie im Rundfunkstaatsvertrag. Sportrelevant sind hier insbesondere die Regelungen zur Kurzberichterstattung und Großereignissen.
- Sportler sind im Medienbereich vor allem durch die Kommunikationsgrundrechte und das allgemeine Persönlichkeitsrecht geschützt.
- Veranstalter genießen Schutz vor medialen Zugriffen durch das Hausrecht sowie durch urheberrechtliche Regelungen.

Vertiefende Literatur

Schmid-Petersen, Frauke: Rechtliche Grenzen der Vermarktung von Persönlichkeiten: Computerspiel mit Oliver Kahn, SpuRt 2004, S. 248 ff.

Koch, Rainer / Krämer, Dirk: Die Verwertung von Amateurfußballspielen im Internet, SpuRt 2009, S. 224 ff.

Kitzberger, Ralf: Rechtlicher Schutz für Sportler bei der Nutzung ihres Namens und Bildnisses in der Werbung, SpuRt 2009, S. 228 ff.
Kuhn, Bernd / Lentze, Gregor: Territoriale Exklusivitätsvereinbarungen bei der Vergabe von Medienrechten in der EU, SpuRt 2011, S. 222 ff.
Fechner, Frank: Medienrecht, 15. Auflage 2014.

10. Kapitel: Vermarktung und Sponsoring

I. Grundlagen

1 Vermarktung und Sponsoring sind Instrumente der Wertschöpfung[1]. Sie weisen eine hohe praktische Relevanz auf und bilden vor allem im Profisport eine bedeutende Einnahmequelle. Vermarktung und Sponsoring sind dabei keine rechtlichen Kategorien, sondern in erster Linie ökonomisch bedeutungsvoll. Dennoch nehmen viele Gesetze und Normen auf Sponsoring- und Vermarkungsaktivitäten mittelbar oder unmittelbar Einfluss.

2 Unter **Vermarktung** versteht man im Sport verschiedene Formen der wirtschaftlichen Verwertung von Rechtspositionen einzelner Sportler, Vereine oder Verbände, die meist exklusiv durch Vertrag eingeräumt werden. Vermarktung zielt regelmäßig direkt auf einen wirtschaftlichen Mehrwert ab. Daneben können jedoch einzelne Vermarktungsmaßnahmen zur Steigerung der Bekanntheit einer Sportart, des Images eines Vereins oder Verbands bzw. eines einzelnen Sportlers dienen, sodass sich dann erst in einem zweiten Schritt etwas »Verwertbares« erzielen lässt.

3 **Sponsoring** ist ein Teilaspekt der Vermarktung, bei dem ein Sponsor eine Leistung[2] verspricht mit der Intention, durch den Sport seine wirtschaftlichen oder sonstigen Interessen durch das positive Image des Sports allgemein, der jeweiligen Sportart oder eines einzelnen Teams oder Sportlers zu verfolgen. Dies gelingt regelmäßig, indem sich Sportler, Vereine und Verbände zur Verfügung stellen, um für das Unternehmen oder dessen Produkte oder Dienstleistungen zu werben. Darüber hinaus zeigen Sponsoren auch Interesse an Sach- und Institutionenwerbung, wie z. B. die Werbung an Sport- und Spielgeräten oder die Namensgebung für eine Sportstätte oder Sportveranstaltung. Im Zusammenhang mit den Medien, die sportbezogene Sendungen ausstrahlen, ist außerdem das Sendungssponsoring verbreitet.

---

[1] Vgl. die Wertschöpfungstheorie von Stopper, Hdb Fußball-Recht, 1, Rdnr. 5 ff.

[2] In der Regel handelt es sich um eine Geld- oder Sachleistung.

II. Vermarktung von Sportrechten

1. Begriff der Sportrechte

4 Sportrechte im juristischen Sinn gibt es nicht. Dennoch wird der Begriff häufig verwendet. Dabei wird oft zwischen allgemeinen Vermarktungsrechten, Medien- oder Übertragungsrechten und sonstigen gewerblichen Schutzrechten unterschieden. Das ist der Versuch, vermarktungsfähige Positionen entsprechend ihrer praktischen Anwendungsbereiche zu kategorisieren. Allerdings handelt es sich nicht um klassische Rechte, die klar abgrenzbar und unmittelbar durchsetzbar sind, sondern typischerweise um verwertbare Rechts- bzw. Eigentumspositionen.

5 Das Recht zur Vermarktung wird von der Rechtsprechung insbesondere aus **einfachgesetzlich ausgestalteten Schutzrechten** (z. B. Hausrecht des Veranstalters, Persönlichkeitsrecht des Sportlers) abgeleitet und stellt sich damit als Nutzbarmachung einer vermögensrechtlichen relevanten Abwehrposition dar. Originär dienen die der Vermarktung zugrunde liegenden Rechte dem Schutz des Einzelnen gegenüber Dritten. Die – meist exklusive – Einräumung dieser Rechte durch den Rechteinhaber schafft ein wirtschaftliches Gut, der für den Vertragspartner verwertbar ist.

6 Die vielfach in diesem Zusammenhang verwendete Bezeichnung »Übertragung von Rechten« ist daher missverständlich. Vielmehr kann die vom BGH im Zuge einer Entscheidung zur rundfunkmäßigen Verwertung von Sportveranstaltungen geprägte Formel auf sämtliche Vermarktungsrechte übertragen werden, gem. der es sich bei der Einräumung der Rundfunkrechte nicht um eine Übertragung, sondern um eine »Einwilligung in den Eingriff« in die jeweilige Rechtsposition handelt.[3]

Tatsächlich entspringt das Recht zur Vermarktung einem grundlegenden, **verfassungsrechtlich abgesicherten Rechtsprinzip**, demzufolge wirtschaftlich relevante Leistungen demjenigen zuzuordnen sind, der sie erbracht hat. Dieser auch dem »geistigen Eigentum« zugrundeliegende Rechtsgedanke wird verfassungsrechtlich durch die Eigentumsfreiheit des Art. 14 Abs. 1 GG geschützt.[4]

2. Verwertbare Rechte von Sportlern

7 Vermarktungsrelevante Rechte in diesem Sinne sind die **Persönlichkeitsrechte des Sportlers**, insbesondere das Recht am eigenen Bild (§ 22 ff. KUG), das Recht auf Darstellung der eigenen Person, das Recht auf informationelle Selbstbestim-

[3] BGH NJW 1990, S. 2815, 2817.

[4] Näher: Fechner, Geistiges Eigentum und Verfassung.

mung, das Recht am eigenen Namen (§ 12 BGB) und an der Unterschrift. In bestimmten Konstellationen kann das Recht am gesprochenen und geschriebenen Wort von Bedeutung sein.[5]

8 Der Sportler gestattet einem Sponsor durch eine vertragliche Vereinbarung, diese Rechte zu bestimmten Zwecken (in der Regel Werbung) zu verwenden. Zwar ist die umfassende »**Übertragbarkeit**« **von Persönlichkeitsrechten** nach wie vor umstritten,[6] allerdings geht man in der Praxis davon aus, dass zumindest der vermögensrechtliche Bestandteil des allgemeinen Persönlichkeitsrechts übertragbar ist, da dieser grundsätzlich – im Gegensatz zum ideellen Teil – wirtschaftlich von der Person ablösbar ist.[7]

Darüber hinaus spielen auch **Markenrechte** bei der Sportlervermarktung eine Rolle. So kann in Einzelfällen auch die Einräumung der Rechte zur Abbildung typischer Bewegungsabläufe oder Posen o. ä. Bestandteil der Nutzungs- und Verwertungseinräumung sein.[8]

9 Nicht unmittelbar verwertbar ist für Sportler die rein sportliche Leistung. Dieser mangelt es in den meisten Fällen an der für einen nach Urheberrecht in Betracht kommenden Schutz erforderlichen Schöpfungshöhe im Sinne des § 2 UrhG. Zumindest ist unstrittig, dass diese bei individuellen Sportleistungen, selbst wenn sie durch sog. »Kreativspieler« bei Mannschaftssportarten angeboten werden, nicht ausreicht.[9] Urheberrechtlicher Schutz kann allenfalls bei der Prägung neuer Bewegungs- oder Übungsabläufe, z. B. bei Turnfiguren oder bestimmten Choreographien, z. B. beim Eiskunstlauf, angenommen werden. Allerdings fehlt es auch dabei regelmäßig an der Schöpfungshöhe, da die Sportler damit das Ziel verfolgen, besser als die sportlichen Konkurrenten abzuschneiden, was eher gegen einen urheberrechtlichen Schutz spricht (→ 9 Rdnr. 54).

3. Verwertbare Rechte von Vereinen und Verbänden

10 Verwertbar sind wie bei Sportlern höchstpersönliche Rechte der Vereine und Verbände bzw. von Sportunternehmen. Daneben ergeben sich aus der häufig auftre-

[5] Näheres vgl. 9, Rdnr. 29 ff.

[6] BGH NJW-RR 2000, S. 1211 ff., »Marlene Dietrich«.

[7] BGH NJW-RR 2000, S. 1211 ff.; »Marlene Dietrich«, LG Frankfurt, SpuRt 2009, S. 207 ff.; Englisch, in: Persönlichkeitsrecht, S. 47, 51.

[8] Vgl. die »Jubelpose« des jamaikanischen Sprint-Olympiasiegers Usain Bolt, die als Marke eingetragen ist.

[9] EuGH »Karen Murphy« vgl. EUGH U. v. 4. 10. 2011 – C-403/08, C-429/08, GRUR-Prax 2011, S. 453 ff.).

tenden Funktion als Veranstalter oder Mitveranstalter eines Sportereignisses vermarktungsfähige Rechte für Vereine oder Verbände.

Als juristische Personen können sich Vereine, Sportunternehmen oder Verbände auf das **allgemeine Persönlichkeitsrecht** gem. Art. 2 Abs. 1 i. V. m. Art. 2 Abs. 1 GG berufen (→ 9 Rdnr. 52). Geschützt ist das Recht am eigenen Bild, welches auch das der Mitglieder oder Arbeitnehmer (§ 22 ff. KUG) des Vereins bzw. Verbands umfasst. Sind an Werbemaßnahmen Sportler beteiligt, so kann der Verein oder Verband über deren geschützte Rechtspositionen nur gegenüber einem Sponsor verfügen, wenn er sich diese zuvor durch die Sportler hat einräumen lassen.[10]

Vermarktungsfähig sind zudem **Marken- und Geschmacksmusterrechte** an 11
Bezeichnungen, Zeichen oder Symbolen, wie z. B. Vereinslogos oder -wappen, Veranstaltungsnamen oder Veranstaltungslogos sowie von einzelnen Slogans, Maskottchen usw. Dies spielt im Bereich Merchandising von Vereinen oder Verbänden sowie besonders bei bestimmten Sportgroßereignissen (wie z. B. Fußball-WM, Olympische Spiele) wegen der lukrativen Marketingmöglichkeiten im Rahmen dieser Events eine Rolle.

Der Schutz solcher Bezeichnungen ergibt sich aus den Vorschriften des Mar- 12
kenrechts. Markenrechtlicher Schutz kann u. a. für Wort-, Bild- oder Hörmarken erlangt werden. Nicht zwingend ist dabei die Eintragung als Marke, vielmehr gibt es auch die Marke kraft Verkehrsgeltung, für die eine hinreichende Bekanntheit im Nutzerumfeld ausreichend ist. Voraussetzung ist, dass die entsprechenden Marken geeignet sind, sich von den Marken anderer Vereine, Verbände oder Unternehmen zu unterscheiden, § 3 MarkenG. In der Regel werden jedoch Logos, Embleme, Slogans und geschäftliche Zeichens beim deutschen Marken- und Patentamt gem. § 4 Nr. 1, 2 MarkenG in das Markenregister eingetragen. Für den Fall von Verletzungen kann der Betroffene Unterlassungs- bzw. Schadensersatzansprüche geltend machen (§§ 14 Abs. 5, 6; 15 Abs. 4, 5 MarkenG).

Veranstalterrechte im Zusammenhang mit Sportveranstaltungen sind recht- 13
lich nicht definiert, obwohl sie wirtschaftlich von Bedeutung sind. Insbesondere ein originäres Leistungsschutzrecht des Sportveranstalters, wie es in anderen Ländern gewährleistet wird,[11] kennt das deutsche Urheberrecht (noch) nicht.[12] Eine gesetzliche Regelung besteht lediglich für das Leistungsschutzrecht von ur-

[10] Dies kann auf satzungsrechtlichem oder individualvertraglichem Weg geschehen → 3 Rdnr. 31.

[11] Z. B. in Frankreich, wo ein eigenes Sportrecht (droit du sport, Art. L 331–1) als Leistungsschutzrecht des Veranstalter existiert sowie in Brasilien und Australien.

[12] Der Europäische Gerichtshof hat den EU-Mitgliedstaaten jedoch in der Entscheidung »Karen Murphy« aufgetragen, Leistungsschutzrechte der Sportveranstalter in die nationalen

heberrechtlich geschützten Darbietungen des Veranstalters gem. § 81 UrhG. Es ist jedoch allgemein anerkannt, dass es Sportveranstaltungen an der geistigen Schöpfung i. S. d. UrhG fehlt, da es sich um eine Wiederholung sportlicher Leistungen im Rahmen von Regelwerken handelt und daher kein mit dem einem Leistungsschutzrecht zu erfassendes Recht entsteht.[13]

14 Für die Frage, welche Rechte im Rahmen von Sportevents durch den Veranstalter vermarktungsfähig sind, ist zu klären, wer überhaupt über welche Art von Rechten verfügen darf. Zum einen sind vermarktbare Rechte der Veranstalter auf besitz- bzw. eigentumsrechtliche Befugnisse an Stadien oder Sportstätten (Hausrecht als Abwehrrecht im Sinne der §§ 1004, 903 BGB bzw. §§ 862, 859 BGB), zum anderen auf organisatorische Verantwortlichkeiten an der Veranstaltung (Wettbewerbsrecht) zurückzuführen. Oft ergeben sich Abgrenzungsschwierigkeiten, da häufig nicht nur mehrere Vereine in den jeweiligen Veranstaltungen involviert sind, sondern auch Sportverbände oder Einzelveranstalter einen organisatorischen Einfluss auf die Veranstaltungen nehmen können. Wegen der zunehmenden Komplexität, die die Planung, Leitung und Finanzierung von Massensportveranstaltungen mit sich bringt, muss es möglich sein, dass mehrere juristische Personen Inhaber von Veranstaltungsrechten sein können. Bei Sportveranstaltungen ist jedenfalls anerkannt, dass der austragende Heimverein zumindest Mitveranstalter ist.

4. Verwertbare Rechte von Medien

15 Medien nehmen im Rahmen der Vermarktung eine wichtige Funktion ein, indem sie öffentlichkeitswirksame Plattformen für eine erfolgreiche Vermarktung überhaupt erst anbieten. Insofern verfolgen sie ein eigenes Interesse, an diesem Wertschöpfungsprozess zu partizipieren. Hierbei können sie auf einzelne Schutzrechte, insbesondere aus dem Bereich des Urheberrechts, das sie z. B. in ihrer Rolle als Sendeveranstalter privilegiert, zurückgreifen (→ 9 Rdnr. 50).

III. Wirtschaftliche Verwertung von Vermarktungsrechten

16 Bei der Vermarktung oder beim Sponsoring steht nicht die sportliche Leistung selbst im Vordergrund, sondern die Nutzbarmachung dieser Leistung oder der

---

Rechtsordnungen zu integrieren, vgl. EUGH U. v. 4. 10. 2011 – C-403/08, C-429/08, GRUR-Prax 2011, S. 453 ff.).

[13] Vgl. Summerer, PHB SportR, 4, Rdnr. 82.

durch diese Leistung erzielten Bekanntheit bzw. Beliebtheit eines Sportlers oder Vereins. Die an Vermarktung und Sponsoring beteiligten Akteure verfolgen insofern unterschiedliche Interessen und stehen sich in einer Art Abhängigkeitsverhältnis gegenüber.

Der einzelne Sportler, Verein oder Verband strebt nach zusätzlichen finanziel- 17
len Einnahmequellen, der Zuschauer möchte umfassend unterhalten und informiert werden, der Sponsor erhofft sich eine größere Bekanntheit beim Zuschauer und die Medien zielen auf hohe Einschaltquoten ab. Dabei bedingen sich die Beziehungen der Akteure gegenseitig. Ohne den Erfolg oder ein bestimmtes Image eines Sportlers besteht kein Interesse des Sponsors an seiner Person; ohne dessen Zutun können wiederum verschiedene Veranstaltungen gar nicht durchgeführt werden. Die Vermarktung funktioniert im Regelfall nur, wenn das Sportangebot hinreichend populär ist und eine Plattform für die Darstellung der Produkte oder Dienstleistungen des Sponsors besteht. Eine Sonderrolle nehmen dabei die Medien ein, da diese durch die Berichterstattung über ein sportliches Ereignis die Reichweite einer Werbeleistung vervielfachen. Der Marktwert wird dabei vom Interesse der Rezipienten bestimmt.

Um sich dieser Abhängigkeit zu entziehen, versuchen einige Sponsoren, Sport- 18
arten inhaltlich zu beeinflussen oder gar eigenständige Sportarten zu kreieren, um über das sportliche Ereignis besser wahrgenommen zu werden.[14]

IV. Rechteeinräumung durch Vertrag

1. Leistungsbeziehungen

Um durch die Vermarktung maximale wirtschaftliche Erträge zu erzielen, gehen 19
die beteiligten Akteure vertragliche Bindungen untereinander ein. Ihrer Interessenlage entsprechend vereinbaren sie die wesentlichen Regelungen zu Art, Umfang und Durchführung des Sponsorings oder der Vermarktung.

Rechtlich wird dies gewährleistet durch die Möglichkeit, vertragliche Leistungsbeziehungen grundsätzlich ohne Einschränkungen einzugehen. Durch den Grundsatz der Privatautonomie als Ausfluss der allgemeinen Handlungsfreiheit aus Art. 2 Abs. 1 GG sind die Vertragspartner frei, ihre Verträge nach Form und Inhalt selbstbestimmt zu schließen (»**Vertragsfreiheit**«).

---

[14] Vgl. die Extremsportarten des österreichischen Getränkeherstellers Red-Bull oder die X-Games des US-amerikanischen Fernsehsenders ESPN.

a) Vertragsarten

20 Wegen der vielfältigen Ausgestaltung der Leistungsbeziehungen im Bereich der Vermarktung und des Sponsorings ist eine genaue Zuordnung zu einem der im BGB gesetzlich normierten Vertragstypen nicht ohne weiteres möglich. Beim Sponsoring sind je nach vereinbarten Leistungspflichten (z.B. Einzelsportler-Sponsoring, Bandenwerbung, Trikotwerbung oder Mediensponsoring)[15] Verträge mit unterschiedlichen Vertragselementen (z.B. Elemente des Mietvertrags und eines Nutzungsrechts zum Persönlichkeitsrecht) denkbar, die als **atypische Verträge** oder Verträge sui generis bezeichnet werden.

b) Gegenseitigkeit der Leistungen

21 Für alle Sponsoring- und Vermarktungsverträge gleichermaßen kennzeichnend ist die **Gegenseitigkeit der Leistungsbeziehungen**. Es handelt sich typischerweise um einen zweiseitig verpflichtenden Vertrag, bei dem sich Sportler, Verein oder Verband zu einer Vermarktungs- oder Sponsoringleistung und der Investor oder Sponsor im Gegenzug zur Erbringung eines Entgelts verpflichtet.

22 Durch das Merkmal der gegenseitigen **Hauptleistungspflicht** unterscheidet sich Sponsoring und Vermarktung grundsätzlich vom reinen Mäzenatentum. Verlangt ein Zuwendungsgeber für seine sportbezogene Zuwendung keine Gegenleistung, so liegt typischerweise ein Schenkungsvertrag i.S.d. § 516 BGB vor. Es handelt sich dann regelmäßig um eine Spende, die im Gegensatz zur sporttypischen Vermarktungs- oder Sponsoringleistung unentgeltlich ist, d.h. der Spender erwirbt keinen Anspruch auf eine Gegenleistung. Aus dem Schenkungsvertrag können lediglich Nebenpflichten resultieren, z.B. die Pflicht, die Spende zweckgebunden zu verwenden. Die Unterscheidung zwischen Sponsoring und Spende ist insbesondere von steuerrechtlicher Bedeutung (→ *11* Rdnr. 14).

Neben den Leistungspflichten beinhalten Sponsoring- und Vermarktungsverträge oft auch **Nebenpflichten.** So umfassen Testimonial-Verträge mit Sportlern oft auch die Verpflichtung, an bestimmten Events teilzunehmen oder aber bestimmte Produkte des Sponsors zu verwenden (z.B. Schmuck, Textilien etc.).

---

[15] Zu den einzeln denkbaren Leistungen vgl. Weiand/Poser, Sponsoringvertrag, S. 97.

2. Inhaltsgrenzen

Die Vertragsfreiheit ist im Einzelfall durch Normen begrenzt, die insbesondere dann zum Tragen kommen, wenn Rechtsgüter anderer bedroht sind oder wenn es um Eigentumspositionen einzelner Akteure geht. 23

Im **staatlichen Recht** ergeben sich die Grenzen dort, wo der Inhalt des Vertrags gegen ein gesetzliches Verbot verstößt (§ 134 BGB) oder sittenwidrig ist (§ 138 BGB). In beiden Fällen ist der Vertrag nichtig. 24

Es können aber auch **Verbandsvorschriften** der inhaltlichen Ausgestaltung von Sponsoring- oder Vermarktungsaktivitäten Grenzen setzen. Zwar führen verbandsrechtliche Verbote aus zivilrechtlicher Sicht nicht zur Nichtigkeit des Vertrags. Ein Verstoß gegen verbandsrechtliche Werbevorschriften zieht aber in aller Regel verbandsrechtliche Sanktionen nach sich, wie z. B. Punkt- oder Wertungsabzüge bis hin zum Wettkampfausschluss. 25

3. Rechtsfolgen bei Pflichtverletzungen

Soweit eine Partei des Vertrags ihre Leistung nicht oder nicht vertragsgemäß erbringt, kann der Vertragspartner unterschiedliche Ansprüche geltend machen (sog. **Leistungsstörungsrecht** → 5 Rdnr. 3). 26

Wenn die Leistungserbringung **unmöglich** ist, etwa weil der gesponserte Sportler wegen einer schwerwiegenden Verletzung die imagefördernde Sportleistung nicht erbringen kann, wird der Sportler von der Primärleistungspflicht gem. § 275 BGB frei. Im Gegenzug entfällt der Anspruch des Sportlers auf das vereinbarte Entgelt gem. § 326 Abs. 1 BGB. Entsteht dem Sponsor hierdurch ein Schaden, etwa, weil er bereits in eine Werbekampagne investiert hat, so kann er gem. §§ 280 Abs. 1, 283 BGB Schadensersatz statt der Leistung von dem Sportler verlangen.

Kommt eine Vertragspartei mit der Erbringung ihrer Leistungspflicht in **Verzug**, so kann die andere Partei Schadensersatz nach §§ 281, 280 Abs. 2 BGB beanspruchen. Überwiegend geht es um die Fälle der sog. **Schlechtleistung**, in denen ein Vertragspartner die Leistung nicht wie geschuldet erbringt z. B. wenn Exklusivitätsansprüche des Sponsors verletzt werden. In diesen Fällen kann Schadensersatz neben der Leistung nach § 280 Abs. 1 BGB oder anstatt der Leistung nach § 282 i. V. m. § 280 Abs. 1 verlangt werden. 27

Werden **vertragliche Nebenpflichten** verletzt (z. B. die Verpflichtung zu Loyalität und Wohlverhalten gegenüber den Interessen des Sponsors), so kann dies nach § 280 Abs. 1 BGB zu Schadensersatzansprüchen führen.[16] Da das Verschul- 28

[16] Siehe auch Weiand/Poser, Sponsoringvertrag S. 124 ff.

den des vermarkteten bzw. des gesponserten Sportlers hinsichtlich der Pflichtverletzung nach § 280 Abs. 1 Satz 2 BGB gesetzlich vermutet wird, braucht der Vertragspartner lediglich das Bestehen einer Pflicht und deren Verletzung durch den Sportler nachzuweisen.

29 Häufig werden **vertragliche Rücktrittsrechte** vereinbart, die einer Partei erlauben, durch Erklärung gegenüber dem anderen Vertragspartner vom Vertrag zurückzutreten mit der Rechtsfolge, dass der Vertrag als von Anfang an (ex tunc) nichtig angesehen wird. Bereits erbrachte Leistungen sind rückzugewähren. Bei wiederkehrenden Sponsoring- oder Vermarktungsleistungen (sog. Dauerschuldverhältnisse) kommen ggf. ordentliche oder außerordentliche **Kündigungsrechte** in Betracht. Zunehmend sind in den Vermarktungs- und Sponsoringverträgen **Vertragsstrafenvereinbarungen** im Sinne der §§ 339 ff. BGB zu finden,[17] z. B. für den Fall, dass der Sportler einem im Vertrag vorgesehene Sportereignis ohne nachvollziehbaren Grund fernbleibt.

30 Bei Wegfall der Geschäftsgrundlage kann eine Vertragsanpassung nach § 313 BGB in Betracht kommen. Das kann z. B. der Fall sein, wenn ein gesponserter Sportler aufgrund einer Verletzung seine aktive Karriere beenden muss und insoweit nicht mehr werbewirksam in der Öffentlichkeit steht. Dabei ist zu prüfen, was die Parteien vereinbart hätten, wenn ihnen die betreffenden Umstände bereits bei Vertragsschluss bekannt gewesen wären. War der Umstand zum Zeitpunkt des Vertragsabschlusses bekannt oder zumindest vorhersehbar, dann kann sich die Partei nicht auf Wegfall der Geschäftsgrundlage berufen und daher keine Vertragsanpassung verlangen.[18] Dies ist der Fall, wenn der Sponsor den Vertrag abschließt, obwohl er von einer dauerhaften Erkrankung des Sportlers wusste.

V. Exklusivität

31 Die Einräumung von Rechten erfolgt im Rahmen von Vermarktungs- und Sponsoringmaßnahmen regelmäßig ausschließlich an einen Vertragspartner, damit der wirtschaftliche Wert für den Sponsor möglichst hoch ist. Diese sog. Exklusivitätsklauseln sind Bestandteil des Sponsoring- bzw. Vermarktungsvertrags. Dabei sind die Vertragsparteien im Rahmen ihrer Privatautonomie frei, die Exklusivitätsrechte näher auszugestalten. In der Praxis wird die Einräumung entsprechender Rechte oft räumlich, inhaltlich und zeitlich begrenzt.

---

[17] Vgl. Fritzweiler, PHB SportR, 3, Rdnr. 123 ff.
[18] Vgl. Heermann, Haftung im Sport, Rdnr. 390.

VI. Vermarktungsbereiche im Sport

1. Vermarktung und Sponsoring von Sportlern

Besondere Relevanz für die Vermarktung hat die Person des einzelnen Sportlers. 32
Voraussetzung ist, dass ein **Sportler** hinreichend bekannt und populär ist, um genügend Aufmerksamkeit zu erzielen. Verwertungspotentiale sind vor allem herausragende sportliche Leistungen sowie darüber hinaus besondere charakterliche oder sonstige Eigenschaften wie das Aussehen, die eine mediale Aufmerksamkeit erzeugen und dazu führen, dass ein Sportler besonders »vermarktungsfähig« ist.[19]

a) Individualvermarktung von Sportlern

Zu unterscheiden ist bei der Einzelsportlervermarktung zwischen Individual- 33
und Zentralvermarktung. Im Rahmen der **Individualvermarktung**[20] schließt der Sportler selbst einen Vertrag mit einem Sponsor, der sich vom Image des Sportlers eine positive Werbekraft erhofft. Vorbehaltlich anders lautender Regelungen in etwaigen Arbeitsverträgen oder Athletenvereinbarungen, kann sich der Sportler seine Sponsoren selbst heraussuchen.

Typische Fälle der Individualvermarktung sind Verträge mit Sportlern, die als 34
sog. **Testimonials** zu Werbezwecken tätig werden. Der Sportler räumt dem Sponsor dabei das Recht ein, mit seinem positiven Image im Rahmen der vereinbarten Vertragslaufzeit zu werben. Dies geschieht konkret durch die Einräumung von Verwertungsrechten gem. § 15 UrhG. Der Sponsor kann dann mit den eingeräumten Rechten (z. B. Bild, Wort, Unterschrift des Sportlers) werben. Oft werden sogar eigene Foto- bzw. Filmaufnahmen mit dem Testimonial angefertigt.

Eine weitere Form der Vermarktung von Sportlern sind **persönliche Ausrüs-** 35
terverträge. Dabei besteht die Hauptpflicht des Sportlers in der exklusiven Benutzung der ihm zur Verfügung gestellten Ausrüstungsgegenstände. Je nach Sportart kann es sich um Sportbekleidung oder Sportgeräte handeln. Der Sponsor hat dem Sportler die Ausrüstung zur Verfügung zu stellen und zahlt darüber hinaus bei besonders werbewirksamen Sportlern eine Vergütung für die öffentlichkeitswirksame Präsentation der Ausrüstungsgegenstände.

---

[19] Z. B. die Beziehung zu einer weiteren Person des öffentlichen Lebens, vgl. David Beckham, Raphael van der Vaart.

[20] Die Individualvermarktung wird auch als Einzelvermarktung bezeichnet, z. B. bei Gerlinger, Hdb Fußball-Recht, 12, Rdnr. 27.

36 Zur Sicherung der Exklusivität ist es auf Seiten des Sponsors zulässig, sog. **Wettbewerbsklauseln** in den Vertrag aufnehmen, wonach sich der Sportler verpflichtet, während der Vertragslaufzeit keinen Sponsoringvertrag mit Konkurrenzanbietern abzuschließen.

b) Zentralvermarktung von Sportlern

37 Bei der **Zentralvermarktung** nutzt und verwertet der Verein oder Verband, dem der Sportler angehört, dessen höchstpersönliche Rechte. Aufgrund der hohen Marktrelevanz und um die Exklusivität der Vermarktung sicherzustellen, lassen sich viele Verbände in umfassender Weise Rechte, insbesondere Persönlichkeitsrechte der mit ihnen vertraglich verbundenen Sportler einräumen. Soweit ein Sportler dem Verband die exklusive Verwertungsmöglichkeit an seinem Persönlichkeitsrecht eingeräumt hat, ist er von der eigenen Vermarktung seiner Rechte ausgeschlossen. Die Verkürzung seiner Rechte kann im Arbeitsvertrag niedergelegt sein, den der Sportler mit einem Verein, der sich gegenüber dem Verband entsprechend verpflichtet oder den er direkt mit dem Verband abgeschlossen hat, ergeben. So enthalten z. B. die Musterarbeitsverträge der populären Mannschaftssportarten Fußball[21] und Basketball[22] jeweils Regelungen, wonach der Sportler in seiner Funktion als »Lizenzspieler« dem Verein das ausschließliche Recht einräumt, verschiedene Ausprägungen seines Persönlichkeitsrechts (Bild, Name, Wort, weitere sportartbezogene Persönlichkeitsmerkmale) uneingeschränkt zu nutzen und zu verwerten. Dabei müssen die übertragenen Rechte in einem Zusammenhang zum Arbeitsverhältnis stehen. Zudem enthalten sog. Athletenvereinbarungen entsprechende Klauseln.

38 Die Grenzen dieser Vereinbarungen sind weit gezogen, was sich aus der Vertragsfreiheit der Parteien und aus der Vereinigungsfreiheit des Art. 9 GG ergibt. Allerdings muss bei der Auslegung solcher Verträge beachtet werden, dass der Verband üblicherweise eine Monopolstellung inne hat, weshalb der Sportler faktisch gezwungen ist, den ihm vorgelegten Vertrag zu unterschreiben, um seine Sportart ausüben zu können. Aus diesem Grund setzt das Persönlichkeitsrecht des Sportlers jedenfalls dann Grenzen, wenn diese in sittenwidriger Weise in seine Rechte eingreifen. Bei der Beurteilung der Sittenwidrigkeit nach § 138 Abs. 1 BGB muss neben dem Persönlichkeitsrecht des Sportlers auch der faktische Zwang zum Abschluss des vorgelegten Vertrags mit berücksichtigt werden. In der

[21] Vgl. § 3 des Musterarbeitsvertrags der DFL.

[22] Vgl. § 3 des Musterarbeitsvertrags der BBL.

Praxis wurde dieser Aspekt allerdings bisher von der Rechtsprechung kaum beachtet.

Problematisch kann eine exklusive »Rechteübertragung« sein, wenn der Sportler eigene Werbeverträge eingegangen ist, die in Konkurrenz zu den vom Verein abgeschlossenen Werbevereinbarungen stehen. Abzustellen ist dabei regelmäßig auf den Werbekontext, in dem der Sportler auftreten soll. Umfasst dieser auch seine Eigenschaft als Mitglied bzw. Arbeitnehmer des Vereins, kann der Verein dem Sportler wegen der Gefahr der Verletzung eigener Vertragspflichten Zustimmungsobliegenheiten auferlegen. Die Folge können bei Zuwiderhandlungen Vertragsstrafen oder gar die Kündigung sein. 39

Zu Kollisionen kann es auch bei Sponsoringverpflichtungen des Sportlers mit dem Verband, dem er angehört, kommen. Die rechtliche Bewertung hängt dabei von der Frage ab, in welchem Verhältnis Sportler und Verband zueinander stehen (→ 3, Rdnr. 46). 40

Problematisch ist es insbesondere, wenn zwischen Sportler und Verband keine vertragliche Bindung besteht, etwa wenn der Verband den Sportler für einen Wettkampf, ein Länderspiel o.ä. nominiert, ohne dass eine Athletenvereinbarung vorliegt. In diesem Fall bedarf es einer zusätzlichen Einwilligung der Sportler, damit der Verband deren Persönlichkeitsrechte nutzen und verwerten kann.[23] Fehlt eine Einwilligung, kann sie wohl auch als konkludent erteilt angenommen werden, wenn das Verhalten des Sportlers keinen ausdrücklich gegenteiligen Willen erkennen lässt.[24] 41

Schließlich kann der Sportler generell seine Bekanntheit und seinen Marktwert wirtschaftlich verwerten, indem er beispielsweise seinen Namen, sein Engagement oder seine Schirmherrschaft für eine Stiftung oder für ein bestimmtes Ereignis zur Verfügung stellt.

c) Normative Grenzen bei Vermarktung und Sponsoring von Sportlern

Einschränkungen bei der Vermarktung von Sportlern ergeben sich insbesondere aus staatlichen und verbandsrechtliche Werbeverbote. Beispiel für ein staatliches Werbeverbote ist das für Tabak.[25] Weitere Grenzen stellen gesetzliche Verbote dar, wie z.B. Bestimmungen des Jugendschutzes, denen minderjährige Athleten unterfallen und die Normen des Strafrechts. Verbandliche Regelungen sind z.B. 42

---

[23] Zu den Gestaltungsmöglichkeiten im Fußball vgl. Englisch, in: Persönlichkeitsrecht, S. 47, S. 75ff.

[24] LG Fankfurt, SpuRt 2003, S. 31ff., »Kahn-Ferrero«.

[25] Z.B. § 11 Abs. 1 TabakG; § 22 LMBG; EU-Tabak-RL (2003/33/EG); §§ 3, 10 HWG.

Alkoholverbote[26] sowie Vorgaben, wofür nicht geworben werden darf und wo und wann Werbung an der Kleidung von Sportlern angebracht werden darf.[27]

43 Im Fall einer Ausnutzung des Werbewerts eines Sportlers ohne dessen Zustimmung ist dieser durch das allgemeine Persönlichkeitsrecht geschützt, das verfassungsrechtlich in Art. 2 Abs. 1 i. V. m. Art. 1 Abs. 1 GG verankert ist. Dies kommt vor allem in der besonderen Ausprägung des Rechts am eigenen Bild des Sportlers gem. §§ 22 ff. KUG zum Tragen. Grundsätzlich bedarf es für die Veröffentlichung eines Fotos oder einer Filmsequenz einer Person deren Einwilligung gem. § 22 KUG. Allerdings greift bei Sportlern meist die Ausnahme gem. § 23 Abs. 1 KUG, da es sich bei der Ausübung des Sports im Rahmen eines Wettkampfs regelmäßig um ein zeitgeschichtliches Ereignis handelt und die Einwilligungspflicht insofern entfällt (→ *8* Rdnr. 29). Werden Bildnisse von Profisportlern, die sie bei ihrer sportlichen Tätigkeit zeigen, im Rahmen kommerzieller Werbemaßnahmen genutzt, ist im Einzelfall zu prüfen, ob ein berechtigtes Interesse des Sportlers an der Nichtveröffentlichung gem. § 23 Abs. 2 KUG besteht.[28] Das gilt in besonderem Maße, wenn es sich um ein für den Sportler ehrenrühriges oder peinliches Umfeld oder Produkt handelt.[29] Gegen nicht-autorisierte Benutzung sind darüber hinaus als Ausprägungen des allgemeinen Persönlichkeitsrechts auch das Recht am eigenen Namen gem. § 12 BGB sowie das Recht am eigenen Wort geschützt.

44 Wegen der großen Popularität einiger Spitzensportler und ihrer damit verbundenen Rolle in der Gesellschaft besteht in vielen Fällen zudem ein Interesse der Allgemeinheit an der Person des Sportlers, das von den Medien befriedigt wird. Gerade bei prominenten Sportlern ist der Kernbereich privater Lebensgestaltung für Dritte von Interesse, so dass auch diese häufig einen Marktwert haben, wie Informationen über den Gesundheitszustand oder über das persönliche Leben des Sportlers. Der Sportler muss jedoch dabei nicht alles ausnahmslos hinnehmen. Grenzen ergeben sich vor allem aus den individuellen Rechten des Sportlers, insbesondere aus dem allgemeinen Persönlichkeitsrecht.[30] Er kann grundsätzlich

---

[26] Vgl. u.a. das Werbeverbot für alkoholische Getränke mit einem Alkoholgehalt über 15% gem. § 15 Abs. 3 des Anhangs IV zur Lizenzpielerordnung(LO)-DFB in der 1. und 2. Fußball-Bundesliga.

[27] Vgl. u. a. § 15 Abs. 3 Anhang IV zur LO-DFB, der z. B. Werbung mit politischem, rassistischem oder religiösem Inhalt für unzulässig erklärt.

[28] Bejahend OLG Hamburg, SpuRt 2004, S. 210 ff.; verneinend BGH GRUR 1968, S. 653 ff. sowie OLG Hamburg, ZUM RD 2010, S. 469 ff.

[29] »Herrenreiter-Entscheidung«, BGHZ 26, S. 349 ff.

[30] Nähere Ausführung → 9 Rdnr. 25.

selbst darüber bestimmen, ob und wem er ein Interview geben möchte oder wer die Rechte an einer »Homestory« erhält.

2. Vermarktung und Sponsoring von Vereinen und Verbänden

Vereine und deren ggfs. ausgegliederte Kapitalgesellschaften als Sportunterneh- 45
men haben ebenfalls großes Interesse an ihrer Eigenvermarktung. Sie können als Inhaber eigener schutzfähiger Rechtspositionen und als Mitveranstalter von Sportereignissen an der Wertschöpfung partizipieren. Schwerpunkte bilden dabei die Erzielung von Gewinnen aus Werbung, Ticketverkauf und dem Vertrieb von Merchandising-Artikeln. Daneben kann je nach Attraktivität und Professionalität des Vereins und dem damit verbundenen Interesse von Zuschauern auch die Verwertung medialer Rechte von Relevanz sein.

Verbände sind ebenfalls Akteure der Wertschöpfungskette im Sport. Die Be- 46
sonderheit der Verbände besteht darin, dass sie neben eigenen originären Vermarktungsrechten Turniere und Ligen organisieren, in denen der Sportbetrieb stattfindet. Die sich hieraus ergebenden Rechte können von den Verbänden vermarktet werden. Von Relevanz sind insbesondere die Rechte, die den Verbänden als Veranstalter zustehen. Besonders bei Großveranstaltungen im Sport wie den Olympischen Spielen oder Fußball-, Welt- und Europameisterschaften, aber auch in der Organisation von professionellen Sportligen gibt es mittlerweile umfassende Vermarktungs- und Sponsoringaktivitäten, etwa die Vergabe exklusiver Übertragungsrechte in verschiedenen Medien oder auch der Schutz gewerblicher Rechte, wie z. B. von Symbolen, Marken oder Namen. Zudem geht es den Verbänden um den Schutz ihrer Sponsoren, so dass sie nicht vertraglich gebundenen Dritten, die die Sogkraft von Sportgroßereignissen für sich nutzen wollen, mit den Möglichkeiten des Markenrechts oftmals aggressiv gegenüber treten.

a) Originäre Vermarktungsrechte von Vereinen und Verbänden als Inhaber von Rechtspositionen

Ähnlich wie bei der Einzelsportler-Vermarktung kann ein Sponsor durch einen 47
Sponsorenvertrag mit einem Verein oder Verband dessen Image für seine Werbezwecke nutzen. Wie ein solcher Vertrag im Einzelfall ausgestaltet wird, ist sehr unterschiedlich und hängt von den verfolgten Interessen der Vertragsparteien ab. Grundsätzlich liegt die Hauptleistungspflicht des Vereins in der Nutzbarmachung des wirtschaftlichen Potenzials der sportlichen Aktivitäten. Der Sponsor verpflichtet sich dafür im Gegenzug zur Erbringung von Geld – oder Sachleistungen.

48 Sportvereine sind in der Regel juristische Personen, entweder als eingetragene Vereine oder als Sportunternehmen in Gestalt von Kapitalgesellschaften. Im Profisportbereich handeln auf Vereinsseite dabei häufig Vertretungsorgane von Kapitalgesellschaften, denen umfassende Entscheidungsbefugnisse eingeräumt werden. Wird der Verein jedoch in der originären Rechtsform des e.V. Vertragspartner, stellt sich die Frage, ob die Sponsoringaktivitäten von der Satzung gedeckt und mit Einzelinteressen der Vereinsmitglieder zu vereinbaren sind. Dabei muss im konkreten Fall die Frage geklärt werden, ob und in welchem Rahmen der Verein legitimiert ist, seine Mitglieder zu Sponsoringmaßnahmen zu verpflichten.

aa) Trikot- und Bandenwerbung

49 Häufig stellen Vereine oder Verbände Werbeflächen zur Verfügung, auf denen Sponsoren die Möglichkeit haben, sich oder ihre Unternehmen im sportnahen Umfeld zu präsentieren. Eine Möglichkeit ist das **Trikotsponsoring**[31]. Aus rechtlicher Sicht liegt in der Praxis der Schwerpunkt häufig auf einer entgeltlichen Geschäftsbesorgung gem. § 675 BGB, wenn sich ein Verein verpflichtet, auf seinem Trikot gegen Entgelt Werbung zu plazieren.

50 Zudem ist auch das Vereins- oder Verbandseigentum der Vermarktung zugänglich. Hierbei kommt eine mietvertragliche Ausprägung gem. § 535 BGB in Betracht, etwa wenn ein Sportverein seine Gegenstände oder Flächen zu Werbezwecken an einen Sponsor gegen Entgelt vermietet.

bb) Merchandising

51 Merchandising bildet im Profisport eine wichtige Einnahmequelle. Durch Merchandising wird ein positives Markenimage auf eine Vielzahl von Gebrauchsgütern transferiert, indem Logos und Wappen von Sportvereinen, deren Namen sowie im Einzelfall Bildrechte an Produkten angebracht und dann als Fanartikel veräußert werden. Rechtlich geschützt sind die Logos und Embleme in der Regel durch das Markenrecht; Fotos und Abbildungen von Vereinsmitgliedern über die Persönlichkeitsrechte der Abgebildeten.

52 Eine Vermarktung kann entweder durch die Eigenvermarktung oder durch eine Lizenzierung der Rechtenutzung an Subunternehmer erfolgen. Wie in anderen Vermarktungsbereichen auch, erfolgt bei Letzterem eine vertragliche Einräumung der Nutzung von Rechtspositionen an den Lizenznehmer gegen Entgelt.

---

[31] Vgl. zu Ausrüsterverträgen das im Rahmen der Einzelsportlervermarktung hierzu Ausgeführte, Rdnr. 35.

Rechtlich handelt es sich bei solchen Fan-Artikel-Verkäufen um klassische Schuldverhältnisse in Gestalt von Kaufverträgen gem. §§ 433 ff. BGB. Dabei ergibt sich keine gesonderte sportrechtliche Bewertung.

cc) Namensrechte/Naming-Right-Verträge

Von hoher wirtschaftlicher Relevanz ist die Vermarktung von Namensrechten. 53
Vor allem bei Sportgroßveranstaltungen erfolgt der Schutz einzelner Veranstaltungsbezeichnungen etc. Als juristische Personen können sich eingetragene Vereine oder Sportunternehmen auf das allgemeine Persönlichkeitsrecht berufen. Geschützt ist zunächst der Vereinsname. Gem. § 12 BGB hat der Namensträger ein Recht an dem ihm zukommenden Namen und genießt damit Rechtsschutz gegen jeden Dritten, der den Namen rechtswidrig beeinträchtigt. Damit ist grundsätzlich jeder Verein frei, sich einen Namen zu geben und diesen auch zu verwerten. Darüber hinaus erstreckt sich der Schutz des § 12 BGB auf Grundstücks- und Gebäudebezeichnungen, sofern das Gebäude in irgendeiner Beziehung zum Rechtsträger steht und eine zumindest mittelbare Verbindung zu diesem hergestellt werden kann.[32] Inhaber des Namensrechts bei Sportstätten ist grundsätzlich der Eigentümer der Sportstätte, also in der Regel der Sportverein. Wenn der Sportverein nicht Eigentümer des Stadions ist, steht ihm die Vermarktung des Namensrechts nur zu, wenn er eine gesonderte Lizenzvereinbarung mit dem Eigentümer geschlossen hat.

Die meisten Sponsoren verfolgen jedoch nicht das Ziel, einen bestehenden Sta- 54
dionnamen zu nutzen, sondern streben die Verbindung des eigenen Firmennamens mit der Sportstätte im Rahmen einer Neubenennung an.[33] Umstritten ist bei diesen sog. **Naming-Right-Verträgen** die rechtliche Einordnung. Zum einen wird vertreten, es handle sich dabei um Rechtskaufverträge gem. §§ 433, 453 BGB. Diese Alternative scheidet jedoch aus, weil Namensrechte höchstpersönliche Rechte sind, die nicht zum Gegenstand eines Rechtskaufs gemacht werden können. Vielmehr erscheint die Qualifizierung als Pachtvertrag im Sinne der §§ 581 ff. BGB überzeugender, da als Pachtobjekte nicht nur körperliche Gegenstände, sondern auch Rechte in Betracht kommen.[34]

---

[32] Vgl. BGH, GRUR 1976, S. 311 ff.; Wittneben, GRUR 2006, S. 814, 815.

[33] Z. B. Allianz-Arena, Signal-Iduna-Park, O2-World etc.

[34] So auch Wittneben, GRUR 2006, S. 814, 816; Humberg, JR 2005, S. 89, 91.

b) Vermarktungsrechte von Vereinen und Verbänden als Veranstalter oder Mitveranstalter von Sportveranstaltungen

aa) Verbands-Vermarktung von Großereignissen

55 Großereignisse werden durch internationale Dachsportverbände als alleinige Veranstalter durchgeführt. Diese sind Inhaber sämtlicher Rechte an der Veranstaltung und können über diese Rechte verfügen (mediale Vermarktung, insbesondere die audiovisuelle Vermarktung sowie die Marketingrechte: Marken- und Namensrechte usw.). In der Praxis werden durch die Veranstalter für die einzelnen Großveranstaltungen gesonderte Reglements oder Veranstalterrichtlinien aufgestellt (z. B. Ausrüsterreglement, Medien und Marketing usw.), die gegenüber den Mitgliedsverbänden und Einzelsportlern sowie gegenüber Vertragspartnern wie Sponsoren zu beachten sind.

56 Bereits im Vorfeld eines Großereignisses lassen sich die Dachsportverbände als Veranstalter bestimmte Befugnisse vertraglich einräumen. Dabei werden u. a. Austragungs-Städte (»Host Cities«) und Staaten vertraglich gebunden z. B. im Hinblick auf den Ausbau ihrer Sportstätten und ihrer Infrastruktur. Hinzu kommen Vereinbarungen über die Nutzung von Marken wie »Olympia«, die Einräumung von Verwaltungsprivilegien wie die Sondernutzung von Straßen im Umfeld von Sportstätten (»Olympic lane«) und schließlich die Pflicht zur Gewährleistung von Rechtsvorgaben gegenüber den Bürgern des Gastgeberlandes, z. B. wenn es um die Durchsetzung von Markenrechten in Bezug auf das Ereignis geht. In zahlreichen Staaten sind Gesetze geschaffen worden, die einen markenrechtlichen Schutz für Großveranstalter schaffen. In Deutschland ist das **Gesetz zum Schutz des olympischen Emblems und der olympischen Bezeichnungen** (OlympSchG; → V 45) zu beachten, das im Zuge der Olympia-Bewerbung Leipzigs 2004 in Kraft trat. Das Gesetz ermächtigt staatliche Behörden, zur Einhaltung der schutzfähigen olympischen Bezeichnungen und des olympischen Emblems tätig zu werden.

57 Weitere Verträge werden mit den nationalen Verbänden und den Stadionbetreibern abgeschlossen. Welches nationale Recht auf diese Verträge anzuwenden ist, kann, soweit es sich um Verträge zwischen Privaten handelt, der Parteiautonomie entsprechend zwischen diesen vereinbart werden, wobei typischer Weise das Recht am Sitz des Veranstalters (und nicht am Austragungsort) gewählt wird.

bb) Ticketing

Von großer wirtschaftlicher Relevanz ist die Vermarktung von Sportveranstaltungen durch Eintrittsgelder der Zuschauer. Voraussetzung ist, dass der Verband bzw. Verein Veranstalter oder Mitveranstalter des Sportereignisses und entsprechend Inhaber des Hausrechts ist. Auf der Grundlage dieser besitz- und eigentumsschützenden Position steht es dem Veranstalter frei zu entscheiden, wem er zu welchen Konditionen zur Sportstätte Zutritt gewähren will. Dies geschieht in der Regel durch einen Vertrag, dessen Inhalt als Ticket in Gestalt eines Inhaberpapiers im Sinne des § 807 BGB (nicht-personalisiert) bzw. Namenspapiers gem. § 808 BGB (peronalisiert) verbrieft ist und dem Schuldner bei Vorlage das Recht auf Zutritt verschafft.[35] 58

Fraglich ist, wie der Vertrag zwischen dem Zuschauer und dem Veranstalter rechtlich einzuordnen ist. Zum einen wird vertreten, dass es sich um einen Werkvertrag im Sinne des § 631 ff. BGB handelt, wobei der geschuldete Erfolg in der Durchführung einer Sportveranstaltung liegen soll. Allerdings ist dabei nicht immer eindeutig zu erkennen, was als konkreter Erfolg bei der Durchführung eines Sportevents geschuldet ist, insbesondere im Hinblick auf die angebotene sportliche Qualität. Überzeugender ist daher die Auffassung, die derartige Verträge regelmäßig als gemischte Verträge mit dienst- und mietvertraglichen Elementen qualifiziert. Die Durchführung der Sportveranstaltung stellt dabei die Dienstleistung im Sinn von § 611 BGB dar, während der »Kauf« eines Sitzplatzes als Miete einzuordnen ist. Dies entspricht auch am ehesten der Erwartungshaltung des Zuschauers beim Erwerb eines Tickets.[36] 59

Die Veranstalter können durch allgemeine Geschäftsbedingungen (sog. **Ticket-AGB**) zahlreiche Regelungen in den Vertrag mit einbeziehen. Diese müssen den gesetzlichen Anforderungen der §§ 305 ff. BGB genügen. Gem. § 305 Abs. 2 BGB werden sie demnach nur dann wirksamer Bestandteil eines Vertrags, wenn der Veranstalter bei Vertragsschluss auf sie hinweist und der anderen Vertragspartei die Möglichkeit verschafft, in zumutbarer Weise von ihrem Inhalt Kenntnis zu nehmen und wenn die andere Vertragspartei sich mit ihrer Geltung einverstanden erklärt. In den Ticket-AGB kann beispielsweise ausgeschlossen werden, Fotos oder Filmsequenzen aus dem Stadion verwerten zu dürfen. 60

Problematisch ist im Profisport vor allem das im Rahmen neuer Vertriebsmöglichkeiten über das Internet entstandene Phänomen des sog. **Zweitmarkts**. Dabei handelt es sich um einen nicht autorisierten Markt, auf dem sich Händler Karten über verschiedene Quellen besorgen, um sie zu deutlich höheren Preisen weiter zu 61

---

[35] Vertiefend dazu: Holzhäuser, Hdb Fußball-Rechte, 18, Rdnr. 23 ff.

[36] Fritzweiler, PHB Sportrecht, 3, Rdnr. 159; von Appen, Hdb Fußball-Rechte, 4, Rdnr. 18.

verkaufen. Dabei obliegt es den Vereinen selbst, ihre Allgemeinen Geschäftsbedingungen beim Ticketverkauf so auszugestalten, dass ein Kauf von Tickets unter Verschleierung der Wiederverkaufsabsicht untersagt wird. Eine solche Beschränkung hat der BGH als zulässig erachtet.[37]

cc) Hospitality

62 Im Profisportbereich, insbesondere im Fußball, ist die Vermarktung durch Hospitality-Maßnahmen eine wichtige Einnahmequelle der Sportveranstalter. Mittlerweile verfügen die meisten größeren Stadien über eine bestimmte Anzahl von Hospitality-Logen, in denen VIP-Zuschauer während der Sportereignisse bewirtet werden. Es gibt verschiedene Pakete, die sich nach Inhalt der Leistungen unterscheiden. Ein Paket umfasst regelmäßig ein Ticket für den Logen-Bereich und das Catering während des Sportereignisses. Bei Großveranstaltungen sind zusätzliche Leistungen wie die Organisation von Anreise, Unterkunft und Rahmenprogramm Bestandteil von Hospitality-Paketen.[38]

63 Rechtlich sind Hospitality-Vereinbarungen als typengemischte Verträge einzuordnen. Je nach konkreter Ausgestaltung und Umfang des entsprechenden Hospitality-Pakets können verschiedene Elemente des Kauf- (§§ 433 ff. BGB), Dienst- (§§ 611 ff. BGB) oder Mietvertragsrechts (§§ 535 ff. BGB) kummulieren und die entsprechenden Regelungen zur Anwendung kommen.

dd) Vermarktung audiovisueller Rechte

64 Das Recht des Veranstalters zur Lizenzvergabe an audiovisuellen Leistungen wird aus seinem Hausrecht an der Sportstätte abgeleitet (aus §§ 1004, 903 BGB bzw. §§ 862, 859 BGB). Grundsätzlich liegt durch die Inanspruchnahme der Rechte durch Dritte z. B. an Medieninhalten ein Eingriff in die Rechte des Hausrechtsinhabers vor. Im Rahmen der Lizenzvergabe auf Grundlage des Hausrechts überträgt der Veranstalter demnach genau genommen nicht sein Nutzungsrecht, sondern verzichtet auf die Geltendmachung von Abwehransprüchen, die ihm aufgrund seines Hausrechts zustehen.

65 In der Rechtsprechung werden zudem wettbewerbsrechtliche Aspekte bei der Frage nach den rechtlichen Möglichkeiten zur Verwertung von »Übertragungsrechten« mit einbezogen. Der BGH hat in seiner Entscheidung »hartplatzhelden.

[37] BGH NJW 2009, S. 1504 ff.

[38] Zu den verschiedenen Hopitality-Paketen ausführlich: von Appen, Hdb Fußball-Rechte, 4, Rdnr. 5 ff.

de« allerdings keinen Verstoß gegen wettbewerbsrechtliche Vorschriften des UWG angenommen und damit die Urteile der Vorinstanzen[39] aufgehoben. Nach Auffassung des BGH liegt insbesondere kein Verstoß gegen § 4 Nr. 9 UWG vor, da die Aufzeichnung eines Fußballspiels keine Nachahmung einer in dem Spiel selbst oder in dessen Veranstaltung oder Durchführung bestehenden Leistung sei, sondern eine daran anknüpfende eigenständige Leistung darstelle.[40]

Ob diese Überlegungen jedoch auch auf den Profisport anzuwenden sind, ist fraglich. Der Entscheidung lag jedenfalls eine rechtliche Bewertung im Bereich des Amateurfußballs zugrunde. Mit Bezug hierauf hat der BGH ausgeführt, dass insbesondere ein Leistungsschutz für den Veranstalter eines Amateurfußballspiels nicht erforderlich sei, weil der Veranstalter keine erheblichen Investitionen getätigt habe,[41] da es sich um einen Fall aus dem Amateurbereich handelte, zudem wurde auf die Möglichkeit des Schutzes über § 3 UWG bezüglich des Profisports hingewiesen.

Bei Veranstaltungen, die im öffentlichen Verkehrsraum stattfinden wie z. B. 66
Radrennen oder Marathonläufe, kann es keine Exklusivrechte an Bildern geben, weil sie von jedermann wahrgenommen werden können.[42] Allerdings können Exklusivrechte an den Bildern eingeräumt werden, die von Begleitfahrzeugen des Veranstalters aus aufgenommen werden.

ee) Zentralvermarktung

Typischerweise wird in den Profisportligen die Vermarktung nicht den Vereinen 67
überlassen, vielmehr erfolgt sie auf der Grundlage entsprechender Verbandssatzungen zentral durch den jeweiligen Ligaverband.[43] In diesen Fällen vermarktet der Verband selbst die Sportereignisse, die von den Vereinen durchgeführt werden. Der einzelne Verein kann über die in der Satzung dem Verband vorbehaltenen Rechte nicht mehr verfügen.

Bei der Zentralvermarktung werden die exklusiven Rechte ausschließlich 68
durch den Zentralverband vergeben. Umfasst sind, je nach Sportart und entsprechender Popularität, unterschiedliche Fernseh-, Hörfunk- und weitere Rechte für verschiedene Übertragungstechnologien. In der Lizenz wird regelmäßig auch die Verwertung in zeitlicher Hinsicht festgelegt. Zu unterscheiden sind dabei das

[39] LG Stuttgart, MMR 2008, S. 551 ff.; OLG Stuttgart, MMR 2009, S. 395 ff.

[40] BGH, GRUR 2011, S. 436, 437.

[41] BGH, GRUR 2011, S. 436, 438.

[42] Analog zur »Panoramafreiheit« des § 59 UrhG.

[43] Vgl. etwa § 17 der Ordnung für die Verwertung kommerzieller Rechte in der Fußballbundesliga (OVR).

Recht zur Live-Übertragung sowie die Erst-, Zweit- und Drittverwertungsrechte. Die Lizenz wird durch Vertrag vergeben. Die Vergabe kann in einem Bieterverfahren an den Höchstbietenden erfolgen und somit nach rein wirtschaftlichen Kriterien. Die Beträge sind durch das Medieninteresse in den letzten Jahren stark gestiegen. Im Hinblick auf den öffentlichrechtlichen Rundfunk wird in diesem Zusammenhang immer wieder die Frage nach der »Grundversorgungsrelevanz« dieser Sportveranstaltungen gestellt.

69 Vereine oder Sportunternehmen sind daneben grundsätzlich in der Lage, auch Medienrechte selbst zu vermarkten, sofern diese nicht bereits durch den entsprechenden Sport- bzw. Ligaverband zentral vermarktet werden.[44] Letzteres ist bei Rechten an Sportveranstaltungen selbst häufig der Fall. Daneben sind aber auch Vereins-Pressekonferenzen und weitere Medienformate rund um Sportvereine und -veranstaltungen vermarktungsfähig und werden auf dafür geschaffenen Vermarktungsplattformen, wie vereinseigenen Zeitungen und Zeitschriften, vereinseigenen Webseiten und TV-Sendern usw. angeboten. Der Verein als Hausrechtsinhaber darf auch selbst darüber bestimmten, wer die Rechte erwerben darf und wer ggfs. von einzelnen Pressekonferenzen ausgeschlossen werden kann, ohne dass es zur Verletzung von Medienfreiheiten kommt.[45]

ff) Spieldaten

70 Spezifische Rechte der Verbände sind zudem die im Zusammenhang mit der Organisation des Wettkampfbetriebs stehenden Rechte an Spieldaten, die aus den sportlichen Ereignissen resultieren. Gemeint sind z. B. Daten wie Spielpläne und Tabellen, aber auch Einzelstatistiken über Sportler etc. Ob diese urheberrechtlichen Schutz genießen können, ist bisher nicht eindeutig durch die Rechtsprechung geklärt. Mangels Schöpfungshöhe ist die Frage wohl zu verneinen, weil Ergebnisse als solche nicht im urheberrechtlichen Sinne geschaffen werden, sondern sich zufällig ergeben.[46]

gg) Ambush Marketing

71 Aufgrund der hohen wirtschaftlichen Bedeutung von Exklusivitätsrechten versuchen Dritte, die nicht in einem vertraglichen Verhältnis zum austragenden

---

[44] Zentralvermarktet werden z. B. die Medienrechte der 1.–3. Fußballligen durch die DFL, der 1. und 2. Handballbundesliga durch die HBL.

[45] OLG München, GRUR-RR 2010, S. 769 ff., »Pressekonferenz«.

[46] Weiterführend: Onzek, Causa Sport 2010, S. 292, 296 ff.

Verband stehen, sich den Werbewert einer Sportveranstaltung zum eigenen geschäftlichen Zweck zu Nutze zu machen (sog. **Ambush-Marketing**). Z. B. werden einzelne Produktnamen, Symbole, Orte oder Akteure gewählt, die beim Durchschnittsverbraucher den Eindruck erwecken, mit einem bestimmten Sportereignis im Zusammenhang zu stehen.[47]

Werden in diesem Fall Namen, Bildnisse oder Symbole unbefugt, d. h. ohne ausdrückliche Erlaubnis des Rechteinhabers für eigene Werbezwecke genutzt, kann dies mit Hilfe der entsprechenden Schutzrechte unterbunden werden. Denkbar sind vor allem Unterlassungs- und Schadensersatzansprüche. Soweit das allgemeine Persönlichkeitsrecht verletzt ist, kommt als Anspruchsgrundlage für Schadensersatz § 823 Abs. 1 BGB (Persönlichkeitsrecht als »sonstiges Recht«) oder § 823 Abs. 2 BGB i. V. m. dem entsprechenden Schutzgesetz z. B. § 22 KUG in Betracht 72

Problematischer und rechtlich schwieriger zu lösen ist hingegen der Fall, wenn im Rahmen innovativer Werbemaßnahmen nicht offensichtlich Schutzrechte (Urheberrechte, Markenrechte oder das Hausrecht) des Veranstalters verletzt werden. Hier stellt sich die Frage, wer dann das größere Schutzbedürfnis hat. Auf der einen Seite stehen die Veranstalter, die versuchen, den Schutz der eigenen Marken und die ihrer exklusiven Sponsoren aufrechtzuerhalten oder auszudehnen. Auf der anderen Seite stehen die »Ambusher«, die sich auf einen freien Wettbewerb berufen und ihre Werbung zu aktuellen Veranstaltungen in Bezug setzen wollen. 73

Im deutschen Recht gibt es zur Abwehr solcher Marketingmaßnahmen keine speziellen Vorschriften. Zwar hält das UWG eine Vielzahl von wettbewerbsrechtlichen Abwehrnormen parat,[48] der Tatbestand des Ambush-Marketing wird hierdurch jedoch selten erfasst. Allerdings dürfte die wettbewerbsrechtliche Generalklausel des § 3 UWG eine Grundlage bieten, die zumindest vor einer anlehnenden Rufausbeutung im Rahmen von Ambush-Marketing-Maßnahmen schützt.[49] 74

c) Normative Grenzen der Vermarktung von Vereinen und Verbänden

Grenzen der Vermarktung von Vereinen und Verbänden bilden insbesondere verbandsrechtliche Regelungen selbst sowie einzelne staatliche Vorschriften. **Verbandsrechtliche Werbebeschränkungen** betreffen häufig Werbe- oder Sponso- 75

[47] Z. B. VW Sondermodelle »TEAM« während der WM 2010; Aktion »Go Heinrich go« beim Berlin-Marathon durch Nike.

[48] Vgl. etwa das Verbot der irreführenden Werbung, § 3, 5 UWG bzw. der vergleichenden Werbung, § 6 UWG.

[49] Ausführlich hierzu: Heermann, Ambush Marketing bei Sportveranstaltungen.

ringverbote. So ist z.B. in Punkt 2.2. der Werbeordnung des Deutschen Volleyballverbandes (DVV) verankert, dass Werbung unzulässig ist, wenn sie die Zuschauer vom Spielereignis ablenkt, den geltenden Rechtsvorschriften widerspricht, gegen die guten Sitten verstößt, Aussagen trifft für politische oder religiöse Gruppierungen, für gesundheitsschädliche Produkte (z.B. Tabakwaren, Spirituosen), ihre Hersteller und ihren Handel oder für mit sportlichen Grundsätzen unvereinbare Ziele wirbt oder die Erkennbarkeit der Trikotnummer erschwert. § 15 Punkt 2 der DFB-Satzung (→ V 55) verbietet Änderungen, Ergänzungen oder Neugebungen von Vereinsnamen und Vereinszeichen zum Zwecke der Werbung.[50]

In einzelnen Satzungen ist eine Zentralvermarktung geregelt, was gleichzeitig eine Begrenzung der individuellen Vermarktungsmöglichkeiten für Übertragungsrechte bedeutet.

76 Neben den verbandsinternen sind auch hier **staatliche Normen** zu beachten. Sofern eine Zentralvermarktung vorgesehen ist, gelten für den ausführenden Verband wiederum die Anforderungen des staatlichen Kartellrechts, wonach insbesondere die Art. 101, 102 AEUV sowie die Vorschriften des GWB zu berücksichtigen sind.

77 Zudem muss bei der Vermarktung von Medienrechten die Maßgabe der AVMD-Richtlinie sowie des RStV beachtet werden, wonach bestimmte Sport-Großereignisse im Free-TV zu empfangen sein müssen. Daneben räumen AVMD-RL und RStV das Recht der Kurzberichterstattung ein, was wiederum eine Beschränkung der Exklusivität darstellt (→ *9* Rdnr. 10). Im Bereich des Merchandisings ergeben sich Grenzen durch konkrete Produktsicherheits- und Kennzeichnungsvorschriften; für den Bereich Hospitality durch strafrechtliche Normen, wenn es um die Weitergabe von Tickets an Amtsträger geht, die damit in ihren Entscheidungen beeinflusst werden könnten (→ *6* Rdnr. 20).

3. Vermarktung und Sponsoring durch die Medien

a) Leistungsschutz des Sendeveranstalters

78 Grundsätzlich entscheidet der Hausrechtsinhaber, wer im Rahmen eines Sportereignisses Foto- und Filmaufnahmen erstellen darf. Sofern ein Lizenzvertrag mit einem Sendeveranstalter abgeschlossen ist und der Veranstalter über ein Sportereignis berichtet und hierzu geschnittenes Material in moderierter Form ausgestrahlt, ist diese Sendung als Filmwerk gem. § 2 Abs. 1 Nr. 6 UrhG urheberrechtlich geschützt. Am Fernsehbeitrag hat der Hersteller der Funksendung dann das

[50] RB Leipzig, Carl Zeiss Jena, Bayer Leverkusen, LR Ahlen.

Senderecht gem. § 20 UrhG. (Damit unterscheidet sich die Sendung von dem Sportereignis als solchem, das regelmäßig keinen urheberrechtlichen Schutz genießt.) Insbesondere das Recht zur Wiedergabe von Funksendungen liegt dann bei dem betreffenden Sender (§ 22 UrhG). Grundsätzlich kann er auch gem. § 87 Abs. 1 Nr. 3 UrhG darüber bestimmen, ob seine Funksendung im Wege des »public viewing« öffentlich wahrnehmbar gemacht wird, wenn hierfür ein Eintrittsgeld erhoben wird.

b) Urheberrechtlicher Schutz des Übertragungsmediums

Von bestimmten Sportveranstaltern wird lediglich ein Medienunternehmen zur 79
Aufnahme von Filmmaterial zugelassen, das dieses dann an bestimmte Verwerter, insbesondere Fernsehsender weitergibt. Wird der Werkcharakter des § 2 UrhG nicht erreicht, was regelmäßig bei ungeschnittenem und unkommentiertem Material der Fall sein wird, handelt es sich um sog. Laufbilder und es besteht lediglich ein Leistungsschutzrecht gem. 95 UrhG.

c) Sendungssponsoring

In der Praxis verabredet der Verband häufig in den Lizenzvereinbarungen mit 80
dem Medienunternehmen, dass in der Sendung Werbung seiner Sponsoren zu platzieren ist. Zu beachten sind dabei allerdings die im Rundfunkstaatsvertag enthaltenen zeitlichen Werbegrenzen. Danach darf nach 20 Uhr sowie an Sonn- und Feiertagen im öffentlichrechtlichen Rundfunk auch in Sportsendungen keine Werbung ausgestrahlt werden (§ 16 Abs. 1 Satz 4 RStV). Sponsorenhinweise sind zwar grundsätzlich nach 20 Uhr ebenfalls nicht mehr gestattet, eine Ausnahme besteht indessen für Großereignisse (§ 16 Abs. 6 RStV). Für Privatsender gelten die allgemeinen Vorgaben für Sponsoring im Rundfunk gem. §§ 7 ff. RStV, die weniger streng ausgestaltet sind.

4. Vermarktung und Sponsoring mit Hilfe von Vermarktern

Vermarkter sind externe Dienstleister, die Sportlern, Sportvereinen und -verbän- 81
den die Möglichkeit bieten, sich darzustellen und daraus wirtschaftlichen Gewinn zu ziehen. Sie vermitteln zwischen Sportveranstaltern und potentiellen Geldgebern, indem sie entweder gezielt Sponsoren ansprechen oder neue Vermarktungsmöglichkeiten entwickeln. Zu ihrem Geschäftsfeld gehört es zudem, Sportlern, Vereinen oder Verbänden ganze Rechtepakete abzukaufen, um diese dann selbständig an Dritte weiter zu vermarkten. Im Einzelnen gibt es sehr unter-

schiedliche Geschäftsmodelle, die jedoch alle auf der Wertschöpfung durch den Weiterverkauf dieser Rechte beruhen.

Aus rechtlicher Sicht sind unterschiedliche Ausgestaltungen des Vertragsverhältnisses zwischen dem Rechteinhaber und dem Verwerter denkbar. In vielen Fällen handelt es sich um einen Maklervertrag, es kann jedoch auch ein gemischten Vertrag aus Rechtekauf, ein Geschäftsbesorgungsvertrag und eventuell ein Darlehensvertrag sein.

Vermarktung und Sponsoring kompakt

- Vermarktung und Sponsoring sind keine rechtlichen Kategorien.
- Vermarktungsfähige Rechte sind insbesondere Persönlichkeitsrechte, Markenrechte und aus dem Eigentum bzw. dem Hausrecht abzuleitende Exklusivitätsrechte.
- Die Vermarktung von exklusiven Sportrechten erfolgt häufig über die rechtliche Konstruktion einer »Einwilligung in den Eingriff« in die jeweiligen Rechtspositionen.
- Die Rechteeinräumung erfolgt durch Vertrag, bei dessen inhaltlicher Ausgestaltung die Vertragsparteien grundsätzlich frei sind.
- Die Vermarktung in einzelnen Vermarktungsbereichen erfordert die Kenntnis einer Vielzahl von Vertragskonstellationen.

Vertiefende Literatur

Mahler, Till: Ist ein neuer Veranstalterbegriff für den professionellen Ligasport notwendig?, SpuRt 2001, S. 8ff.

Winter, Michael: Das Fehlen eines Kurzberichterstattungsrechts für Hörfunksender: Ein Manko des geltenden Rundfunkrechts, SpuRt 2004, S. 98ff.

von Coelln, Christian: Hörfunkberichterstattung aus dem Stadion: Ein Konflikt zwischen Medienfreiheit und Vermarktungsrechten Teil 1, SpuRt 2006, S. 134ff.; Teil 2, SpuRt 2006, S. 185ff.

Nieder, Michael/ Rauscher, Oliver: Inhalt und Reichweite des Olympiaschutzgesetzes, SpuRt 2006, S. 237ff.

Kusulis, Christian/ Wichert, Joachim: Kommerzielle Nutzung des Namens von Sportlern, SpuRt 2008, S. 53ff.

Heermann, Peter W.: Ausschliesslichkeitsbindungen in Sponsoringverträgen aus kartellrechtlicher Sicht, Causa Sport 2009, S. 226ff.

ders., Sportsponsoring und Kartellrecht, WRP 2009, S. 285ff.

Bergmann, Bettina: Sportsponsoring und Kartellrecht – was müssen Sponsoren, Verbände, Vereine beachten?, SpuRt 2009, S. 102 ff.

Stopper, Martin: Bundesliga vs. Bundeskartellamt: »Alles auf Anfang«, SpuRt 2009, S. 237 ff.

Holzhäuser, Felix: Weiterverkäufe von Fußball-Tickets über Internet-Ticketplattformen – SpuRt 2011, S. 106 ff.

Manssen, Gerrit: Der Host-City-Vertrag des IOC und das deutsche Kommunalrecht, SpuRt 2011, S. 178 ff.

Poll, Günther: Sportübertragungsrechte und »geistiges Eigentum«, SpuRt 2012, S. 5 ff.

Röhl, Christoph: Schutzrechte an Fußballspielplänen – Endgültige Absage durch den EuGH?, SpuRt 2012, S. 90 ff.

ders: Der »gläserne« Sportler – Spielstatistiken und das Urheberrecht, SpuRt 2012, S. 137 ff.

Holzhäuser, Felix: Ticketing, 18, Rdnr. 1 ff., in: Stopper/Lentze, Handbuch Fußball-Recht, 2012.

Stopper, Martin: Fußball-Rechte, 1, Rdnr. 5 ff., in: Stopper/Lentze, Handbuch Fußball-Recht, 2012.

von Appen, Jörg: Hospitality-Rechte, 4, Rdnr. 5 ff., in: Stopper/Lentze, Handbuch Fußball-Recht, 2012.

Heermann, Peter W: Ergänzender wettbewerbsrechtlicher Leistungsschutz i. S. von § 4 Nr. 9 UWG zu Gunsten von Sportveranstaltern?, SpuRt 2013, S. 56 ff.

11. Kapitel: Sport und Steuern

I. Sportvereine und -verbände im Steuerrecht

1. Der Sportbegriff im Steuerrecht

1 Die an der Organisation und Förderung des Sports beteiligten Körperschaften, die ihren Sitz in Deutschland haben, unterliegen als Steuersubjekte verschiedenen Steuergesetzen. Besonderheiten bezüglich der steuerlichen Behandlung von Sportvereinen und Sportverbänden ergeben sich aus § 52 Abs. 2 Nr. 21 AO (→ V 47). Hiernach ist die Förderung des Sports als Gemeinnützigkeitstatbestand Anknüpfungspunkt für die steuerliche Begünstigung in einzelnen Steuerarten.

2 Bei der Subsumtion des Tatbestands **Sport** wird in tatsächlicher Hinsicht auf die Erbringung von Leistung ohne Arbeitszweck und Gewinnstreben in Training, Spiel oder Wettkampf sowie auf eine allgemeine körperliche Ertüchtigung über das gewöhnliche Maß hinaus abgestellt. Mangels körperlicher Ertüchtigung hat der Bundesfinanzhof (BFH) etwa Tischfußball, Bridge oder Skat nicht als Sport im Sinne des § 52 Abs. 2 Nr. 21 AO anerkannt.[1] Dagegen zählt Motorsport in all seinen Facetten zum Sport, weil das Merkmal der körperlichen Ertüchtigung als erfüllt angesehen wird, auch wenn hierbei Material und Technik wesentliche Aspekte für den sportlichen Erfolg darstellen.[2] Umstritten war die körperliche Ertüchtigung beim **Schachspiel,** so dass sich der Gesetzgeber veranlasst sah, eine ausdrückliche Verankerung von Schach in § 52 Abs. 2 Nr. 21 AO vorzunehmen.

2. Bedingungen der Gemeinnützigkeit

3 Sportvereine und Sportverbände verfolgen nach § 52 Abs. 1 AO gemeinnützige Zwecke, wenn ihre Tätigkeit darauf gerichtet ist, die Allgemeinheit auf materiellem, geistigem oder sittlichem Gebiet selbstlos zu fördern.

Die **Selbstlosigkeit** ist nach § 55 AO gegeben, wenn durch die Betätigung nicht in erster Linie eigenwirtschaftliche Zwecke verfolgt werden. Stehen gewerbliche

[1] Ausführlich hierzu Holzke, Der Begriff Sport im deutschen und im europäischen Recht, S. 183 ff.

[2] Vgl. Steiner, Steuerrecht im Sport, Rdnr. 15 f.

oder sonstige Zwecke im Vordergrund, so gilt nach der sog. **Geprägetheorie** die Körperschaft dann nicht als steuerbegünstigt, wenn ihr die wirtschaftliche Betätigung bei einer Gesamtbetrachtung das Gepräge gibt.[3]

Darüber hinaus dürfen die Mittel der gemeinnützigen Sportvereine und Sportverbände nur für die satzungsmäßigen Zwecke verwendet werden. Die Mitglieder dürfen keine Gewinnanteile und in ihrer Eigenschaft als Mitglieder auch keine sonstigen Zuwendungen auf Kosten des Vereins oder Verbandes erhalten. Auch andere Personen dürfen nicht durch Ausgaben, die dem Zweck des Vereins oder Verbandes fremd sind, oder durch unverhältnismäßig hohe Vergütungen begünstigt werden. Nach dem **Grundsatz der Vermögensbindung** darf das Vermögen, soweit es die eingezahlten Kapitalanteile der Mitglieder und den gemeinen Wert der von den Mitgliedern geleisteten Sacheinlagen übersteigt, bei Auflösung oder Aufhebung der Körperschaft oder bei Wegfall ihres bisherigen Zwecks nur für steuerbegünstigte Zwecke verwendet werden. Diese Bedingung ist auch erfüllt, wenn das Vermögen einer anderen steuerbegünstigten Körperschaft oder einer juristischen Person des öffentlichen Rechts für steuerbegünstigte Zwecke übertragen werden soll. 4

Gemeinnützige Sportvereine und Sportverbände sind gehalten, ihre Mittel grundsätzlich zeitnah für die satzungsgemäße Förderung des Sports zu verwenden. Eine **zeitnahe Mittelverwendung** ist gegeben, wenn die Mittel spätestens in dem auf den Zufluss folgenden Kalender- oder Wirtschaftsjahr für die steuerbegünstigten satzungsmäßigen Zwecke verwendet werden. Ausnahmsweise können gebundene **Rücklagen** gebildet werden, soweit diese notwendig sind für bestimmte Vorhaben, die dem ideellen Satzungszweck dienen, für wiederkehrende Ausgaben wie Mieten oder Lohnzahlungen oder für die Erhaltung des Vereinsvermögens wie zum Beispiel Reparatur- und Wartungsmaßnahmen an Sportgeräten oder Sportstätten. Dagegen sind freie Rücklagen nur bis zu 10 Prozent der Mittel, die zeitnah zu verwenden sind, sowie bis zu einem Drittel aus den Mitteln der Vermögensverwaltung zulässig. 5

Nach § 51 AO werden die Steuervergünstigungen nur gewährt, wenn die Sportvereine und Sportverbände den gemeinnützigen Zweck **ausschließlich** und **unmittelbar** verfolgen. Die gemeinnützigen Sportvereine und Sportverbände sind gem. § 56 AO gehalten, lediglich ihre steuerbegünstigten satzungsmäßigen Zwecke zu verfolgen. Der Grundsatz der Ausschließlichkeit wird allerdings durch das sog. Nebenzweckprivileg durchbrochen, wonach sich die Körperschaft im Nebenzweck wirtschaftlich betätigen darf. Unmittelbarkeit ist gem. § 57 AO gegeben, wenn die Körperschaft die steuerbegünstigten satzungsmäßigen Zwecke 6

[3] AEAO Nr. 2 zu § 55.

selbst verwirklicht. Ausnahmen bilden sog. **Sportfördervereine**. Diese haben den Zweck, eine andere Körperschaft oder auch eine Sportveranstaltung zu unterstützen. Voraussetzung ist auch hier, dass gemeinnützigen Zwecke gefördert werden.

7 Die **Anerkennung der Gemeinnützigkeit** erfolgt durch die Ausstellung eines sog. Freistellungsbescheides durch das zuständige Finanzamt. Das Finanzamt überprüft hierfür, ob in der Satzung die entsprechenden Bedingungen für die Gemeinnützigkeit festgelegt sind und inwieweit die Satzungsbestimmungen in der Praxis auch umgesetzt werden. Die tatsächliche Geschäftsführung muss mit der Satzung übereinstimmen und darauf abzielen, die steuerbegünstigten Zwecke ausschließlich und unmittelbar zu erreichen. In der Regel fordern die Finanzämter deshalb Tätigkeitsberichte von den Vereinen oder Sportverbänden an.

8 Wird durch das Finanzamt der Freistellungsbescheid erteilt, ist der Verein oder Verband berechtigt, **Spendenbestätigungen** für unentgeltliche Zuwendungen auszustellen, wodurch der Spender im Rahmen seiner eigenen Ertragssteuerpflicht die Zuwendung an die gemeinnützige Körperschaft als Sonderausgabe geltend machen kann.

3. Tätigkeitsbereiche

9 Da Sportvereine und Sportverbände in unterschiedlicher Weise am Rechts- und Wirtschaftsverkehr teilnehmen, werden die Betätigungsfelder der gemeinnützigen Sportorganisationen verschiedenen Vermögensphären zugeordnet.

Der **ideelle Bereich** umfasst die Betätigung im Rahmen des satzungsgemäßen steuerbegünstigen Zwecks, bei Sportvereinen und Sportverbänden mithin die Förderung des Sports bzw. die Durchführung des eigentlichen Sportbetriebs.

Wird Vermögen nutzbar gemacht, zum Beispiel Kapitalvermögen verzinslich angelegt oder unbewegliches Vermögen vermietet oder verpachtet, handelt es sich nach § 14 Satz 3 AO um **Vermögensverwaltung**.

10 Werden durch selbständige und nachhaltige Betätigungen Einnahmen erzielt, die über die Vermögensverwaltung hinausgehen, z. B. Verkauf von Merchandising-Produkten, so wird diese Tätigkeit nach § 14 Satz 1 und 2 AO einem **wirtschaftlichen Geschäftsbetrieb** zugeordnet, wobei keine Gewinnerzielung beabsichtigt sein muss. Im Unterschied zur Vermögensverwaltung werden im wirtschaftlichen Geschäftsbetrieb durch die Erwerbstätigkeit neue Vermögenswerte geschaffen, während bei der Vermögensverwaltung bereits vorhandenes Vermögen für die Einnahmeerzielung eingesetzt wird.

11 Dienen die Einnahmen aus dem wirtschaftlichen Geschäftsbetrieb nach § 65 AO dazu, den satzungsmäßigen steuerbegünstigten Zweck des Vereins oder Ver-

bands zu erfüllen und kann der Zweck nur durch einen solchen Geschäftsbetrieb erreicht werden, handelt es sich um einen **steuerbegünstigten Zweckbetrieb**.

4. Einzelne Steuerarten

Bei einzelnen Steuerarten ergeben sich durch die Anerkennung der Gemeinnützigkeit steuerliche Vergünstigungen.

a) Körperschaftssteuer

Durch die **Körperschaftssteuer** werden die Einnahmen der Körperschaft besteuert, vergleichbar mit der Einkommenssteuer bei einkommenserzielenden natürlichen Personen. Unterschieden wird im Einzelnen, in welchem Tätigkeitsbereich die entsprechenden Einnahmen erzielt werden: Einnahmen im ideellen Bereich sind nach § 5 Abs. 1 Nr. 9 KStG von der Körperschaftssteuer befreit. Hierzu zählen insbesondere die Einnahmen aus Mitgliedsbeiträgen, Spenden und Zuschüssen von öffentlichrechtlichen Körperschaften. Ebenso sind Einnahmen aus der Vermögensverwaltung von der Körperschaftssteuer befreit. Gewinne, die im wirtschaftlichen Geschäftsbetrieb erzielt werden, z. B. aus dem Verkauf von Speisen und Getränken oder Merchandisingartikeln, unterliegen dagegen grundsätzlich der Körperschaftssteuer. 12

Allerdings werden gem. § 64 Abs. 3 AO gemeinnützige Sportvereine, die einen wirtschaftlichen Geschäftsbetrieb von nur geringem Umfang aufweisen, steuerlich begünstigt. Übersteigen nämlich die Einnahmen einschließlich Umsatzsteuer aus wirtschaftlichen Geschäftsbetrieben insgesamt 35.000 EUR im Jahr nicht, so ist der Verein von der Körperschaftssteuer befreit. 13

Liegen die Bruttoeinnahmen über dieser Grenze, wird der Verein körperschaftssteuerpflichtig. Er kann dann aber gem. § 24 KStG von dem zu versteuernden Gewinn einen Freibetrag in Höhe von 5.000 EUR abziehen.

Bei der Unterscheidung von **Spenden und Sponsorleistungen** kommt es auf die Gegenleistung an. Während eine Spende nicht in Erwartung einer konkreten Gegenleistung erbracht wird, stellt das Sponsoring eine entgeltliche Leistung dar und wird deshalb dem wirtschaftlichen Geschäftsbetrieb zugeordnet. 14

Für die Steuerbegünstigung im Zweckbetrieb dürfen die Einnahmen einschließlich Umsatzsteuer insgesamt 35.000 EUR im Jahr nicht übersteigen. Zu den Einnahmen im Zweckbetrieb zählen z. B. Gebühren für die Teilnahme an Sportveranstaltungen und -kursen, Eintrittsgelder, Zahlungen für die Übertragung sportlicher Veranstaltungen in Rundfunk und Fernsehen, Startgelder oder 15

Ablösezahlungen.[4] Einnahmen aus dem Verkauf von Speisen und Getränken sowie aus Werbung werden nicht als Einnahmen im Zweckbetrieb, sondern als Einnahmen im wirtschaftlichen Geschäftsbetrieb eingeordnet.

b) Gewerbesteuer

16 Die erzielten Erträge der Körperschaft sind darüber hinaus auch relevant bei der Beurteilung der Gewerbesteuerpflicht. Die Gewerbesteuer kommt unmittelbar den Gemeinden zugute, in denen die Sportvereine bzw. Sportverbände ihren Sitz haben. Wie bei der Körperschaftssteuer sind bei der Gewerbesteuer gem. § 3 Nr. 6 GewStG Einnahmen im ideellen Bereich, Erträge aus der Vermögensverwaltung und Einnahmen aus Zweckbetrieben steuerbefreit. Der wirtschaftliche Geschäftsbetrieb unterliegt dagegen der Gewerbesteuer, wenn gem. § 64 Abs. 3 AO die Bruttoeinnahmen in diesem Bereich einschließlich Umsatzsteuer im Jahr 35.000 EUR übersteigen.

c) Grundsteuer

17 Die Grundsteuer ist eine Gemeindesteuer und wird auf Grundbesitz erhoben. Grundstücke, die im Eigentum von Sportvereinen und Sportverbänden stehen und die für gemeinnützige Zwecke benutzt werden (z. B. Sportanlage, Turnhalle) sind gem. § 3 Abs. 1 Nr. 3b GrStG von der Grundsteuer befreit. Dies gilt etwa für Anlagen, die überwiegend von Amateur- und Jugendmannschaften zu Trainingszwecken oder zu Amateursportveranstaltungen ohne Eintrittsgeld benutzt werden.[5]

Die Befreiung gilt nicht, wenn auf dem Grundstück Sportveranstaltungen stattfinden, die dem steuerpflichtigen wirtschaftlichen Geschäftsbetrieb zuzuordnen sind.

d) Erbschafts- und Schenkungssteuer

18 Zuwendungen aus Schenkung oder Erbschaft an gemeinnützige Sportvereine und Sportverbände sind gem. § 13 Abs. 1 Nr. 16b ErbStG steuerfrei. Die Befreiung fällt jedoch mit Wirkung für die Vergangenheit weg, wenn die Voraussetzungen für die Anerkennung der Gemeinnützigkeit innerhalb von zehn Jahren nach der Zuwendung entfallen und das Vermögen nicht begünstigten Zwecken zugeführt wird.

---

[4] AEAO Nr. 16 zu § 67a.

[5] Burhoff, Vereinsrecht, Rdnr. 502.

e) Umsatzsteuer

Lieferungen und sonstige Leistungen, die ein Unternehmer im Inland für eine Gegenleistung (Entgelt) erbringt, unterliegen gem. § 1 Abs. 1 Nr. 1 UStG der Umsatzsteuer. Da es sich bei der Umsatzsteuer nicht um eine Ertragssteuer handelt, ist eine Gewinnerzielung keine Tatbestandsvoraussetzung. 19

Gemeinnützige Sportvereine und Sportverbände sind Unternehmer, wenn ihre Tätigkeit auf eine nachhaltige Erzielung von Einnahmen gerichtet ist.[6] Einnahmen im ideellen Bereich wie Mitgliedsbeiträge, Spenden, öffentliche Zuwendungen oder Schenkungen gehören dem nichtunternehmerischen Bereich an und sind deshalb nicht umsatzsteuerpflichtig. 20

Bei sog. unechten Mitgliedsbeiträgen, die für Leistungen gezahlt werden, die den Sonderbelangen der einzelnen Mitglieder dienen wie z. B. diverse Sportkurse, liegt ein Leistungsaustausch vor, für den Umsatzsteuer zu entrichten ist.

Eine sportspezifische Umsatzsteuerbefreiung ergibt sich aus § 4 Nr. 22b UStG. Danach sind sportliche Veranstaltungen, die von gemeinnützigen Sportvereinen oder Sportverbänden durchgeführt werden und deren Entgelt aus Teilnahmegebühren besteht, steuerfrei. Eine **sportliche Veranstaltung** ist eine organisatorische Maßnahme, die es aktiven Sportlern ermöglicht, Sport zu treiben. Eine bestimmte Organisationsform oder -struktur ist nicht erforderlich. Eine sportliche Veranstaltung liegt dann nicht vor, wenn die Maßnahme nur eine Nutzungsüberlassung von Sportgegenständen bzw. -anlagen oder bloß eine konkrete Dienstleistung, wie z. B. die Beförderung zum Ort der sportlichen Betätigung oder ein spezielles Training für einzelne Sportler, zum Gegenstand hat. Zu den Einnahmen, die durch eine sportliche Veranstaltung erlangt werden, zählen z. B. Teilnahmegebühren, Startgelder oder Gebühren für Sportkurse und Sportlehrgänge. 21

Nach der sog. **Kleinunternehmerregelung** müssen kleinere Vereine, deren Bruttoumsatz im unternehmerischen Bereich nicht mehr als 17.500 EUR betragen hat und im laufenden Kalenderjahr 50.000 EUR voraussichtlich nicht übersteigen wird, gem. § 19 Abs. 1 UStG keine Umsatzsteuer entrichten. 22

Liegt eine Umsatzsteuerpflicht vor, muss der Steuerpflichtige Umsatzsteuer an das Finanzamt abführen. Im Gegenzug kann er die Umsatzsteuer, die ihm von anderen Unternehmern in Rechnung gestellt wird (Vorsteuer), in der Umsatzsteuererklärung zum Abzug bringen. Nach diesem sog. **Vorsteuerabzug** wird die eingenommene Umsatzsteuer mit der gezahlten Vorsteuer verrechnet. Unterfällt jedoch der Verein der Kleinunternehmerregelung und ist deshalb nicht umsatzsteuerpflichtig, so kann er im Gegenzug auch keine Vorsteuer zum Abzug brin- 23

---

[6] Schleder, Steuerrecht der Vereine, S. 249.

gen. Um eine Vorsteuer dennoch in Abzug bringen zu können, kann auf die Kleinunternehmerregelung gem. § 19 Abs. 2 UStG verzichtet werden.

5. Abführungspflichten bei Lohnsteuer

24 Beschäftigt ein Verein Arbeitnehmer, so sind die lohnsteuerrechtlichen Bestimmungen zu beachten. Zwar ist der Arbeitnehmer Schuldner der Lohnsteuer, der Verein hat aber gem. § 38 Abs. 3 EStG als Arbeitgeber unter anderem die Pflicht, den Steuerabzug vom Arbeitslohn vorzunehmen und die einbehaltene Lohn- und Kirchensteuer sowie den Solidaritätszuschlag an das Finanzamt abzuführen.

25 Unter bestimmten Voraussetzungen kann das Finanzamt bzw. der Sozialversicherungsträger den Verein und die verantwortlichen Vorstandsmitglieder persönlich als Haftungsschuldner in Anspruch nehmen, wenn die Lohnsteuerabzugspflicht vorsätzlich missachtet wird. Auch läuft ein Vorstand, der lohnsteuerrechtliche Bestimmungen nicht beachtet, Gefahr, dass gegen ihn ein steuerrechtliches Ermittlungsverfahren eingeleitet wird.

26 Schwierigkeiten bereitet die Beurteilung, inwieweit ein **nebenberuflicher Übungsleiter** der Lohnsteuerpflicht unterliegt. Die Verwaltungspraxis der Finanzämter nimmt eine selbständige Tätigkeit der Übungsleiter an, wenn sie nicht mehr als sechs Stunden in der Woche für den Verein tätig sind.[7] Letztlich kommt es aber im Einzelfall auf die Weisungsgebundenheit des Übungsleiters an. Hält etwa ein Übungsleiter Sportkurse für verschiedene Vereine, deutet vieles auf eine selbständige Tätigkeit hin. Wird dagegen der Übungsleiter nur für einen Verein entgeltlich tätig, und ist er in dessen Organisationsbereich eingebunden und an die Weisungen des Vereinsvorstandes gebunden, können die Einkünfte der Lohnsteuer unterliegen.

27 Bei **geringfügigen Beschäftigungsverhältnissen**, bei denen das Arbeitsentgelt regelmäßig im Monat 450 EUR nicht übersteigt, gelten Sonderregelungen bei der Besteuerung. Der Verein oder Verband muss an die Rentenversicherung einen pauschalen Arbeitgeberbeitrag in Höhe von 15 Prozent und an die Krankenversicherung einen pauschalen Beitrag in Höhe von 13 Prozent des Bruttoarbeitsentgelts zahlen. Außerdem fällt eine pauschale Lohnsteuer in Höhe von 2 Prozent an. Hierin sind bereits Kirchensteuer und Solidaritätszuschlag enthalten.

28 Sportveranstalter unterliegen der Abzugssteuer gem. § 50a EStG, wenn ausländische Sportler (beschränkt Steuerpflichtige, die nicht im Inland ihren Wohnsitz haben) Einkünfte für im Inland ausgeübte sportliche Darstellungen erzielen. Durch diesen sog. **Steuerabzug bei ausländischen Sportlern** sind die Sportver-

---

[7] Burhoff, Vereinrecht, Rdnr. 518.

anstalter verpflichtet, die Steuerschuld des Sportlers direkt gegenüber dem Finanzamt zu begleichen.[8] Dabei handelt es sich um eine Pauschale, weshalb keine Werbungskosten oder Betriebsausgaben geltend gemacht werden können.

II. Besonderheiten bei Einkünften von Sportlern und Trainern

Sportler und Trainer unterliegen mit den von ihnen erzielten Einnahmen grund- 29
sätzlich wie jede andere natürliche Person der **Einkommenssteuerpflicht** nach dem Einkommensteuergesetz (EStG; → V 48).

Bei der Einkommenssteuer werden verschiedene Einkunftsarten unterschieden (§ 2 Abs. 1 EStG). Für den Bereich des Sports ist vor allem die Unterscheidung von Einkünften aus Gewerbebetrieb, Einkünften aus selbständiger und Einkünften aus nichtselbständiger Arbeit relevant.

Einkünfte aus nichtselbständiger Tätigkeit liegen insbesondere dann vor, wenn der Sportler bzw. Trainer aus einem abhängigen Beschäftigungsverhältnis Einnahmen erzielt und z. B. als Arbeitnehmer Lohn oder Gehalt bekommt, § 19 EStG.

Als Einkünfte aus Gewerbebetrieb und aus selbständiger Tätigkeit wird der 30
Gewinn angesehen, der erzielt wurde und als Grundlage für die Besteuerung herangezogen wird. Es kann grundsätzlich davon ausgegangen werden, dass der selbständige Sportler oder Trainer **Einkünfte aus Gewerbetrieb** erzielt, da es sich bei der sportlichen Tätigkeit gerade nicht um einen freien Beruf oder eine sonstige selbständige Tätigkeit im Sinne des § 18 EStG handelt. Einkünfte aus Gewerbebetrieb liegen beim Sportler unter anderem dann vor, wenn der Athlet Antrittsverträge mit Veranstaltern schließt, ohne dabei weisungsabhängig zu sein. Darüber hinaus werden auch Sponsoring-Einnahmen als gewerblich eingestuft, ebenso wie z. B. Werbeeinnahmen, die durch das Mitwirken in Werbefilmen, bei Pressekonferenzen, Autogrammstunden oder bei der Überlassung von Namens- oder Bildrechten erzielt werden.

Bei vielen Fällen in der Praxis ist die Einordnung der Tätigkeit von Trainern 31
problematisch. Entscheidendes Kriterium für die Abgrenzung zwischen selbständiger und nichtselbständiger Tätigkeit ist die Frage nach der Weisungsgebundenheit gegenüber dem Verein/Verband. Es kommt dabei nicht darauf an, wie das Tätigkeitsverhältnis als solches bezeichnet wird (Honorartrainer, Verbandstrainer), sondern in welcher Weise der Trainer seine Tätigkeit tatsächlich ausführt. Bestimmt der Verein maßgeblich Ort und Zeit der sportlichen Tätigkeit und ist

[8] Vgl. dazu Reichert, Handbuch Vereinsrecht, Rdnr. 6941.

der Trainer vertraglich gebunden, diesen Weisungen nachzukommen, ist von einer nichtselbständigen Tätigkeit auszugehen. Dagegen dürften die Trainer als selbständig Tätige angesehen werden, die ihre Tätigkeit im Hinblick auf Zeit und Ort eigenständig gestalten können. Dies wird in der Praxis z. B. auf Trainer zutreffen, die für mehrere Vereine gleichzeitig tätig sind.

32 Zur Stärkung des Ehrenamtes ist im Einkommenssteuerrecht der sog. **Übungsleiterfreibetrag** verankert. Nebenberuflich tätige Übungsleiter können nach § 3 Nr. 26 EStG Vergütungen für ihre Übungsleitertätigkeiten bis zur Höhe von 2400 EUR im Kalenderjahr von der Einkommens-/Lohnsteuer befreit erhalten. Diese Befreiung gilt auch für Sozialabgaben.

33 Kein zu versteuerndes Einkommen liegt vor, wenn ein Sportler vom Verein nur die tatsächlich entstandenen Kosten ersetzt bekommt, die dieser für den Verein aufgewendet hat. Dieser **Auslagenersatz** ist nach § 3 Nr. 50 EStG steuerfrei und erfasst z.B. die Erstattung von Reise- und Fahrtkosten oder den Ersatz von Telefon- oder Portokosten.

Sport und Steuern kompakt

- Die Förderung des Sports ist als Gemeinnützigkeitstatbestand Anknüpfungspunkt für die steuerliche Begünstigung in einzelnen Steuerarten, insbesondere bei der Körperschaftssteuer und Gewerbesteuer.
- Bei der Prüfung des Tatbestandes Sport wird in tatsächlicher Hinsicht auf die Erbringung von Leistung ohne Arbeitszweck und Gewinnstreben in Training, Spiel oder Wettkampf sowie auf eine allgemeine körperliche Ertüchtigung über das gewöhnliche Maß hinaus abgestellt.
- Da Sportvereine und Sportverbände in unterschiedlicher Weise am Rechts- und Wirtschaftsverkehr teilnehmen, werden die Betätigungsfelder der gemeinnützigen Sportorganisationen verschiedenen Vermögensphären zugeordnet: ideeller Bereich, Vermögensverwaltung, wirtschaftlicher Geschäftsbetrieb, steuerbegünstigter Zweckbetrieb.
- Sportler und Trainer unterliegen der Einkommenssteuerpflicht. Je nach Tätigkeit erzielen sie Einnahmen aus selbständiger Tätigkeit, Gewerbebetrieb oder aus nichtselbständiger Tätigkeit.
- Zur Stärkung des Ehrenamts ist im Einkommenssteuerrecht der sog. Übungsleiterfreibetrag verankert.

Vertiefende Literatur:

Wallenhorst, Rolf/ Halaczinsky, Raymond: Die Besteuerung gemeinnütziger Vereine, Stiftungen und der juristischen Personen des öffentlichen Rechts, 6. Aufl. 2009.
Hüttemann, Rainer: Gemeinnützigkeits- und Spendenrecht, 2. Aufl. 2012.
Schauhoff, Stephan (Hrsg.): Handbuch der Gemeinnützigkeit, 3. Aufl. 2010.
Jachmann, Monika: Sport und Steuern, SpuRt 2004, S. 190 ff.
Steiner, Axel: Die »sportliche Veranstaltung« im Umsatzsteuerrecht, SpuRt 2011, S. 144 ff.
Alvermann, Jörg/Zumwinkel, Thorsten: Steuerfreie Zuschläge für Sonn-, Feiertags- und Nachtarbeit – Fluch oder Segen für den Sport?, SpuRt 2011, S. 141 ff.

12. Kapitel: Strukturen ausgewählter Sportverbände

Basketball

Bundesfachverband: Deutscher Basketball Bund e.V. (DBB)
Sitz: Hagen
Verbandsorgane: Bundestag, Präsidium
Rechtsinstanzen: Rechtsausschuss
Mitgliedschaften: Fédération Internationale de Basketball (FIBA)

Boxsport (Amateurboxen)

Bundesfachverband: Deutscher Boxsport-Verband (DBV)
Sitz: Kassel
Verbandsorgane: Kongress, Geschäftsführender Vorstand, Verbandsvorstand
Rechtsinstanzen: Sportgericht, Verbandsgericht
Mitgliedschaften: Association Internationale de Boxe Amateure (AIBA), European Boxing Confederation(EUBC)

Eishockey

Bundesfachverband: Deutscher Eishockey-Bund e.V. (DEB)
Sitz: Füssen
Verbandsorgane: Mitgliederversammlung, Präsidium, Nachwuchsausschuss, Kontrollausschuss
Rechtsinstanzen: Spielgericht, Ständiges Schiedsgericht
Mitgliedschaften: International Ice Hockey Federation (IHF)

Fußball

Bundesfachverband: Deutscher Fußball-Bund e.V. (DFB)
Sitz: Frankfurt am Main
Verbandsorgane: Bundestag, Vorstand, Präsidium
Rechtsinstanzen: Bundesgericht, DFB-Sportgericht
Mitgliedschaften: Union des Associations Européennes de Football (UEFA), Fédération Internationale de Football Association (FIFA)

Golf

Bundesfachverband: Deutscher Golf Verband e.V. (DGV)
Sitz: Wiesbaden
Verbandsorgane: Präsidium, Vorstand, Verbandstag, Länderrat
Rechtsinstanzen: Kontroll- und Schlichtungsausschuss
Mitgliedschaften: European Golf Association (EGA), International Golf Federation

Handball

Bundesfachverband: Deutscher Handballbund e.V. (DHB)
Sitz: Dortmund
Verbandsorgane: Bundestag, Präsidium, Erweitertes Präsidium, Bundesjugendtag
Rechtsinstanzen: Bundessportgericht, Bundesgericht
Mitgliedschaften: Europäische Handball Föderation (EHF), Internationale Handball Federation (IHF)

Leichtathletik

Bundesfachverband: Deutscher Leichtathletik-Verband e.V. (DLV)
Sitz: Darmstadt
Verbandsorgane: Verbandstag, Verbandsrat, Präsidium, Bundesausschüsse
Rechtsinstanzen: Verbandsrechtsausschuss, Disziplinarausschuss
Mitgliedschaften: European Athletic Association (EAA), International Association of Athletics Federations (IAAF)

Radsport

Bundesfachverband: Bund deutscher Radfahrer e.V. (BDR)
Sitz: Frankfurt am Main
Verbandsorgane: Bundeshauptversammlung, Hauptausschuss, Verbandsrat, Präsidium
Rechtsinstanzen: Bundessport- und Schiedsgericht, Bundesrechtsausschuss
Mitgliedschaften: Union Européenne de Cyclisme (UEC), Union Cycliste Internationale (UCI)

Reitsport

Bundesfachverband: Deutsche Reiterliche Vereinigung (Fédération Équestre Nationale – FN)
Sitz: Warendorf
Verbandsorgane: Mitgliederversammlung, Verbandsrat, Präsidium, geschäftsführender Vorstand
Rechtsinstanzen: Schiedsgerichte, Großes Schiedsgericht der FN, Schieds- und Ehrengericht
Mitgliedschaften: Fédération Équestre Internationale (FEI)

Ringen

Bundesfachverband: Deutscher Ringer-Bund (DRB)
Sitz: Dortmund
Verbandsorgane: Delegiertenversammlung, Hauptausschuss, Präsidium, Vorstand
Rechtsinstanzen: Rechtsausschuss I. Instanz und II. Instanz, Wettkampf-Schiedsgericht
Mitgliedschaften: Fédération Internationale des Luttes Associées (FILA)

Rudersport

Bundesfachverband: Deutscher Ruderverband e.V. (DRV)
Sitz: Hannover
Verbandsorgane: Rudertag, Präsidium, Vorstand, Ländertag
Rechtsinstanzen: Ältestenrat, Verbandsrechtsausschuss
Mitgliedschaften: Fédération Internationale des Sociétés d'Aviron (FISA)

Schwimmen

Bundesfachverband: Deutscher Schwimm-Verband e.V. (DSV)
Sitz: Kassel
Verbandsorgane: Verbandstag, Hauptausschuss, der Ausschuss für Satzungs- und Rechtsfragen, Präsidium, Fachausschüsse, Jugendvollversammlung, Hauptjugendausschuss
Rechtsinstanzen: Landesschiedsgerichte, DSV-Gruppenschiedsgerichte, DSV-Schiedsgericht

Mitgliedschaften: Ligue Européenne de Natation (LEN), Fédération Internationale de Natation Amateur (FINA)

Segelsport

Bundesfachverband: Deutscher Segler-Verband e.V. (DSV)
Sitz: Berlin
Verbandsorgane: Seglertag, Seglerrat, Präsidium
Rechtsinstanzen: Schlichtungsausschuss
Mitgliedschaften: International Sailing Federation (ISAF)

Skisport

Bundesfachverband: Deutscher Skiverband e.V. (DSV)
Sitz: Planegg
Verbandsorgane: Präsidium, Verbandsversammlung
Rechtsinstanzen: Rechtsausschuss, Deutsches Sportschiedsgericht bei der DIS
Mitgliedschaften: Fédération Internationale de Ski (FIS), International Biathlon Union (IBU)

Sportschießen

Bundesfachverband: Deutscher Schützenbund e.V. (DSB)
Sitz: Wiesbaden
Verbandsorgane: Delegiertenversammlung, Präsidium, Gesamtvorstand
Rechtsinstanzen: Bundessportgericht, Bundesgericht
Mitgliedschaften: International Shooting Sport Federation (ISSF), Fédération Internationale de Tir A l'Arc (FITA), Europäische Schützenkonföderation (ESK), Internationale Armbrustschützen-Union (IAU), Muzzle Loaders Association International Committee (MLAIC), Europäische Bogen-Union (EMAU), Vereinigung der Schießsportverbände der EG (A.F.T.S.C.)

Tennis

Bundesfachverband: Deutscher Tennis Bund (DTB)
Sitz: Hamburg
Verbandsorgane: Mitgliederversammlung, Präsidium, Bundesausschuss
Rechtsinstanzen: DTB-Sportgericht, Disziplinarausschuss
Mitgliedschaften: Tennis Europe, International Tennis Federation (ITF)

Tischtennis

Bundesfachverband: Deutscher Tischtennis-Bund e.V. (DTTB)
Sitz: Berlin
Verbandsorgane: Bundestag, Beirat, Präsidium, div. Ausschüsse, Kontrollorgane
Rechtsinstanzen: Sportgericht, Bundesgericht
Mitgliedschaften: European Table Tennis Union (ETTU), International Table Tennis Federation (ITTF)

Turnen

Bundesfachverband: Deutscher Turner-Bund e.V. (DTB)
Sitz: Frankfurt am Main
Verbandsorgane: Deutscher Turntag, Hauptausschuss, Verbandsrat, Präsidium
Rechtsinstanzen: Bundesschiedsgericht, Anti-Doping-Kommission
Mitgliedschaften: Union Européenne de Gymnastique (UEG), Fédération Internationale de Gymnastique (FIG)

Volleyball

Bundesfachverband: Deutscher Volleyball-Verband e.V. (DVV)
Sitz: Frankfurt am Main
Verbandsorgane: Verbandstag, Hauptausschuss, Vorstand
Rechtsinstanzen: Spruchkammer Nord, Spruchkammer Süd, Verbandsgericht
Mitgliedschaften: Europäischer Volleyball-Verband (CEV), Internationaler Volleyball-Verband (FIVB)

Literaturverzeichnis

Adolphsen, Jens/Nolte, Martin/Lehner, Michael/Gerlinger, Michael (Hrsg.): Sportrecht in der Praxis, 2012.

Arnhold, Johannes: Das Podolski-Urteil des DFB-Sportgerichts: Der Ball ist rund, die Rechtsprechung nicht, in: Legal Tribune ONLINE, 24.03.2012, http://www.lto.de/persistant/a_id/5859.

Beckmann, Paul-Werner/Beckmann, Jan: Die Befristung von Arbeitsverträgen – Bereichsausnahme für den Profisport?, SpuRt 2011, S. 236 ff.

Bernhardt, Heinrich: Die Geltendmachung von Kosten für polizeiliche Einsätze bei kommerziellen Veranstaltungen am Beispiel der Spiele des Profifußballs, in: Verantwortlichkeiten und Haftung im Sport, S. 67 ff.

Berninger, Anja: Der Nationale Anti-Doping-Code des Jahres 2009, in: Nolte, Neue Bedrohungen für die Persönlichkeitsrechte von Sportlern, 2011, S. 45 ff.

Borggräfe, Julia: Zur Zulässigkeit der Kündigung eines Trainers wegen Erfolglosigkeit, SpuRt 2006, S. 33 ff.

Breucker, Marius: Zulässigkeit von Stadionverboten, JR 2005, S. 133 ff.

Burhoff, Detlef: Vereinsrecht, 8. Aufl. 2011.

Cherkeh, Rainer/ Mommsen, Carsten: Doping als Wettbewerbsverzerrung? – Möglichkeiten der strafrechtlichen Erfassung des Dopings unter besonderer Berücksichtigung der Schädigung von Mitbewerbern, NJW 2001, S. 1745 ff.

Dölling, Dieter: Die Behandlung der Körperverletzung im Sport im System der strafrechtlichen Sozialkontrolle, ZStW 1984, S. 36 ff.

Englisch, Jörg: Ausgestaltung der Persönlichkeitsrechte gegenüber den Vereinen und Verbänden im Fußballsport, in: Tagungsband des wfv-Sportrechtsseminars vom 26.–28. September 2008 in Wangen/Allgäu, Das Persönlichkeitsrecht des Fußballspielers, 2010.

Eser, Albin: Zur Strafrechtlichen Verantwortlichkeit des Sportlers, insbesondere Fußballspielers, JZ 1978, S. 368 ff.

Fechner, Frank: Geistiges Eigentum und Verfassung: schöpferische Leistungen unter dem Schutz des Grundgesetzes, 1999.

ders.: Medienrecht, 15. Aufl. 2014.

Fritzweiler, Jochen/Pfister, Bernhard/Summerer, Thomas: Praxishandbuch Sportrecht, 2. Auflage 2007.

Gerlinger, Michael: Clubs, in: Stopper/ Lentze, Hdb Fußball-Recht, 12, Rdnr. 1 ff.

Grotz, Stefan: Zur Betrugsstrafbarkeit des gesponserten und gedopten Sportlers, SpuRt 2005, S. 93 ff.

Gutzeit, Martin/ Vrban, Benjamin: »Jungprofi« oder »Jugendlicher« – 3:2 für Schalke oder Nachtruhe für Draxler, SpuRt 2011, S. 61 ff.

Haas, Ulrich/ Gedeon, Bertold: Die Abgrenzung von Vereinsgerichten zu echten Schiedsgerichten, SpuRt 2000, S. 228 ff.

Heermann, Peter W: Haftung im Sport, 2008.

ders.: Ambush Marketing bei Sportveranstaltungen, 2011.

Heger, Martin: Zum Rechtsgut einer Strafnorm gegen Selbst-Doping, SpuRt 2007, S. 153 ff.

Heink, Peter: Jugendarbeitszeitschutz im professionellen Mannschaftssport, SpuRt 2011, S. 134 ff.

Höfling, Wolfram: in: Höfling/ Horst: Doping – warum nicht? – Ein interdisziplinäres Gespräch, 2012.

Holzhäuser, Felix: Ticketing, in: Stopper/ Lentze, Hdb Fußball-Rechte, 18, Rdnr. 1 ff.

Holzke, Frank: Der Begriff Sport im deutschen und im europäischen Recht, Diss. Köln 2001 (elektronisch veröffentlicht unter www.ub.uni-koeln.de).

Horst, Johannes/ Persch, Sven: Zur Anwendung des Verschleißtatbestandes im Sport, RdA 2006, 166 ff.

Humberg, Andreas: Sportstättensponsoring – Die Namensrechte bei Sportstätten (sog. Namingrights), JR 2005, S. 89 ff.

Hümmerich, Klaus: Zielvereinbarungen in der Praxis, NJW 2006, S. 2294 ff.

Jakob, Anne/ Berninger, Anja: Die wichtigsten Änderung des WADA-Codes, SpuRt 2008, S. 61 ff.

Jacob, Thomas: Verstößt »Mixed Martial Arts« gegen die Menschenwürde?, SpuRt 2012, S. 2 ff.

Kauerhof, Rico: Strafrecht zwischen Sanktions- und Interventionsrecht. Eine Systemanalyse anhand der Dopingproblematik, in: Asmuth/ Binkelman: Entgrenzungen des Machbaren. Doping zwischen Recht und Moral, Bielefeld 2012, S. 291 ff.

Kindler, Peter: Einseitige Verlängerungsoptionen im Arbeitsvertrag des Berufsfußballers, NZA 2000, S. 744 ff.

Krähe, Christian: Contra: Argumente gegen ein Anti-Doping-Gesetz, SpuRt 2006, S. 194.

ders.: Technodoping und der Fall Pistorius, SpuRt 2008, S. 149 ff.

Lehner, Michael: in: Adolphsen/ Nolte/ Gerlinger/ Lehner, Sportrecht in der Praxis, Kapitel 10.

Linck, Joachim: Doping und staatliches Recht, NJW 1987, S. 2545 ff.

Linnenbrink, Sebastian: Der Vorstand als Geschäftsführungsorgan des eingetragenen Vereins, SpuRt 1999, S. 224 ff. und SpuRt 2000, S. 55 ff.

Nesemann, Tim: Vertragsstrafen in Sponsoringverträgen im Zusammenhang mit Doping, NJW 2007, S. 2083 ff.

Nolte, Martin/Horst, Johannes: Handbuch Sportrecht, 2008.

Nolte, Martin/Hilpert, Horst: Was ist Sportrecht, 2010.

Nolte, Martin: Anti-Doping-Meldepflichten im Lichte des Datenschutzrechts, in: Nolte, Neue Bedrohungen für die Persönlichkeitsrechte von Sportlern, 2011, S. 59 ff.

Onzek, Stefan: Urheberrechtliche Aspekte der Nutzung von Sportdaten durch Daten- und Wettanbieter, Causa Sport 2010, S. 292 ff.

Orth, Jan F./ Schiffbauer, Björn: Die Rechtslage beim bundesweiten Stadionverbot, RW 2011, S. 177 ff.

Oschütz, Frank: Sportschiedsgerichtsbarkeit – die Schiedsverfahren des Tribunal Arbitral du Sport vor dem Hintergrund des schweizerischen und deutschen Schiedsverfahrensrechts, 2005.

Pfister, Bernhard: Der rechtsfreie Raum des Sports, in: Festgabe für Zivilrechtslehrer 1934/1935, 1999, Seite 457 ff.
Prokop, Clemens: Pro: Argumente für ein Anti-Doping-Gesetz, SpuRt 2006, S. 192 f.
ders.: Die Zielvereinbarung des Deutschen Olympischen Sportbundes (DOSB) – ein missglücktes Konstrukt, SpuRt 2012, S. 191 f., 239.
Reichert, Bernhard: Handbuch Vereins – und Verbandsrechts, 12. Auflage 2010.
Rössner, Dieter: Lance Armstrong, Stephan Schumacher – Zur Nachkontrolle lagernder oder negativer Dopingproben, SpuRt 2009, S. 17 ff.
ders.: in: Adolphsen/ Nolte/ Gerlinger/ Lehner, Sportrecht in der Praxis, Kap. 11.
Rüsing, Jörg: Sportarbeitsrecht, 2006.
Sauter, Eugen/ Schweyer, Gerhard /Waldner, Wolfram: Der eingetragene Verein – gemeinverständliche Erläuterung des Vereinsrechts unter Berücksichtigung neuester Rechtsprechung, 19. Aufl. 2010.
Schimke, Martin: Sportrecht, 1996.
Schleder, Herbert: Steuerrecht der Vereine, 9. Aufl. 2009
Schlösser, Jan: Der »Bundesliga-Wettskandal« – Aspekte einer strafrechtlichen Bewertung, NStZ 2005, S. 423 ff.
Schütz, Markus: Arbeitsverweigerung durch Lizenzfußballspieler – die Fälle Jefferson Farfan und Demba Ba, SpuRt 2011, S. 54 ff.
Staschik, Paul: Einladungen zu Sportveranstaltungen (Hospitality) – Strafbare Klimapflege oder erlaubte Kontaktpflege?, SpuRt 2010, S. 187 ff.
Steiner, Axel: Steuerrecht im Sport, 2009.
Steiner, Udo: Staat, Sport und Verfassung, DÖV 1983, S. 173 ff.
ders.: Staatsziel Anti-Doping-Staat, SpuRt 2006, S. 244 ff.
ders.: Staatsziel Sportförderung ins Grundgesetz, SpuRt 2012, S. 238 f.
Stopper, Martin/ Holzhäuser, Felix/ Knerr, Florian: Kostenpflicht der Vereine für Polizeieinsätze im Fußballstadion, SpuRt 2013, S. 49 ff.
Stopper, Martin: Fußballrechte, in: Stopper/ Lentze, Hdb Fußball-Recht, 1, Rdnr. 5 ff.
Teschner, Carsten: Doping als Kündigungsgrund, NZA 2001, S. 1233 ff.
van Look, Frank: Vereinsstrafen als Vertragsstrafen – ein Beitrag zum inneren Vereinsrecht, 1990.
von Appen, Jörg: Hospitality, in: Stopper/ Lentze, Hdb Fußball-Recht, 4, Rdnr. 1 ff.
Weiand, Neil George/ Poser, Ulrich: Sponsoringvertrag, 2005.
Walker, Wolf-Dietrich: Tarifverträge im deutschen Profifußball, SpuRt 2012, S. 222 ff.
Wittneben, Marko: Naming-Rights-Verträge – Die Vergabe von Namensrechten im Sportbereich, GRUR 2006, S. 814 ff.
Wolters, Gereon/ Schmitz, Moritz: Strafrecht, in: Nolte/ Horst, Handbuch Sportrecht, S. 247 ff.
Wüterich, Christoph/ Breucker, Marius: Das Arbeitsrecht im Sport, 2006.
Zipf, Heinz: ZStW 1970, S. 663 ff.

Stichwortverzeichnis

Die Zahlen verweisen auf die Kapitel (kursiv) und Randnummern.